霊と現身

日本映画における対立の美学

ツヴィカ・セルペル
Zvika SERPER

森話社

本書における研究はイスラエル国立科学基金の助成の下で行われた
（番号：948/09 および 535/12）

The research for this book was supported by THE ISRAEL SCIENCE FOUNDATION
（No. 948/09 and 535/12）

目次

［凡例］

一、映画、舞台作品、書籍は『　』、小説、論文は「　」、美術作品は《　》で括った。

一、引用文中の台詞については「　」、筆者による註記は〔　〕で括った。

一、引用した映画作品の図版には、各章の初出に作品名、監督名、製作、公開年を記した。
なお、製作委員会による作品については、製作の表記を省略した。

はじめに

私は文部省の留学生として来日し、一九八〇年から五年間、能・狂言・歌舞伎を研究し、実際に稽古を積んで上演する機会にも恵まれた。日本滞在最後の年の一九八五年に黒澤明の映画『乱』が公開されたが、私の狂言の師匠である野村万作がこの作品で狂言に関する指導をしており、息子の野村武司（現在の野村萬斎）もこの映画に出演することを前もって知っていた。私は日本の伝統演劇がどのように用いられているか非常に興味を持ち、この作品に惹き付けられた。その物語は私にも馴染み深いシェイクスピアの『リア王』を基にしており、それに日本伝統演劇の要素が組み合わされたものである。野村萬斎が演じた鶴丸という笛を吹く盲目の少年の役には、能の『蟬丸』に登場する蟬丸、『弱法師』に登場する俊徳丸——いずれも盲目の少年——の要素が取り入れられている。そして、狂阿弥という登場人物が舞う、「兎」を目にした時、私は驚愕した。それは私が以前に野村万作から教えを受けた狂言の小舞謡「兎」そのものだったからである。一つの芸術作品の中に共存する、東洋と西洋、古いメディア（伝統演劇）と新しいメディア（映画）の相反する世界に私は興味をかき立てられた。その結果として、映画に取り入れられた日本の伝統演劇の要素について論文を執筆することになったのであるが、それは私の日本映画に対する学術的探究心の出発点でもあった。

日本映画研究の第一の目的は、日本の伝統演劇に関する私の研究を別の切り口から考察することにあった。日本映画に伝統演劇の要素がどのように取り入れられているかに関心を持ったからである。

その後、私の関心は日本映画の美学に影響を与えた他の伝統的要素の研究へと徐々に移っていった。そして私は、伝統演劇や映画のみならず、日本文化全体に存在する一般的な概念や要素の理解を通じて、より幅広く、それらの深い意味を探究することとなり、それが本書の執筆の動機となっている。

日本の伝統演劇から日本映画へと辿ることとなった私の研究の軌跡は、日本における映画の発展の歴史と類似している。一九世紀の終わり、新しい芸術媒体である映画の技術が日本に導入された際、映画は、近代演劇ではなく、それに先行する伝統芸能である歌舞伎から多大な影響を受けることとなった。現に、最初期の映画に、能を取り入れた歌舞伎の松羽目物の『紅葉狩』（一九〇三）があり、当時の二大歌舞伎役者、九代目市川團十郎と五代目尾上菊五郎によって演じられた。『紅葉狩』は一八八七年に初めて歌舞伎として演じられ、映画は一八九九年に柴田常吉により撮影され、一九〇三年に公開された。当時の大スター・九代目團十郎は、映画への出演に初めは難色を示したが、出演することが後世への贈り物になると説得され、出演を承諾した。

伝統演劇の作品が映画化される場合には共通したプロセスがある。その最も顕著な例は「忠臣蔵」である。浄瑠璃から歌舞伎へと発展した人気の出し物『仮名手本忠臣蔵』に発し、真山青果の連作歌舞伎『元禄忠臣蔵』へと展開したこの作品は、長年にわたり数々の「忠臣蔵もの」を生み出している。他にも多くの伝統演劇の作品が映画に改作され、作品の台本と共に、伝統演劇の他の要素もこれらの映画に取り入れられている。

時に映画監督はオリジナルの劇の伝統的要素を監督独自の解釈で映画化している。その顕著な例は、篠田正浩の『心中天網島』（近松門左衛門原作、一九六九）における登場人物を操作する黒衣《くろご》である。篠田は通常映画では使用されない方法で伝統演劇の要素を用い、文楽・歌舞伎の美学が組み合わされた独創的で現代的な演出をほどこしている。しかし本書は、特に古典劇を改作した映画について論じるものではない。映画製作の様々な局面に意識的または無意識的に取り入れられているストラテジー（作戦）や概念などを通じ、日本の伝統文化が日本の映画にどのような影響を及ぼしているかに焦点を当て、考察するものである。

本書は以下の構成をとる。

まず、序論として、陰陽と虚実、その対極の調和の思想、日本人の習合思想による宗教観などに触れながら、日本演劇の伝統的な背景について考察した。日本映画における美学のルーツを解釈するには、日本の文化的背景を考察する必要があるためである。

Ｉ部では黒澤明・新藤兼人・伊丹十三の三人の監督による特定の映画における内容、構造、美学を形作る様々な伝統的要素の採用方法について考察した。

第一章で取り上げた黒澤明の『夢』（一九九〇）は、能の舞台における登場人物―神、人間（生者と死者）、鬼を体現する複数の存在と遭遇する媒介者の話である。これらの出会いは、陰陽と虚実、対極の調和の思想、そして序破急の原則に基づいて形成されている。この映画は内容と構成のみならず、様々な聴覚的／視覚的要素を日本の伝統に基づいて機能させており、大変集約化された作品となっている。

第二章では、黒澤明の映画『乱』（一九八五）における主要登場人物・楓の方の性格描写に注目した。この性格描写は日本文化の混合主義（異質なものを混合させて新たな造型を達成させる、一種の習合的発想）によるものであり、狐と蛇という二種類の動物の物語性（狂言『釣狐』に由来する狐の説話）と視覚的象徴（蛇を連想させる能衣装の着用）という二つの特徴を用いている。狐は日本の民間伝承において、人間に姿を変える不思議な力を持つとされている。対する蛇は、日本の伝統演劇において、嫉妬に狂った女性の化身とされている。これら二つの特徴は、『乱』の後半において巧みに繋ぎ合わされ、楓の方という一つの役に融合されている。

第三章でもまた、黒澤明の映画『蜘蛛巣城』（一九五七）と『乱』を取り上げた。黒澤は殺人者とその犠牲者、正義の人と不義の人などの対となる登場人物を、死の場面の描写において並置している。対となる登場人物の最期の場面における死の露出／非露出、また流血の可視／不可視の二分化は対比に基づいて構成されている。また黒澤は、日本伝統演劇の原理のみならず、能舞台の構造物などの具体的な要素も採用している。

第四章では、新藤兼人による二つの映画作品、『鬼婆』（一九六四）と『藪の中の黒猫』（一九六八）に用いられた対極的な表現方法に焦点を当てた。『藪の中の黒猫』では、伝統演劇から取り入れた幾つかの物語が巧みに組み合わされ、伝統演劇にはない独創的で精巧な物語が創造されている。対する『鬼婆』では、日本の伝統演劇の趣向を背景に用い、女性の嫉妬を具現化した鬼とその征服が描写されているが、物語の構成には伝統演劇にはない革新的な方法が採用されている。新藤はどちらの映画でも、従来の伝統的演劇要素の空間処理、面、化粧、道具、そして動きを取り入れている。

第五章では、伊丹十三の二つの映画、『お葬式』（一九八四）と『タンポポ』（一九八五）を取り上げた。伊丹は日本の伝統的美意識と、性描写に対する現代社会の姿勢とを結合させ、独自のエロティシズムを生み出している。伊丹も黒澤の死と血の描写に用いられた、対比的並置という伝統的ストラテジーを採用している。登場人物の肉体の露出／非露出に加え、実際的な性描写／暗示的な性描写、衣服の形と色による開放性／閉鎖性の対比的な並置は、伊丹特有のエロティシズムの描写を構成している。

Ⅱ部では、日本映画と自然との普遍的な結びつきについて考察した。日本映画のいたるところに散りばめられた自然要素の混交は、時代劇、現代劇のどちらにおいても最も伝統的で特徴的な一面である。日本文化と自然との普遍的な結びつきは、日本文化の原点であり、後に神道として体系化される自然崇拝に由来している。このような文化を背景に、日本の映画監督は、自然を物語の様々なメッセージを表現する象徴として、また物語を活性化させる仲介役として用いるようになったのだろう。

日本映画における自然要素を物語の動機として用いるには、幾つかの方法がある。

第六章では、単一の自然要素に焦点を当て、それを何通りかのパターンで一つの連続映写に用いる方法について述べた。

第七章では、対照的な自然要素の変化による登場人物への行動作用が物語の進行に影響を与えるという方法について述べた。その場合、その自然要素は極めて能動的に物語の展開に影響している。

著者の狂言の師である野村万作と狂言『蝸牛』の舞台に立つ（東京、撮影：吉越立雄、1982）

第八章では、一つまたは複数の自然要素を性的な場面や死の場面といった特定の主題にのみ用いる方法について述べた。

第九章では、特定の劇的なメッセージを伝えるべく複数の自然要素を一つの連続シーンに用いる方法について述べた。

本書の目的は、これらのⅠ部・Ⅱ部を通じ、日本映画がどのような伝統的要素によって構成されているかを考察することにある。

序論　芸術の境界を越える美学——蓄積された伝統概念

1　基本概念としての対極の調和

　私は対立しあうものの調和こそが、日本の伝統演劇・伝統芸能や映画の最も重要な基本的概念であると考えている。古いものに対して新しいもの、独自に創造されたものと輸入されたもの、直線と曲線、洗練と粗野といった対極性は、日本の演劇や文芸にその作用を見てとれるが、そうした対極という思考は日本人全体の美意識の根底にまで及んでいる。この基本的な対極の概念は、中国由来の陰陽五行思想に起源を持ち、変化を宇宙の存在の主要な要因として考えている。この二極の間で起こる変化は、相反する要素を統一された調和へと融合しようとする理念を触発する。この中国思想では、対極する二つの極を、陰と陽と呼んでいる。陽の要素は能動、肯定、男という属性、熱さ、明るさなどに代表され、陰の要素はその反対の受動、否定、女という属性、冷たさ、暗さなどで代表される。陰陽五行思想においては、これらの対立する原理の相互作用を介し、宇宙の全ての現象は構成されている、とするのである。それぞれの対立は二つの相反する状態、静と動を同時に孕んでいる。並んで存在する二極の間には、常に調和的なバランスがとられている。それらはまた、相互に入れ替わり、再生成する動的な状態を創造し、それぞれはもう一方の状態へと展開していく種子となるものを内包している。

　この対極の調和という概念は、七世紀には日本に取り入れられ、八世紀頃には完全に日本の思想として確立された。その概念は『古事記』(七一二)、『日本書紀』(七二〇)の神話部分に明示されている。『古事記』の序文によれば、天と地が分離されて宇宙が形成された後、「陰陽ここに開け」た[1]。しかし中国五経の一つである『易経』によると、天地はそれ自体が陰陽であるとされる。すなわち、天が陽で、地が陰なのである[2]。『日本書紀』では、天地開闢のプロセスを陰陽のメカニズムの具現として、天と地の分離と関連づけ、宇宙の創造についてより詳細に述べている[3]。

能楽の大成者は、彼らの芸術における陰陽の対比の重要性を説いた。世阿弥は、最初の著書『花伝』(一四〇〇年奥書)の中で、陰と陽の調和の重要性を強調している。その著書で彼は、どんな状況でも最も大切なのは陰と陽の調和であるという「秘義」を開陳している。

　秘義《ひぎ》云《にいはく》、抑《そもそも》、一切は、陰陽の和《くわ》する所の堺《さかひ》を、成就とは知るべし。[4]

世阿弥はこの著書で、時折、シテが代表作を演じた場合でも失敗することがあるが、それは陰と陽の不調和が原因の一つかもしれないと書いている。

　されば、よき能を上手のせん事、などか出で来ざらんと、皆人思ひ慣れたれ共、ふしぎに、出で来ぬことある物也。これを、目利は見分けて、為手の咎もなき事を知れども、たゞ大かたの人は、能も悪く、為手もそれほどにはなしと見る也。抑、よき能を上手のせん事、なにとて出で来ぬやらんと工夫するに、もし、時分の陰陽の和せぬ所か。又は花の公案なきゆへか。不審なを残れり。[5]

彼はまた、演じる際の雰囲気や演技の時間、あるいは天候によって作り出される対比についての例も挙げている。夜の時間や陰鬱な天気の陰の雰囲気に対し、シテは陽の気を作って明るく演じなければならないが、一方、昼間や暖かい天気の陽の雰囲気に対しては、シテは陰の気を作って静かに演じなければならない。

昼の気は陽気なり。されば、いかにも静めて能をせんと思ふ工みは、陰気也。陽気の時分に陰気を生ずる事、陰陽和《くわ》する心也。これ、能のよく出で来る成就の始め也。これ、面白しと見る心也。夜は又陰なれば、いかにも浮き浮きと、やがてよき能をして、人の心花めくは、陽也。これ、夜の陰に陽気を和する成就なり。されば、陽の気に陽とし、陰の気に陰とせば、和する所あるまじければ、成就もあるまじ。成就なくは、なにか面白からん。又、昼の内にても、時によりて、なにとやらん、座敷も湿りて寂しきやうならば、これ陰の時と心得て、沈まぬやうに心を入れてすべし。昼は、かやうに、時によりて陰気になることありとも、夜の気の陽に成らん事、左右なくあるまじきなり。[6]

金春禅竹（一四〇五―一四七〇頃）は世阿弥の女婿で、世阿弥とも深く関わった猿楽者であり、能作者でもある。その禅竹の理論書『六輪一露之記』（一四五五？）兼良注には、太極図をその概念に付会したことが見える。そこで言及している「濂渓周先生太極図」とは、周敦頤《しゅうとんい》の『太極図説』の太極図を指している。

又、濂渓周先生太極図ニ云、「無極而《ニシテ》太極ナリ」。故ニ、今六輪一露ノ説ニ配当セバ、一寿輪、則乾ノ位也。[7]

狂言役者大蔵虎明《おおくらとらあき》（一五九七―一六六二）は、彼の最も重要な芸論である『わらんべ草』の一章全体に渡って、対比と調和の陰陽五行思想について詳説している[8]。そして彼はこの著作を通して、狂言中の様々な演劇の要素、例えば橋掛りの出入りに関する相対的な位置［9］や足拍子の相対する力、そして進退の動作［10］というような要素への、この概念の適用の可能性と重要性を述べている。一八世紀半ばの著作にも、歌舞伎舞踊における陰陽概念についての示唆がある。歌舞伎作者、為永一蝶《ためながいっちょう》は一七六二年に『歌舞妓事始』という歌舞伎の解説書を出版し、陰陽概念の様々な様相について論じている。その著作の第三章「両儀舞　天地和合舞ともいふ」の中で彼はこう記述している。

両儀とハ、大極天地わかれて陰陽と成を両儀という。かろく清めるハ登って天と成、おもく濁ハ下って地と成。［11］

この節では、太陽と月、男性と女性、熱さと寒さ、昼と夜、外と内などの対極概念についての記述が続く。一蝶はその後も幾つかの章にわたり、気候と演技の本質の間に陰陽のコントラストをつくりだすよう演技者に教授している［12］。この教えは世阿弥の教えと非常に似通っていることが見て取れよう。一八世紀の初めには、もう一つの非常に重要な歌舞伎の解説書『戯場訓蒙図彙《しばいきんもうずい》』（一八〇三）が式亭三馬により編集された。この中では、歌川国貞によって描かれた「大極図《だいごくのづ》」という周敦頤による太極図を元にした哲学的な図表が示されている（図1）［13］。この図は、陰陽の創造と、静と動、女性と男性、歌舞伎の劇の五段階、劇の二部門（世話物と時代物）の繋がりについて説明するものである。

陰陽という対となる極は、歌舞伎の演技の多くの位相にわたって浸透している。その顕著な例は、二つの対照的な演技スタイルの統合で、それはすなわち江戸で発達した荒事と、上方で発達した和事である。これら二つのスタイルは相互に関連はなく、別々に発達したものだが、その性質の違いはおそらく、それらを享受していた観客の性質の違いに由来するのであろう。これらの観客の違いは、江戸の方は荒く、上方は繊細と区別される。戸

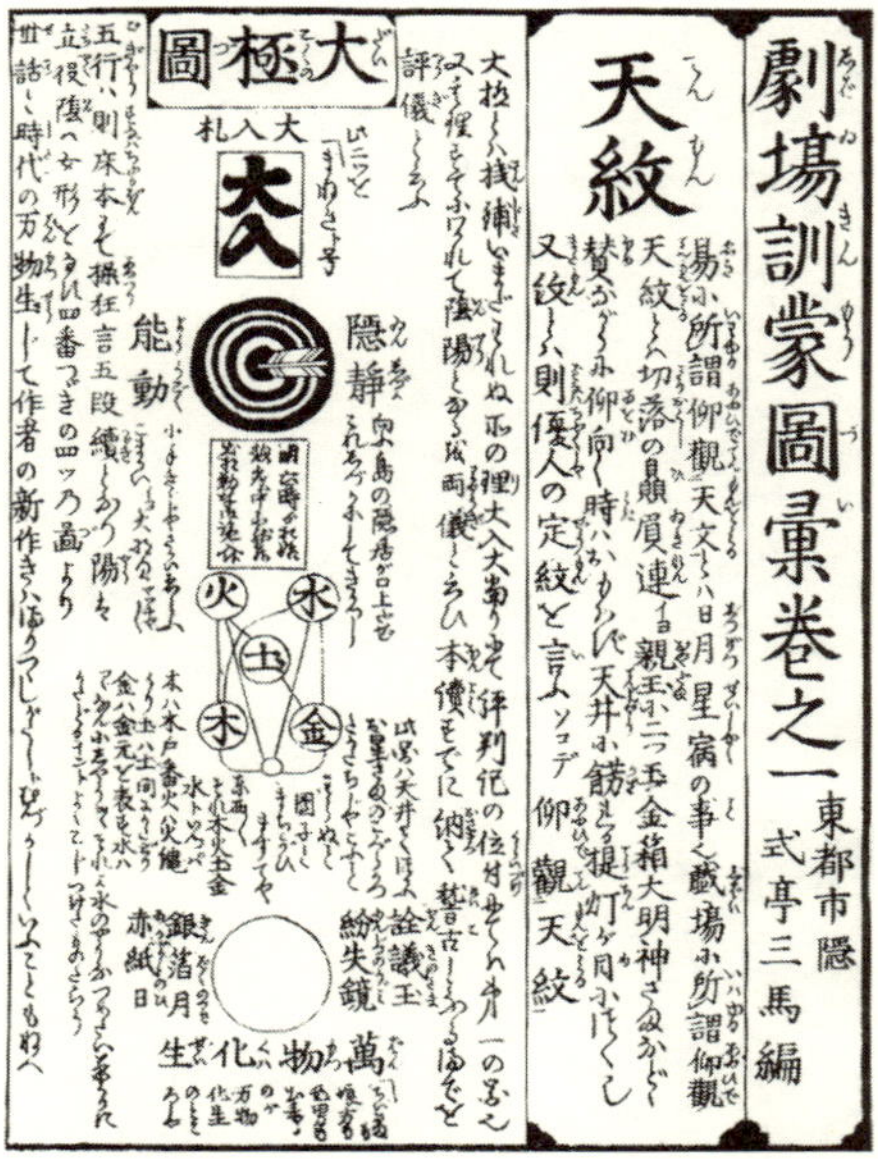

図1　歌川国貞「大極図」（『戯場訓蒙図彙巻之一』1803、国立劇場所蔵）

板康二は、これら対照的な観客の性質の発生源を次のように見ている。

荒事と和事を、この特集の主題にあわせて、郷土的に対立させて見ると、荒事が武士のさかえた江戸、和事が町人の支配した京阪から生まれたものだというのは、平凡な見方だが、一応当たっている。[14]

この二つのスタイルは別々に作り出された。初期には荒事と呼ばれるものしかなく、和事という名は、荒事の演技のスタイルに対して後に生じた。この「荒」と「和」という対概念は、歌舞伎がはじまる遥かに以前から日本に存在していた。日本の古代において、神は荒ぶる魂の荒魂（あらたま、あらみたま）と、静かで優しい魂の和魂（にぎたま、にぎみたま）の二つの側面を持っていた。中世においては、英雄は猛々しい性格と柔和な性格に分けられており、例えば『曾我物語』における兄の十郎は、繊細な性格だが、弟の五郎は荒々しい性格として描写される[15]。『平家物語』の清盛と重盛、『義経記』における義経と弁慶など類例は数多くみられるが、歌舞伎においても、兄弟のような近い関係の二人の役が登場する場合、よく対比を生み出す演技スタイル、すなわち荒事と和事によって演じ分けられることが多い。最も有名な例は『寿曾我対面』の曾我兄弟、十郎と五郎で、これは『曾我物語』が元となっており、原作と同様の対比が見られる。また、『菅原伝授手習鑑』の五幕目「吉田社車引きの場」の兄弟、梅王丸と桜丸は、荒事、和事の典型的な例として知られており、荒事スタイルの梅王丸と、和事スタイルの桜丸のコントラストが洗練された形で体現されている。この二役は、時折、反対のスタイルの動きを互いに繰り返したり、それぞれが対照的なバリエーションで同じ型の動きをしたり、体の

図2　（左）和事を演じる桜丸（初代澤村訥升）、（右）それに対して荒事を演じる梅王丸（三代目嵐吉三郎）（初代歌川国貞画、1840、早稲田大学演劇博物館所蔵）

姿勢で対比を表現すると同時に見得を切ったりする。『戯場訓蒙図彙』の中で太極図を描いた歌川国貞は、歌舞伎の場面のその演技が生み出す様々なコントラストの様相を描いた数多くの版画を残している。初代歌川国貞は一八四〇年の版画で、「吉田社車引きの場」の梅王丸と桜丸の兄弟の見得を描いている（図2）。左側の桜丸が、両腕を交差させ、足を閉じ、小さく弱い表現をしている一方、右側の梅王丸は、対照的に両腕と両足を広げ、大きさと強さを表現している。桜丸の閉じた弱い姿勢には対比的な要素は存在しないが、梅王丸の開いた強い姿勢には、曲げた右腕と伸ばした左腕の間に対比があり、前に伸ばした右足と後ろに曲げた左足との間にも対比がある。それによって、梅王丸のこの姿勢は、桜丸の弱い姿勢に対して更にダイナミックなイメージを強調している。

歌舞伎の型は、洗練度から言うと未発達といえる芸能にも多大な影響を与えてきた。一八七〇年代のバロンライムント・フォン・スティルフリードによる写真では、大道芸を行う日本の子供たち

図3　1870年代の二人の子供による大道芸の対比の姿勢（*JAPAN : Photographs 1854-1905*, Hamish Hamilton, London, 1980）

図4　五代目中村富十郎による「車引き」の梅王丸の見得（撮影著者、1983）

が、写真のためのポーズを取っている（図3）。一人は両手を腰に置き、両足を閉じて小さく弱い印象を作り、もう一人は対照的に、両手と両足を広げて大きく強い印象のポーズをしている。ここでも国貞の版画の梅王丸のように、強い姿勢の方に、もう一方には見られない対比の要素がある。高く挙げられた手と低い方の手の間と、前に伸ばされた足と後ろの曲げられた足の間に、同様の対比が見て取れよう。この対比は現在の歌舞伎で演じられる「車引き」の梅王丸の姿勢に類似している。この両腕と両足の間の対比は、歌舞伎役者の五代目中村富十郎が取っている姿勢にも見ることができる（図4）。

洗練され、成熟した伝統芸能である歌舞伎と、身近な大衆芸能である大道芸の姿勢に見られる類似性は、対比に重点を置く美的原理を取り入れた歌舞伎の影響がこの子供たちにも及んだと見るべきであろう。

同じ起源を持ち、様々な特徴によって荒々しい性格と柔和な性格に分けられた中世の英雄たちを分析すると、舞台芸術と映画におけるこの側面の多大な影響力を認識せざるを得ない。諸文芸の源泉となった『義経記』は源義経の一生を描いたもので、義経が繊細な性格を持つのに対し、義経の郎党の代表である弁慶は力強い性格を持つ。これら二つの役は、それぞれのジャンルで様々に具体的な特徴付けをされ、体現されてきた。能の『安宅』と『舟弁慶』では、優れた指揮官である義経が子方によって演じられ、弁慶は大人の役者によって演じられる。義経のような勇敢な男の役を子方が演じるのは全く非現実的であるが、能で荒々しさが描写されなくなってから、原典の物語にはあったであろう荒々しさと柔らかさの区別は、大人の役者の強さに対し、子供の役者の自然な柔らかさによって体現されるようになった。『勧進帳』と『舟弁慶』が歌舞伎の舞台で上演される場合、弁慶は立役により荒事の多くの特徴を持った形式で演じられ、義経の役は二枚目により和事の形式で演じられる。黒澤明が能の『安宅』と歌舞伎の『勧進帳』から映画『虎の尾を踏む男たち』（一九四五）を制作した際、以前に立役を演じた経験があり男性的な魅力に富んだ映画俳優の大河内傳次郎を弁慶役にし、義経には日本舞踊の花柳流初代花柳壽太郎の長男、歌舞伎役者の十代目岩井半四郎を配役した。岩井半四郎は、歌舞伎の和事に秀でており、それは義経役の重要なモデルであった。中世から続くこの二つの役は対比的に描写される伝統があり、黒澤は映画という新たなメディアでこれを具体化したのである。

陰陽の対比に加えて、もうひとつ、対比を重視する思想が日本の伝統演劇に取り入れられ発達してきた。それは題材の本質に関わり、演劇と映画両方の媒体の基礎を形成している。その思想とはすなわち虚（虚構、虚偽、抽象、空）と実（現実、真実、具体、満）という二つの世界の共存と動的相互作用である。大蔵虎明は能楽の二つの様式、能と狂言における虚実の扱いの対比的で補完的な両極性の本質を認識している。

能ハ、虚を実にし、狂言ハ、実を、虚にする也。能ハ表、狂言ハ、裏也。〔16〕

能は虚構を現実に変換する。幻の世界は舞台上に出現し消失する幽霊、神、鬼を介して実現される。狂言は現実を虚構に変換する。通常の現実とは異なり、一般の人間は徹底的に滑稽で反抗的に誇張される。

一七世紀半ばの歌舞伎における先駆者の一人である河原崎権之助は、一六六三年に江戸で河原崎座を創設した人物であるが、彼は著書『舞曲扇林』（一六八九頃）の中で、本質的な対比である虚実と万物の造形原理である陰陽を、身体所作における左右の相互関係に結びつけている。

虚は陽なり。実は陰なり。かげとひなたの舞あるべし。また左へ行くを実とする。陰なり。意《こころ》と躰と合してたゆめず。右へ行くを虚とする。陽なり。意と体とゆるやかに寛《ひろう》する。[17]

歌舞伎と文楽の二つは、特に虚と実の対極論を発達させた。歌舞伎と文楽の偉大な作者である近松門左衛門（一六五三―一七二四）の「虚実皮膜論」は、彼の死後に編集された『難波土産』（一七三八）の中に記述されたものである。そこでは、劇を構成する際の美的緊張の重要性について述べられている。

芸といふものは、実と虚《うそ》との皮膜《ひにく》の間にあるものなり。なるほど今の世、実事によくうつすとを好むゆえ、家老は真の家老の身ぶり口上をうつすとはいへども、さらばとて真の大名の家老などが、立役のごとく顔に紅脂白粉をぬることありや。また、真の家老は顔をかざらぬとて、立役がむしやむしやとひげは生えなり、頭ははげなりに舞台へ出て芸をせば、慰みになるべきや。皮膜の間といふがここなり。虚にして虚にあらず、実にして実にあらず、この間に慰みがあつたものなり。[18]

右は歌舞伎の演技の写実性について論じたものだが、この言説は人形浄瑠璃にも通底していよう。人形浄瑠璃

図5 『人倫訓蒙図彙』(1690) 巻七にある人形浄瑠璃の上演図(人形舞台史研究会編『人形浄瑠璃舞台史』八木書店、1991)

において、人形は二つの極のうちの虚を体現しており、人形遣いと太夫（浄瑠璃語り）と三味線弾きは実を体現している。通常、日本以外の文化の人形劇では、人形が本物であるという幻想を抱かせるために人形遣いのような現実性の強い要素は隠そうとするのが普通である。しかし人形浄瑠璃の発展を分析してみると、虚と実の対極的な要素を舞台上で同時に提示するという、他の文化圏とは全く逆の演出が試みられてきたことが分かる。一七世紀の終わり、一六九〇年に刊行された『人倫訓蒙図彙』の巻七に、浄瑠璃についての記事がある。そこに掲載されている角太夫座の人形浄瑠璃の上演図は、舞台を裏側から描いた珍しい画証としてよく知られている（図5）。この図では、人形遣い、太夫、三味線弾きが幕の後ろに隠れており、観客は幕の上の人形だけを見ることになっている。つまり観客に対して公演の裏側の構成要素を隠し、非現実的な人形だけを効果的に見せているのである［19］。

　こうした初期の段階に対し、虚実の概念が発展した段階での変化のさまは、『牟芸古雅志《むぎこがし》』（一八二六跋、翌年刊）所収の『曾根崎心中付り観音廻り』の舞台図に見て取れる。同図左端の人形遣い辰松八郎兵衛の口上書によれば、これは一七〇三年の竹本座初演時の上演図であり、出語り・出遣いの特殊演出の様子が見られる。舞台右の「太夫竹本ちくご掾」とは、その当時、最も高名な浄瑠璃語りであった竹本義太夫のことである。竹本義太夫は、浄瑠璃語りにおける吟詠スタイルの先駆者であ

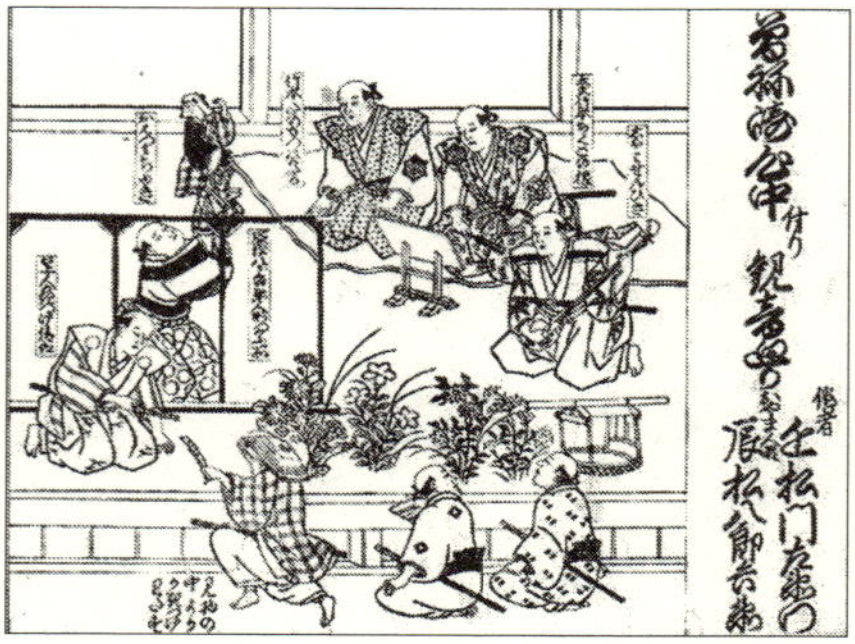

図6　竹本座の『曾根崎心中付り観音廻り』1703年初演の上演図（『牟芸古雅志』1826、国立劇場所蔵）

図7　人形浄瑠璃の新しい舞台構成の配置。観客前の人形遣い、太夫、三味線弾き。『今昔操年代記二巻［二］』「用明天皇職人鑑」の挿画（1727、国立国会図書館蔵、『人形浄瑠璃舞台史』）

り、近松門左衛門の親しい友人でもあった。舞台右では太夫がつれ竹本頼母を伴い出語りをしており、三味線弾きもまた同じように観客に姿をさらしている。舞台左では「綟子《もじ》手摺《てすり》」を前にして辰松八郎兵衛が人形を遣っている。「綟子手摺」は手摺りの下の部分に紗を張ったもので、そのために向こう側にいる人形遣いの姿が透けて見えているのがわかる（図6）。

「綟子手摺」は人形遣いの姿を故意に見せるためのもので、座敷での人形操りで使われていたものである。この演出法が座敷芸から発祥したものか、劇場の出遣いから始まったものかその出所は明らかではないが、座敷芸と劇場には密接な関連があったと推測される[20]。どちらにしても、この史料は人形浄瑠璃の構成要素である人形以外の奏演者の露出という演出思想の発展を証明するものである。太夫と三味線弾きは完全に見えており、人形遣いは透ける幕の後ろ側から見えている状態である。これは人形浄瑠璃の舞台において虚と実の対極を作り出す最初の段階を示している。

『曽根崎心中』初演の二四年後、一七二七年に出版された『今昔操年代記』の「用明天皇職人鑑・かね入り之段」の上演図には、虚実の概念の完成が見られる（図7）。図の説明によると竹本筑後掾（竹本義太夫）：出語り、竹沢権右衛門：三味線、辰松八郎兵衛：出遣いという配役である。この図では人形遣いは一人で、幕の前で人形を操作している。太夫と三味線弾きは今日とやや異なり、舞台前方の板敷（付舞台）の上手（観客の右側）に毛氈を敷いて着座しているが、もちろん、観客からは見えている[21]。

この新しい配置は、人形という架空（虚）の構成要素と共に、人形遣い、語り手、音楽奏者といった舞台の現実（実）の構成要素を視覚的に露出させている。そしてこの配置は、多少位置を変えて今日でも行われている。近松による「虚実皮膜論」の虚と実の微妙な境目にこそ芸の醍醐味があるという主張はこのように舞台上で体現され、そこで人形浄瑠璃の最も本質的な美学が創造されている。

芸術的創造を追求した結果、虚と実の二つの極を同時に存在させるという趣向は、日本の多くの芸術様式に共有され、その影響は多岐に渡る。浮世絵師はそれらを歌舞伎から数多く取り上げ、自らの芸術の中で更に展開させている。歌川国芳（一七九八―一八六一）は《みかけハこハゐがとんだいゝ人だ（見かけは恐いがとんだいい人だ）》（一八四七）という題の版画を作成したが、それは何人もの人体を組み合わせて人物の頭と手を構成するという虚実を巧みに組み合わせた作品となっている。人物の鼻はしゃがんでいる裸の体の背面で作られており、折り曲げた足が鼻孔を形作っている。手の四本の指は二人の人物の四本の足でできており、手のひらは二人の体で、一人の曲げられた腕が親指になっているのだ（図8）。

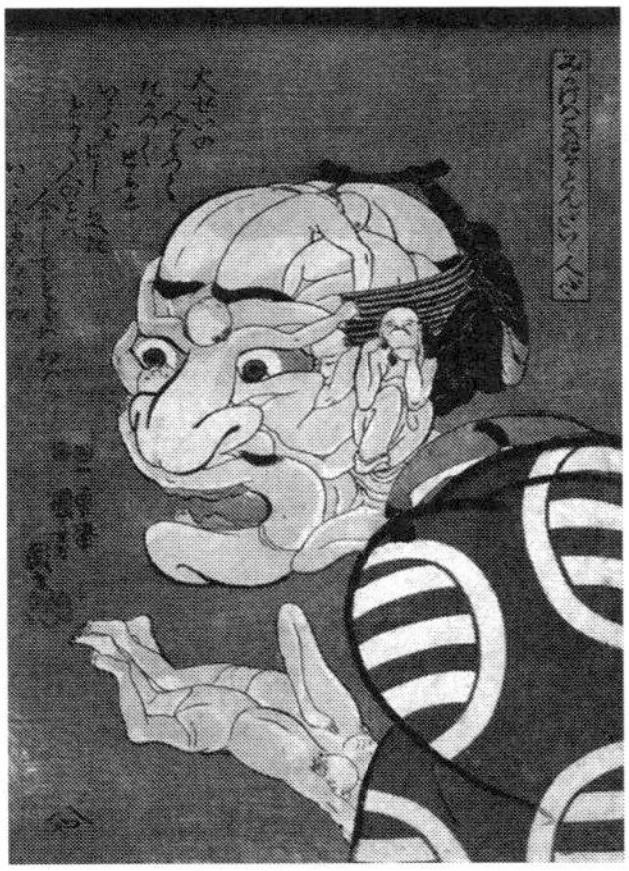

図8　歌川国芳《みかけハこハゐがとんだいゝ人だ》（大錦、1847）

図9　（左）東京の中心街の通りの街灯に、プラスティックの造花が取り付けられ、（右）それらが実際の桜の木と並列している（撮影著者、1984）

この作品の中で、人物の顔と手という大きな構成要素の方は、虚の極として設計され、組み合わされた小さな人体の方は、実の極として設計されている。こうした趣向は、国芳から始まり、寄せ絵という浮世絵のジャンルとなり、数多くの作品が残されている。

虚実の対極の様々な様相は、日本の日常生活の中にも見ることができる。桜が美しい花を咲かせている時期に、東京の街中では、開花している桜の木の側の街灯に色々な色のプラスティックの花飾りが取り付けられている（図9）。

桜の開花が終わると、これらのプラスティックの花飾りは街灯から取り外され、次の春、また桜が咲く頃に取り付けられる。実際の白い桜の花に対し、非現実的な色のプラスティックの花をディスプレーすることで、色付きのプラスティックの花飾りが桜の花の自然な白さを強調し、対比を作り出している。この独創的な試みは、虚実の対比と調和の本質的な概念を自ずから表しているといえよう。

このような対極の調和の実践は、小林正樹の映画『怪談』（一九六四）の第三話「耳無芳一の話」の平家と源氏の最後の合戦に見ることができる。物語は主人公である盲目の琵琶法師芳一が、一一八五年に壇ノ浦で起こった歴史的に有名な合戦の物語を、琵琶で弾き語るところから始まる。平氏が壊滅状態となり、平家の侍たちばかりか、従者や女たちまでもが幼い安徳天皇と共に入水して、源氏が勝利する。映画の中で小林は実際の役者、船、小舟を使用しての海での合戦のショットと、合戦の要素を取り上げた絵巻物のような絵のショットをクロス・カッティングしている。この三次元と二次元の描写の並列は、動的で、なおかつ調和を保つ卓越した美を創造している。小林によるこの合戦の対比的な描写は、街路の実際の桜の花とプラスティックの花との対比より遥かに複雑で調和的である。小林はこれらの対比の描写の中に一見すると場にそぐわない要素を作り出し、それによって対比を強調し、また調和させている。侍、船、小舟、海といった実物と、色と形を継続的に変化させた背景の空の非現実的な描写とが、実の極の中に虚の要素を入れて緊張を作り出し、現実性と非現実性を並列させている（図10）。

それとは対照的に、小林が加えている絵のショットは、効果的な影響を生み出す二つの手段を使用することにより、動的に表現されている。小林は合戦のシーンにおいて、実際の合戦であがる煙と同じような煙の流れを、絵の手前に流している。二次元の写真と実際に動いている三次元の煙との並列は、虚の極の中に実との対比を作り出している。他の現実の要素は、海で溺れる戦士の描写での、静的な写真を横切り、それに生命を吹き込んで動的にしているカメラそのものの動きである。小林は非常に長い縦の写真を用い、カメラの長いティルト・ダウンによって水死した大勢の戦士たちの描写に強烈なインパクトを与えている（図11）。この場面は明らかに海での実際の役者による撮影ができないため、小林は合戦の様子を描写するだけでなく、

図10　実際の役者、海水、舟を背景の非現実的な空と並列させている（『怪談』小林正樹監督、文芸プロダクション＝にんじんくらぶ、1964）

図11　溺れる戦士たちの非現実的な描写と、場面に動きを与える長いティルト・ダウンを並列させている（同）

虚実の調和の魅惑的かつ複雑な具体化を創造するべくこの手法を採用しているのだ。

2　受容を促進する混合主義的宗教観

ユダヤ教の一神教の社会で育った私から見ると、日本の宗教のあり方は、大変興味深いものがある。日本の宗教は幾つかの信仰体系を混合し新しい体系を作るシンクレティズム（混合主義）、または宗教とは無関係な伝統要素を宗教に取り入れ統合させていった。いかなる文明においても信仰は人々の生活習慣に様々な影響を及ぼしている。

この宗教体系は、歴史の流れと共に制度的に作り出されてきたものであるが、一般の人々によって作り出される同じような現象もある。それは、日本人のこころに根ざした古くからの心象を示している。岡山のある家族の新年のお祝いの時に、非常に個人的でユニークな神仏習合の体現が見られた。神道を信仰するこの家では、床の間に神棚が設えられており、神様を祀るための道具がきれいに飾られていた。それは一般的に見られるやり方で、神号を大書した掛け軸が奥に掛けられ、神棚の上の方には紙垂《しで》を垂らしたしめ縄が張られている。そして、棚の上には神様へのお供えとしていろいろな果物や榊が置かれている（図12）。驚いたことに、神棚の下の段ボール箱に非常に奇妙な果物が載せられていた。それは長い指が分かれたような形状の仏手柑《ぶっしゅかん》という北東インドや中国が原産の柑橘類であり、日本では大変珍しいものである。遠くに離れて暮らしいるこの家族の長男は新年の祝いに帰省できないため、自分の住む熊本産のこの珍しい果物を新年の祝いとして家族に贈ったのである。この果物の名前は仏教を象徴しているが、それが神道の神棚に置かれていただけでなく、仏手柑という文字が書かれている箱と共に置かれていた。しかも、神道の神棚の中央に仏手柑という文字が目立つように配置されている（図13）。これは贈り手と神棚の下に置いた家族との双方によるユニークな共同作業で生み出されたものである。多くの日

図12　家の床の間にある神棚（撮影著者、1994）

図13　箱に「仏手柑」と書いてある珍しい果物。神道の神様への供物として中央に配置されている（同）

本人がそうであるように、この家族にとっても、神道の場所に仏教を象徴する物を置くことに何のためらいもない。しかし、一神教であるユダヤ教やキリスト教では、他の宗教に関連する物を混在させることはまずあり得ないことなのである。

　私はそのようなシンクレティズムのもっと現代的でかつ普遍的と思われる様態を、東京の小さなスーパーマーケットに隣り合った小さな神社で目撃した。その神社はスーパーマーケットと隣接するビルとの間の細長い空間に存在する。入口には木でできた赤い鳥居があり、それには紙垂を吊るしたしめ縄が掛けられていた。その奥に神社があり、紅白の紐を引っ張ると鳴る鈴が吊るされている。紅白は、神道や日本において肯定的で目出度い色の組み合わせである。鈴の下には神様を祀るための供物台（図14）があるが、驚いたことにこの供物台は、プラスティック製の赤白のコカ・コーラの箱の上にプラスティックのトレイを載せて設えられているのだ（図15）。

　この社は、英語の文字が書かれた非常にアメリカ的なものを祭壇として使用しているわけだ。第二次世界大戦が終結して、わずか数十年後のことである。戦後、アメリカの占領当局は国教を神道とすることを否定し、現人神《あらひとがみ》と呼ばれていた天皇の神性を剥奪することを企図した。このプラスティックの箱は、神社の他の自然の構成要素と対照的で奇妙な印象を受ける。これは（過去においては）敵対的なものの象

図14　東京のスーパーマーケットに付属する小さな神社。伝統的な鳥居、飾り、社などが揃っている（同、1984）

図15 神社の驚きの供物台。コカ・コーラの箱の上にプラスティックのトレイを載せて設えられている（同）

徴であったにもかかわらず、おそらく色の組み合わせ、大きさの適当さ、または単純に廃物利用という理由によって、受容されたのであろう。著者はそのコカ・コーラの箱の供物台がその後どうなるか興味を持った。それは一時的な仮のもので、日本的なものに置き換えられるのだろうか？　あるいは、この神社の永久的な備品として残されるのだろうか？

そして著者は一〇年後、この場所に戻ってきた。鳥居は以前とは少し変わり新しくなっており、しめ縄もジグザグの白い紙の紙垂もなかった（図16）。しかし、奥の社の前には、まだ同じコカ・コーラの箱が置いてあり、その上には同じプラスティックのトレイが載せてあったが、縦にして置いてあった箱が横にして置かれていた（図17）。以前はコカ・コーラの文字を下から上に読まなければならなかったが、今ではコカ・コーラの文字を左から右へより容易に読めるようになった（横向きに直すときに文字を上下反対に置かれる可能性もあった）。

そして更にその二一年後、私はまたこの場所を訪れる機会に恵まれた。この地域全体は変貌を遂げて

図16　10年後の神社。紙垂もしめ縄もなくなり少し鳥居が変化した（同、1994）

図17　10年後も同じコカ・コーラの箱の上に同じトレイを載せた供物台が神社の前に置かれている（同）

おり、多くの建物は大きなビルに新しく建て替えられていた。神社の隣のスーパーマーケットは、洗練されたオフィスに変わっていた。しかし小さな神社は多少の変化があるものの、ほとんどそのまま残っていた。変化があったのは、周囲の植物や神社の前に置かれた二つの踏み石、取り替えられた鈴紐などである（図18）。以前にコカ・コーラの箱の上に置かれていたトレイはなくなっており、コカ・コーラの箱は逆さまに置かれていた。底を上にすることで、神社への供物を置けるようになっていた。また、コカ・コーラの箱の下には木片が差し込まれていた（図19）。三〇年もの月日が経過し、周辺の環境が様々な変化を見せる中、このコカ・コーラの箱だけはこの小さな神社に不可欠な存在となっていたのである。

　私にはこのコカ・コーラの箱と神社との融合は、古代から存在していたシンクレティズムが今なお根ざした日本文化の継続性を如実に物語るものと解釈された。そして私は後に、北野武の映画『座頭市』（二〇〇三）のラストシーンでのアメリカのタップ

図18（右）1994年から21年後。植物などに変化があった（同、2015）
図19（左）コカ・コーラの箱は上下逆さまになり、神社の一部として溶け込んでいる（同）

ダンスを初めて目にした時、直ぐさま、この小さな神社のコカ・コーラの箱を思い出した。一般人が作り出した、神社とコカ・コーラの箱の融合と、アーティストである映画監督が創造した時代物の映画とアメリカのダンスの融合との間には、多くの類似点を見出すことができる。この映画は、一九六二年以来同じタイトルで制作されている非常に有名な時代劇映画シリーズのバリエーションである。北野の映画には多くの斬新な要素があるが、日本の時代劇映画のラストシーンでアメリカン・スタイルのダンスには仰天させられる。このダンスは、非常に対照的な二種類の場面で構成されている。最初の部分では、四人の仮面を付けたダンサーが棒を持って踊る。踊り手のうちの二人は、日本の民俗的な狐と天狗の面を付けている。一方、他の二人は男性と女性の面を付けている。そして、四人ともカツラを付けている。踊りは「棒踊り」とタップダンスを合わせた踊りで、神楽のような様相を作り出している。座頭市が敵を殺したすぐ後、悪役以外の登場人物はアメリカ的なスタイルのタップダンスを踊り始める。農民のような非主役級登場人物からスタートし、

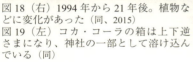

徐々に色々な登場人物が加わり、最終的には敵を殺した後立ち去った座頭市と悪役を除いた全ての登場人物が踊りに加わる。北野はこのタップダンスのシーンでの座頭市の不在について尋ねられた際、こう答えている。「善人だけがダンスシーンに登場する。私の考えでは、座頭市は悪役だから」〔22〕。二番目のパートでのカメラワークは、より細部に焦点を当て、巧妙な下駄による足の動きを強調している。それは最初のパートの日本的なスタイルの踊りよりも、遥かにアメリカ的なタップダンスとなっている。北野はこのシーンの発想がどこから来たかを尋ねられた際、こう答えている。

私はこの映画の中で、過去のいくつかの事柄を組み立てたような気がします。〔中略〕私はタップダンスも使いましたが、映画の中のその要素もそうです。私にとって、映画は他のあらゆるアートの形態を組み合わせたアート形態です。映画を作るだけでなく、私はテレビ司会者であり、本を書くし、絵も描きます。私にとって、映画はこれらの活動すべてを組み合わせるための方法です。〔中略〕タップダンスのシーンはボリウッド映画の影響かとよく聞かれたけれど、これまで私はボリウッド映画を観た事はありません。あのシーンが制作された方法は歌舞伎にとても近くて、そこで下駄を木のタップダンスの靴のように使って踊っている。舞台の上でのその踊りは映画の中の踊りよりもすごくゆっくりだけれど、リズムは同じだ。〔23〕

北野にこのダンスの発想を与えたのはおそらく、伝統的に人気の高い『高杯』という歌舞伎舞踊であろう。この舞踊は一九三三年に歌舞伎役者の六代目尾上菊五郎によって制作された。酒を飲むための高杯の代わりに、間違って高足駄を買ってしまった太郎冠者は、酔って下駄で踊り、歌に合わせてリズムを踏む。六代目菊五郎は、最後のクライマックスのダンスに、これが制作された当時、東京で流行していたアメリカのタップダンスを取り入れた。この歌舞伎の舞踊は、映画の発想源である以外に、日本の舞台芸術に蓄積された特色を反映している。

そしてまた、小さな神社のコカ・コーラの箱を使った祭壇と映画の中のタップダンスと類似したストラテジーを提示している。『高杯』は松羽目物の様式で作られており、能と狂言の影響を背景に、歌舞伎の舞踊として創作された。松羽目物は、能と狂言の舞台の鏡板に描かれている老松と同様の絵が描かれた幕を背景にして演じられる。また松羽目物は、能と狂言のオリジナルの台本にはない、所作、踊り、歌謡などの要素も取り入れ、歌舞伎の様式として演じられる。この特徴的な舞踊『高杯』は、狂言のスタイルであるにもかかわらず、狂言ではない。『高杯』の舞台の背景には、松の木の代わりに、大きな桜の木が描かれている。この劇は比較的新しい歌舞伎のテクニックと古いスタイルである狂言の影響の融合であるといえる。そして、この舞踊の舞台は下駄で演じられ、いわばアメリカのタップダンスの日本版を創造している。狂言の要素を採用した歌舞伎中のタップダンスは、後に現代的な時代劇映画に取り入れられたわけだが、この二つにおける伝統演劇とアメリカのダンススタイルの融合は、日本の伝統演劇と映画の集大成であり、それらの進化の素晴らしい例である。

3　統合された概念と個人の創造力

日本以外の他の文化圏においては、既存の文化に新しい要素、様式、主題などが取り入れられるときに、それらは既存のものと単純に置き換えられ、既存のものは消滅することが多い。そのような過程において生まれる文化的産物は、複雑で豊かなものにはならない。ところが、日本文化は発達の過程で、多種多様な、時に対照的な要素をも新しい芸術的構成要素へと蓄積し、組み合わされ、融合される。これはきわめて一般的な慣習である。その結果、監督、脚本家、デザイナー、カメラマン、俳優などの日本映画の制作者たちが、日本の複雑で豊かな文化的背景と伝統の中で意識的に、または無意識的に、現行の美学や概念によって影響を受けるのと同様に、演劇、絵画、版画などの伝統芸術の形式の様々な要素によって影響を受けているのは、驚くに当たらない。

我々が日本映画とその起源の背景を十分に理解するためには、日本で蓄積され統合されてきた文化習慣について考慮する必要がある。人々は日常を通してその概念に関与しており、映画を鑑賞する観客もこれらの概念によって影響を受けているに違いない。全く異なる要素や正反対の要素さえも、既存の宗教に取り込んできた信仰の柔軟性は、映画のような他の分野においても、異質な要素を統合することを容易にさせている。従って、非常に興味深い美学的な緊張を創造する映画の中に、極めて特殊な伝統的要素を発見したとしても驚くことはない。映画に先行する伝統演劇は、その集大成と進化の手段を提供するだけでなく、映画の中に様々な方法で結合されている様々な要素をも提供している。陰陽と虚実の対極の調和は、日本において非常に多くの事物の意匠に絶大なる影響を与えている。映画においては、対極が調和を作り出すための手法としてのみならず、日本映画制作者の意図や解釈を理解するための鍵となっている。これら全ての要因を考慮することで、日本映画の美学を十分に理解し、評価することができるのである。


［1］『古事記』倉野憲司校注、岩波文庫、一九八三年、一三頁。

［2］Chan Wing-tsit, trans. and comp. *A Source Book on Chinese Philosophy*. N. J.: Princeton University Press, 1963, pp. 268-269.

［3］『日本書記（上）』（日本古典文学大系67）坂本太郎・家永三郎・井上光貞・大野晋校注、岩波書店、一九六七年、七六頁。

［4］『世阿弥　禅竹』（日本思想大系24）表章・加藤周一校注、岩波書店、一九七四年、一八頁。

［5］同書、四八—四九頁。

［6］同書、二八—二九頁。

［7］同書、三三〇頁。

［8］大蔵虎明『わらんべ草』笹野堅校訂、岩波文庫、一九六二年、九五—九七頁。

［9］同書、二七八頁。

［10］同書、三六二頁。

［11］為永一蝶「歌舞妓事始」『歌舞伎』（日本庶民文化史料集成第六巻）三一書房、一九七三年、一一三頁。

［12］同書、一〇七―一〇八・一一五頁。

［13］式亭三馬（作）、勝川春英・歌川豊国（画）『戯場訓蒙図彙』国立劇場調査養成部芸能調査室、一九七六年、一三（一五―一六）頁。

［14］戸板康二「荒事和事」『江戸と上方』池田弥三郎・林屋辰三郎共編、至文堂、一九六四年、一二六頁。

［15］角川源義「荒事の発生――五郎と朝比奈」『季刊雑誌歌舞伎11号』（特集：歌舞伎十八番再見）一九七一年一月、六四―六五頁。

［16］大蔵『わらんべ草』二五七―二五八頁。

［17］『舞曲扇林』（早稲田大学古典籍総合データベース所掲）。

［18］守随憲治編『続役者論語』東京大学出版会、一九七三年、一〇一頁。

［19］人形舞台史研究会編『人形浄瑠璃舞台史』八木書店、一九九一年、一三九―一四〇頁。

［20］同書、一六二―一六三頁。

［21］同書、一六八―一六九頁。なお同書では、この絵は『今昔操年代記』刊行当時に「回想的に描いたもので、後の舞台形式が混じり込んでいる」とされている。

［22］Kitano Takeshi, Interview by Tom Mes, Midnight eye: Visions of Japanese Cinema, 5 November 2003（http://www.midnighteye.com/interviews/takeshi-kitano/）参照二〇一二年一一月二六日。

［23］同前。

[I] 内容・構造・美学

第一章　実存的儀式——黒澤明『夢』の構造と美学

日本人が本当に日本人の考えていること、日本人が抱えているいろんな問題を正直に表現すれば良い。〔中略〕各国の人がそれをみて、一緒にその問題について考えて、その人たちと一緒に喜んだり悲しんだり苦しんだりしてお互いの理解を深めていくのが一番いい方法だし、それが映画の持っている一番大きな力だとぼくは思う。

——黒澤明［1］

黒澤明の『夢』（一九九〇）は非常にユニークで、きわめて日本的な映画である。この映画は八つのエピソードで構成されており、黒澤自身が子供の頃に見た様々な夢が具現化されている。各エピソードにおいて「私」、即ち黒澤が、さまざまな登場人物や現象に遭遇する。評論家や専門家たちからは、物語の要素とダイアローグが非常に限定されているため、未熟な作品であると指摘され、黒澤の他の作品と比較すると退屈でさしたる印象を与えない、偏向的な映画であると見なされた。しかし私は、他の黒澤の作品と比較して考察することよりも、むしろこの映画特有の構造に即した解釈が必要なのではないかと考えている。『夢』を正しく理解するために、観客に求められる日本の文化・伝統・芸術の予備知識とは、どのようなものだろうか。黒澤がこの映画の中で扱っている様々な題材を、どのように組み合わせているかを理解し、日本の文化的背景が深く反映された美的側面を考察するべきである。

1　映画の構造とその意味

二人の評論家と一人の作家が『夢』の構造と趣旨を理解するための重要な点を挙げている。評論家佐藤忠男は「アニミズム的楽園とその後」という副題でこの映画についての評論を発表している。そのなかでこの作品を「アニミズム的楽園」という前半と「その後」の後半の二つの部分に分けている。

以上三つの夢に共通しているのは、アニミズム的な世界であるということであろう。神の使者とされている狐、生きている人形たちと桃の木の精、雪の化身としての雪女。これらは天地万物に生命があるというアニミズム的な信仰が、おとぎ話や童話の世界に残存したものである。アニミズムは自然を聖なるものとして崇める自然崇拝であり、人間の霊魂も祖霊として自然の聖性の一部に取り込まれてゆくものと考えられる。ただし現世に強い思いを残して死んだものは容易に祖霊にはなりきれず、しばらく現世と交渉を保つことがある。（これが幽霊であると考えることがアニミズム的世界では多い。だから第四話に幽霊の夢が現れるのは偶然ではない。）

第四話「トンネル」では、「私」は第二次大戦から復員してきて、山道の寂しいトンネルを抜けたところで、戦場で全滅した部下たちの幽霊に出会う。

以上、〔第一話から第四話までのエピソードを通じて〕人間が自然と霊的に交感できたアニミズム的な世界が四つのバリエーションで示され、それもはじめはパラダイスのような愉悦にあふれていたのが、必ずしも自然は人間に対して母親のように優しいばかりではないということを示す夢に変わってゆく。[2]

佐藤忠男は、第五話「鴉」が映画の前半部から後半部への移行部分であると指摘している。佐藤は、「私」がヴァン・ゴッホの絵画に入り込み、ヴァン・ゴッホ本人に出会うシーンを取り上げ、大人がアニミズム的世界に立ち入れないことへの黒澤の嘆きと居心地悪さを表していると捉えた。また映画の後半では、原子力発電所の爆発に連鎖する富士山の爆発、核爆発の後、鬼となった人間たちとの遭遇、そして人間と自然の共存の可能性について語る老人との邂逅などを通して、自然破壊に対する明確な抗議が展開されている。私は、映画の前半部への佐藤の指摘は非常に重要であると考えている。しかしその一方で、本作におけるアニミズムの位置付けや、アニミズムとエピソードの構成との芸術的接点など幾つかの問いが残されたままであるため、この映画にはより概念的な他の分析方法があると考えられる。

もう一人の評論家、西村雄一郎は、『夢』において、黒澤作品の特徴である幾つかの重要な要素が用いられていると指摘している。

黒澤映画には、極端と極端の二つの要素《ファクター》が常に対立して置かれているが、これら八つのエピソードも大きく分けて、陽と陰のイメージによって構成されている。[3]

西村は第一話「日照り雨」、第二話「桃畑」、第五話「鴉」と第八話「水車のある村」に描かれている輝く太陽が、ロマンチックな憧憬のムードを醸し出し、それらはこの映画においての陽の部分であると分類している。それと対照的に、第三話「雪あらし」、第四話「トンネル」、第六話「赤富士」、第七話「鬼哭」は、人の心の奥にある不安感や罪悪感が具現化され、暗い闇の陰のイメージを作り出していると指摘する。これらの対照的なエピソードは、映画の中で調和的なバランスを生み出している。そしてこのような分類は重要であるだけでなく、対比により作り上げられた解釈の構造を研究するためにも不可欠である。

西村はまた、黒澤が夢、幻想、人間の意識に深く根を下ろす妄想の表現に興味を持つようになったのは、モノクロフィルムを諦めてカラーで撮影を始めた瞬間からだったと指摘している。『影武者』（一九八〇）と『乱』（一九八五）では、神秘的な要素の導入のために、伝統的な能の様式を採用している。「それと同様に、ふつふつと湧いてくる潜在意識と形而上的な世界を、今度は『夢』という超ユニークな形式を借りて具象化した、といった方がわかりやすいだろう」（同前）。西村は以前の黒澤映画では、能が重要な美学的要素となっていると指摘したが、『夢』ではその繋がりを見出せなかったようである。しかし、両者の間に果たして本当に繋がりはないのだろうか。

黒澤は能を絶賛し、彼のいくつかの映画への能の影響について言及している。『蜘蛛巣城』（一九五七）のインタビューでは、この映画に取り入れられた能の美学と技法について語っており［4］、『乱』公開後のインタビューにおいても、能の美学と技法の幾つかの要素、登場人物、演技形式、動き、舞、謡、衣装などの映画への応用について言及している［5］。また私が、『乱』で能の指導をした金春流能楽師、本田光洋に行ったインタビューの中で、本田は、黒澤と能の関係について論評している。

あの人は喜多流が詳しいですね。お父さんが随分喜多流の稽古されていたらしいんです。黒澤が稽古してたかどうかは知らないけれども戦争でやっぱり仕事がないんで能ばっかり見ていましたって。で特に喜多流の話をずっと。で、喜多六平太っていう名人だった人が昔いましたね。それで喜多六平太さんやらそのあと喜多実さんだったりの話をしていたり。［6］

黒澤自身は『夢』に能の要素を取入れたことについては言及していないが、『夢』公開直後の井上ひさしとの対談において、黒澤が能を見てきた成果が「トンネル」のエピソードに結実しているという井上の指摘に対し、黒澤は否定することなく微笑んでいる[7]。私は、黒澤が能の要素とその主なパターンを、以前の映画のように直接的な形ではないにしろ、より自由に、ともすると無意識に『夢』の中に取り入れたのではないかと考えている。その結果、能や歌舞伎から取り入れられた要素は、純粋に映画に同化されなければならないという彼自身の主張が具現化されたユニークな作品となった[8]。

『夢』の中で「私」とよばれる登場人物は、それぞれの夢で違ったキャラクターや現象に遭遇する。これは能において様々な「シテ」(主役)と出会う「ワキ」と同様に考えられるのではないだろうか。「ワキ」としての最も重要な役割は、物語を進めることよりもむしろ観客の代表として[9]、舞台に登場した「シテ」の存在理由を作り出し、それに対する考えや感情を観客の中に共感として呼び起こすことである。従って、「ワキ」の演技は最小限に抑える必要がある。最初の二つのエピソードで子役が少年時代の「私」を演じる場合を除き、他の六つのエピソードでは、『乱』で主役、秀虎の長男役として出演した俳優、寺尾聰が「私」を演じている。彼はこの映画で「私」を演じるにあたり、以下のコメントを残している。

一番最初は、何本かある映画の内の一本と、僕は勘違いをしていまして、それでも黒澤監督を演じるというふうに一番最初に考えた時に、頭を抱え込んで、身動きが取れないような状態でした(笑)。先生とお話しているうちに、注文が一つ、自然にやりなさいと。ただこの注文は俳優にとって、僕自身には一番難しい注文でした。フランスに来て、自分自身もすぐリラックスしてきて、黒澤明監督を自然に演じるということが僕の頭の中に一杯あって、最後まで本人を真似しようと思ったり似せようというような考えは一つも起きなかったし、それで困るという指示はありませんでした。もし違う方向で演じていたならば、おそらくそこを直しなさいという先生の指示があったと思うんですけれども、そういう意味では、終わりまで注文はありま

せんでした。〔10〕

なお、登場人物である「私」は黒澤自身の具現化が意図されたわけではなく、役割としてはむしろ観客と主役の間にあって、コーディネーターとして機能している。

能の構造的、美的理念のうち最も重要なのは「序破急」である。雅楽に淵源するこの用語は、徐々に加速する速度を表している。能における謡・舞・囃子などの様々な要素がこの「序破急」に関連しており、謡曲の構造では、導入―山場―結末を意味し、能の謡や舞などの演技要素の基本的なテンポや、作品構造上の区分のテンポの緩急に関連している。一方で「序破急」は、一日の演目の構成にも反映されている。五番立ては能の伝統的な番組構成の形式で、初番目物は脇能（神能）、二番目物は修羅能、三番目物は鬘能《かづら》、四番目物は雑能（物狂能など）、五番目物は切能《きりのう》（鬼畜能）の順に五番の能を上演することであるが、冒頭「序」はめでたくかつ正統的なテーマの作品で始まり、最後の演目（急）は急テンポのしかも短い内容のことが多い。そしてその両者に挟まれた「破」の部分が、一日の眼目となるプログラムの中心の演目「破」なのである。

能に登場する三つの主要構成要素、即ち、神・鬼・人間の、生と死にもこの原則を適用することができる。初番目物の神は「序」に当たり、二番目物、三番目物、四番目物の死者の霊と生きた人間は「破」に当たり、五番目物の鬼は「急」に当たるのであるが、「序」では神の世界への祝福を構成するようになっており、最後には恐ろしい鬼や異類が信心深い人々や勇敢な戦士によって征服されるようになっている。五番立ての始まりと終わり、つまり、神の祝福と鬼の敗北の間で、生前の虐げられた体験と死後の苦しみを鎮めるために慰めを求める幽霊（戦死した武士や恋心が執着となって成仏が妨げられている女性など）や、それと対照的な生きた人間（彼または彼女を中心に様々なドラマが繰り広げられる）が主人公として登場するのである。能の演目はあらゆる人間の経験を対象にしており、また「序破急」は上記のような三層構造として、天・地・人の「三才」という中国渡来の宇宙概

	準備稿	決定稿	実際の映画
1	飛ぶ	日照り雨	日照り雨
2	日照り雨	雪あらし	桃畑
3	雪あらし	桃畑	雪あらし
4	桃畑	鴉	トンネル
5	鴉	トンネル	鴉
6	トンネル	水車のある村	赤富士
7	水車のある村	赤富士	鬼哭
8	阿修羅	鬼哭	水車のある村
9	赤富士	素晴らしい夢	
10	鬼哭		
11	素晴らしい夢		

表1 『夢』の準備稿・決定稿・実際の映画のエピソードの変遷

念を反映している。つまり神の存在は「天」、鬼が「地」、死者または生者である人間が「人」を意味しているということである。

『夢』の中で、黒澤は主要人物とその登場順序を通して、この理念を非常にユニークな形で表現している。準備されたシナリオと実際の映画を比較して見ることによって、彼の意図を明確に理解することができる。シナリオと実際の映画のエピソードの順序は表1の通りである。

準備稿[11]で一一あったエピソードが決定稿[12]では九つに減らされている。映画（公開されたシナリオでも）[13]の製作の段階で、更にもう一つのエピソードが削除され、最終的に八つのエピソードとなっている。現実的な理由から三つのエピソードを削除したことについて、黒澤はこうコメントを残している。

> 作風的にも、八つの夢でちょうどいい作風になるし、この、構成の上でもいい形になるので八つでやめることにしました。[14]

数字「八」の表意文字としての語源的な意味は、二つの部分に分けた一つのものであるとする説がある。一七世紀に狂言理論を大成させた大蔵虎明は、博識の理論家であったが、彼によると、これらは単なる部分ではなく陰と陽の表象である[15]。『夢』の八つのエピソードは明確なメッセージに基づいた四つの対でできており、それぞれ対立的に関連する要素を含んでいる。映画のオープニングエピソード「日照り雨」は準備稿（二一二〇頁）の段階では二番目であったが決定稿（一一一〇頁）では九つのエピソードの最初になっている。エンディングエピソードの「水車のある家」は、準備稿と決定稿の両方で中間に入れられており、決定稿（九つのエピソード構成）では「トンネル」と「赤富士」の間の第六話であったが、黒澤はこの順序を映画の製作段階で変更した（「決定稿」五七―六八頁）。死と生、超人と人間、虚と実など対照的なテーマと美学を反映させつつ、黒澤は映画のエピソードの順番を変え、儀式としての行列が特徴となっているそれぞれのエピソードで、この映画を始め、そして締め括った。また、これらのエピソードは作品の「序」と「急」の部分を形成している。

これらの儀式の間にあるその他六つのエピソードが、黒澤の表明する、そして能に見られるものと同じ三つの存在物、神・鬼・生きたもしくは死んだ人間を介してこの作品の「破」の部分を形成している。また、この六つのエピソードは三つの対照的な対を作っている。黒澤はそれに、能の五番立てにも通じるような人間の経験すべての要素を含ませるのみに留まらず、そこに活力と調和を見出しているのだ。

「序破急」は能のユニークな構造であるが、その理念もまた『夢』の各エピソードの構造に表されている。この三部構造において「序」は、「私」と主人公や他の登場人物との最初の出会いであり、「破」は主人公のクライマックスパフォーマンスであり、「急」は主人公か「私」、もしくは両者の旅立ちがそれにあたる。

声の表現、動きの種類と方向、音楽のジャンル、色、キャスティングなどの様々な要素もまた、対になったエピソードの中で対照的に提示されている。これらの要素を分析すると、黒澤映画が陰のタイプのエピソードと陽のタイプのエピソードを並置して対比させるだけでなく、それぞれのエピソードの中でも、個々に対比的な構成要素を形作っていることがわかる。

2　超人の結婚式と人間の葬式

この映画の最初と最後のエピソードは、人間の一生の始まりと終わりを象徴する二つの行列、即ち新しい生命が誕生する方向への第一段階である結婚式と、生命の最終段階を締めくくる葬式という枠組みを作り上げている。これらの行列は、超人の奇怪な結婚式に対して、人間の前向きな葬式という、両様に取れる方法でユニークに表現されている。この二つの対照的な行列の構造と要素、そして他のエピソードとの繋がりは、日本の伝統芸能の中で最も神聖な舞である「翁」と関連付けることができる。これは能楽の中で最も古い演目で、他の能・狂言の作品とは全く異なるユニークな芸能なのであるが、同時にまた超人／人間、脅威／祝福、虚／実といった、能において最も重要と思われる二項対立の概念を備えている。この演目は天下泰平を祈る儀式的な曲で、すべての演者は歌舞の前に清めの儀式を行う必要がある。近代以前には、正式の能楽公演ではこの演目から始められた。

『夢』の第一エピソード「日照り雨」の主要題材は、五歳の「私」（中野聡彦）が母親に見ないように注意されたにもかかわらず見てしまった、雨の日の森の中での不思議な狐の嫁入りの行列である。その後、彼の母親（倍賞美津子）は彼に短刀を渡し、もし狐が彼を許さなければ、腹を切って自殺しなければいけないと言う。このエピソードは非常に両義的な話である。結婚式は新しい生命の誕生につながる幸せな行事であり、新しい生活の始まりの象徴である。しかし、ここで「私」は、この行事が自分の人生の終わりに繋がる可能性があると脅かされているのだ。

この寓話的な結婚式は、エピソードの主人公「狐」の深い文化的両面性に由来する両義性の表現によって支えられている。日本文化において狐は常に動物の中で最も重要な役割を担い、その両義的な性格は物語の中心テーマとなって日本の昔話・演劇・文学に登場する。日本人には「狐」の名称は、様々なことを暗示させ、「狐」の外見は、直ちにその想像力を刺激する。日本の伝統芸能においても、狐は生と死の両方に深く関係している。狐はお稲荷様の使いであり、米・豊作・繁殖の象徴とされている。しかし、狐はまた、人間に取り憑き、人間に変《へん》化《げ》する超人的な力を持ち、人間を支配する邪悪な象徴としても考えられている。この変化は「化ける」という意味の単語で化け物そのものをも表し、この言葉はまた、欺瞞、詐欺、不正行為、嘲りなどを暗示する〔16〕。

狐の、豊作と繁殖を授け、かつ同時にそれを奪うものとしての両義的な性質は、黒澤の意識に深く根ざしており、前作『乱』でも狐のこの性格を、ある登場人物が他の登場人物に対抗するためのプロット・デバイス（物語を特定の方向に進めていくために使う話）として使っている。『夢』の第一エピソードで狐は主題であり、結婚式の行列で超自然的な脅威として現れる。民俗学的な狐の両義性は、映画の中で母親によって語られ、母親は「私」に、このエピソードの設定でもある雨中の太陽という自然要素の対極的な組み合わせを「狐の嫁入り」と呼ぶという言い伝えを教える。

最後のエピソード「水車の村」では最初のエピソードとは対照的に、「私」は喜びと感動に満ちた葬式に遭遇する。「私」（能の「ワキ」に対応する存在）が、水の流れる豊かな環境でこの話の主人公である一〇三歳の老人（同じく「シテ」、笠智衆）に出会い、話をした後、その老人の初恋の相手、九九歳の老婆の葬儀を告げる楽隊の音楽が遠くから聞こえてくる。行進する人々（能では「ツレ」）と連れ立って、老人は葬式に参列する。「私」と老人が話をしている場面では、老人は主役としての第一の役割を果たしていて、葬式の中では主役としての第二の役割を果たしている。この場面は「私」にとって、田舎の人々の生き方と自然の調和についての「私」と老人の長い対話よりもずっと重要な意味を持っている。通常の悲しい葬式の代わりに、この喜びと感動にみちた行列は、この映画らしく、人の一生を締め括っている。「狐」の嫁入り行列と対照的に、この葬式では子供、大人、男女など様々な人間がいる。この二つの対照的な行列は、この映画に特別な性質を与えている。

また、この二つのエピソードの主人公の入場を告げる視聴覚的要素も、これらの対照的な関係性を反映している。「日照り雨」の場面における、以下に述べる能と歌舞伎から取り入れられた要素は、狐の超人的な能力を強調している。狐が登場する時雨と林から現れる霧は、歌舞伎で超人的な役柄が出てくる時に使われる煙と同じである。狐の登場に先行する笛、それに続く打楽器、高い音色で演奏される笛の独奏は、能における登場音楽とほぼ同じである。

嫁入り行列における狐の顔のデザインは、見た目においても動きにおいても、狐と人間が組み合わされたものとして描かれており、この視覚的要素が、超人的に変化するものという狐に対する共通認識を強調している。彼らは人間のように伝統的な婚礼衣装で着飾っており、彼らの顔だけが人間と狐を組み合わせたものとしてデザインされ、実際に俳優の顔に毛を植え込むという、手の込んだ特殊なメイクアップが施されている。この動物と人間の組み合わせは、狂言面の「白蔵主《はくぞうす》」（図1）とよく似ている。「白蔵主」は狂言『釣狐』の前場で主人公が付ける面である。主人公である狐は人間に変化《へんげ》し、狂言の後場では狐の姿となって現れる。二つの面の比較、そして「白蔵主」と『夢』における狐の顔の類似は、黒澤が狐を人間に変化するものとして描きたかったことを反映している。黒澤は前作『乱』の準備の際に、狂言師野村万作の『釣狐』の録画映像を受け取った。野村万作によると、黒澤はこの狂言を大変気に入ったそうである[17]。映画製作の前に黒澤が描いた狐の顔の絵からは、狂言の面と『夢』の狐の顔のメイクアップに意図的な類似を見て取ることができる（図2）。彼はシーン撮影の前に、この絵のデザインに従って踊り手に施されたメイクのチェックをした（図3）。

狐の登場を導入する能の登場音楽に対し、人間の葬式の前には若い女性の掛け声が出てくる。黒澤は、この楽しげな聴覚的メッセージの後で、実際に葬式を見る前から、葬式を特徴付けるコントラストを成す色の変化という視覚的な要素を提示している。青い服を着た老人が小屋に入り、赤いジャケットを青い服の上から羽織って出てくる。そして近くの茂みから赤い花の付いた枝を取って来て葬列を先導する。この最も「陰」気な色である青から、赤い服への変化、更に赤い花を摘むことにより、最も「陽」気な色＝赤の感覚を強めている。赤は生命力の源である太陽やめでたさを象徴する色であるから、通常葬式の文脈では避けられるイメージである。これは葬

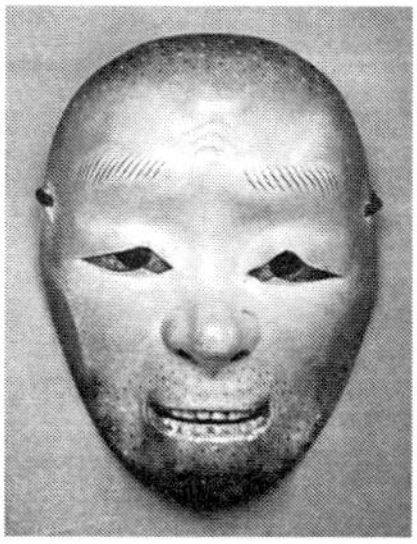

図1　白蔵主の面（野村万蔵『狂言面』わんや書店、1956）

図2　黒澤が描いた、狐の顔（『黒澤明全画集』小学館、1999）

図3　撮影の前に、狐のメイクを確認する黒澤（『MAKING OF DREAMS「夢」』大林宣彦監督、ポニーキャニオン、1990）

式を、人生を平穏に全うし終えた後の祝福と捉える農民たちの特別な姿勢を明示するものである。

二つの行列と能の「翁」の舞には、よく似た対照的な動きの要素がある。「日照り雨」における結婚式の行列は、「翁」の前半での翁と千歳の対照的な舞のパフォーマンスに類似している。『夢』では、狐のような容貌の人間の出現により、人間と動物の特徴が並列的に表される。ここで狐が見せる腰の入った、安定した滑らかな動きは、能楽の基本的な歩行法（ハコビ）のスリ足に似通っている。いっぽう狐の滑らかな動きを遮る人間側のぎくしゃくとした身振りは、大きな木の陰に隠れている「私」に向けて表現されているのだが、クライマックスの力強い身振りと足踏みを含んだその動きは、あたかも千歳の舞を彷彿とさせる。

「水車のある村」の葬式は、「翁」後半の（狂言方による舞）三番叟の二つの舞に驚くほど似ている。死者に供して踊り叫ぶ群衆の動きは、跳躍と強い足踏みと伝統的掛け声という力強い間投詞を含んだ、三番叟の前半の野生的な舞（揉之段）に似ている。神楽の鈴を右手に鳴らし、赤い花の咲いた枝を扇のように左手に持ち、葬式を先導する老人の外観と踊りは、黒《こく》式尉《しきじょう》の面を付けた、三番叟の後半の舞（鈴之段）によく似ている。黒式尉は右手に神楽の鈴を、左手に扇を持ち、叫ぶことなく静かに舞う。この姿勢、衣装、そして被り物の類似は、この老人を描いた黒澤の絵（図4）と『観世座能狂言写生帖』と呼ばれる古い写生帖にある三番叟の絵（図5）からはっきり見て取ることが出来る。

黒澤が描いた老人の顔立ち（図6）、しわ、輪郭、ひげ、眉毛、暗い色彩や微笑でさえも黒式尉と呼ばれる三番叟の面（図7）に大変似ており、『夢』の老人と『翁』の三番叟の類似性を強めている。

木の間を通る二つの行列の基本的な動きの方向もまた、対比的な作りになっている。嫁入り行列の動きが水平で、能の舞とよく似ている一方、女性の垂直跳躍の踊りを構成する葬式行列の最も印象的な部分は、歌舞伎の特

図4　黒澤が描いた神楽の鈴を右手に持って鳴らし、赤い花の咲いた枝を左手に持つ「水車のある村」の老人（『黒澤明全画集』）

図6　老人の顔の絵（図4の拡大図、部分『黒澤明全画集』）

図5　『観世座能狂言写生帖』に記載された『翁』の三番叟の絵。「鈴之段」の舞で右手に神楽の鈴、左手に扇を持って舞う（国立能楽堂所蔵）

図7　能『翁』の後場における三番叟の黒式尉の面（『井伊家の名宝』毎日新聞社、1990）

徴的な踊りや民衆の祭りの踊りに似ている。興味深いことに、これら二つの運動の方向は、両エピソードの共通の自然要素、流水によって対比的な方向に強化され、調和のバランスを作り上げている。狐の嫁入り行列の平行的な動きは、雨の垂直的な動きとバランスを取っており、葬式の垂直的な跳躍は川の水平的な流れと調和して繋がっている。

これら二つの行列の聴覚的要素もまた対比的である。結婚式の場面での繊細な日本の伝統音楽に対し、黒澤は、葬儀のために外国の活気のある音楽、ロシア人作曲家イッポイトフ・イワーノフ（一八五九―一九三五）の「コーカサスの風景組曲第二番」を採用している。更に、静寂な狐の結婚式の行進に対し、農民の踊りは女性と男性の両方が断続的に声を出す、リズミカルな非言語表現（掛け声）で作られている。

3　清める者と汚す者としての神

日本で神は、通常適切に崇拝されている場合、慈悲深いとされているが、そうでない場合もある。それぞれの神は、和魂《にぎたま》（温和な側面）と荒魂《あらたま》（荒々しい側面）を併せ持った「魂《たま》」（力、もしくは意思）を与えられており、もし神が適切に崇拝されていなかったり、酷い扱いを受けていたとすれば、人々に災難や自然災害をもたらす。『夢』のなかで黒澤は、最古の文化のルーツと彼の現代的なメッセージを組み合わせるために、神のこの二重の特徴を利用している。二番目のエピソード「桃畑」では、神は伝統的な浄化を担う存在で、六番目のエピソード「赤富士」では、神は現代の人災や自然災害を引き起こす存在として提示されている。

一番目のエピソードでの神の使者である狐の行進の後、二番目のエピソード「桃畑」で「私」は神に遭遇する。このエピソードにおいて、黒澤は、桃の花と雛人形という二つの具体的に関連のある要素と、神聖な浄化を担う神を組み合わせている。日本で、三月三日は女児のためのお祭りである。その雛祭りでは、女児は人形を飾り、その前に供えられたご飯やお菓子を食べる。雛人形は通常、内裏様（天皇）とその妃をあらわした人形、三人官女など一三体の宮中の従者と五人囃子と呼ばれる楽人（実は能の謡役と笛・小鼓・大鼓《おおつづみ》・太鼓の囃子役の能役者）の人形が、五段に飾られる。この雛は本来、一体のみで厄除けとして人間のケガレの一切を背負わされ、川に流されるものであった。いっぽう雛祭りは丁度その季節に咲く桃の花を飾って行われるため、桃の節句とも呼ばれている。現代の雛祭りは、悪霊と穢れを祓うための中国の清めの儀式である上巳《じょうし》の節句に起源を持つと考えられている。加えて中国古代の習俗では、桃の果実は悪霊や鬼を払いのけることができるとされている。雛人形と桃の木の組み合わせが神の浄化の象徴として機能しているのは、中国文化の影響下にある古い民俗的な記憶に依っているのだ。『古事記』上巻で、死別した妻を捜して黄泉の国で魔物に追われて逃げる途中、桃の実を投げて難を逃れた故事にもその事は反映されている。

　黒澤は、二番目のエピソードの慈悲深い民俗神による浄化とは対照的に、六番目のエピソード「赤富士」で、現代の環境汚染を神による破壊行為として表現している。『夢』の「赤富士」の破壊的なイメージは、富士山の本来の神聖なイメージと対比しており、「桃畑」における浄化の象徴としての雛人形と桃の花とも対照的な関係にある。原子力発電所の一連の爆発に、雪に覆われた白い山頂を持つ富士山が怒り、赤くなり、融解し、成長と開花という「桃畑」のプロセスとは反対の「崩壊」を示すのである。不当な扱いに憤怒した山の神が、自然災害を引き起こしている。

　「桃畑」はこの映画の中で、最も複雑なエピソードである。このエピソードは桃の木と雛人形の二つの存在が対応していて、それらの擬人化と、一つの存在から別の存在への変容が描かれている。それによって浄化作用がより強められている。黒澤はこのプロセスを、エピソードの冒頭で子供の「私」（伊崎充則）が団子の乗ったお盆を、雛人形の前に座った姉とその友達に持って行く場面から始める。この部屋に入る前に、観客は「私」が白い磁器に生けられた桃の花の置かれた床の間を通過するのを見る。「私」が障子を開けて雛人形のある部屋に入ってきた後、「私」が雛人形に近づく前に、「私」と桃の枝の組み合わせのショットを映し、彼が入って来た部屋から撮られた別のショットが、前の部屋の桃の花と平行した位置に雛人形が置かれているのを映す。桃の花が置いてある部屋を「私」が通ってから雛人形の部屋に入ることで、雛人形と桃の花の空間的並列の関係を見せている。この場面は出版されたシナリオには存在していないが、雛人形と桃の花の関係を作るためにこのような撮影の仕方がなされたと思われる[18]。これは、浄化のメッセージとして使用された桃の花と雛人形の伝統的な繋がりを見事に表している。

「私」(と観客)が具体的な形でその二つの構成要素に遭遇したあと、「私」は擬人化されたそれらのものに出会う。部屋の桃の枝の傍に立っている桃色の上着を着た不思議な女の子は、畑に残る桃の木の化身である(観客はエピソードの終わりにそれを理解する)。彼女は「私」を森の中に導くが、そこで雛人形の姿に擬人化された、ずたずたになった桃の木の精霊に行く先を阻まれる。「桃畑」の主な構成要素である、雛人形の化身としての姿と、桃の木の神としての真の姿の二つは、「赤富士」での音と動きに対比する構成になっている。雛人形の化身は「私」のために舞い、音楽を演奏する。その音楽は雅楽から派生したもので、神道の祭典を飾る音楽でもある。ここで物語をリードしている人形は、内裏雛を擬人化したものである。「私」の前で演奏された音楽と踊りは、神への愛と共感への応答として、神の「私」と観客に対する穏やかで慈悲深い面を表現したものである。

後半では雅楽と完全に対照的な、現代的なバックグラウンドミュージックに変わり、桃の木は以前のように満開になる。音楽はやがて止まり、素晴らしい満開の木は消え、「私」の夢は終了する。「私」をここまで導いてきた不思議な少女、つまり畑の節くれだった切株に残った小さな桃の木の精霊が奏でる鐘の音が、能の開始と終了を際立たせる笛のヒシギと同様に、この夢の始まりを告げ、終わりを締めくくる。それと比べて、富士山周辺での原子炉の爆発と群衆の騒々しい声は、楽しい鐘の音、雅楽、現代的な音楽と非常に対照的である。

二つのエピソードでの登場人物の動きもまた対照的である。山の前での「私」と主人公との出会いにおいて、

図8　「桃畑」で、白く美しい桃の花びらが「私」（伊崎充則）に降り注ぐ（『夢』黒澤明監督、黒澤プロダクション、1990）

図9　「赤富士」で、赤いガスがそれを払いのけようとする「私」（寺尾聰）を覆う（同）

「桃畑」では「私」が山の斜面に向かって走り、「赤富士」では山から走って来ている。パフォーマンスの部分における他の登場人物の動きも対照的な構造になっている。「桃畑」では「私」は人間の化身の優雅な踊りの前で静止しており、「赤富士」では恐れおののいている群衆の中で海の方向に流されている。

それぞれのエピソードのクライマックスで、「私」は対照的なものに覆われる。「桃畑」の雛人形のパフォーマンスのクライマックスでは、白く美しい桃の花びらがすべてを浄化するかのように「私」と踊っている雛人形に降り注ぎ、神の慈悲的な面が反映されている（図8）。その反面「赤富士」では、霧が現れ、有毒放射能ガスにより徐々に白い富士が赤くなるように表現されている。赤いガスはそれを蹴散らそうとする「私」を覆い始め、最終的に取り囲んでしまうが、これは災害の無慈悲さの表明となっている（図9）。

4　幽霊――現実と虚構の化身

映画の半ば、第四エピソード「トンネル」と第五エピソード「鴉」では、「私」と生と死の対比を反映する、生きた人間と幽霊として現れた死人との出会いを描いている。「トンネル」で黒澤は死人を幽霊としてこの世に呼び寄せている。それと対照的に「鴉」では、死者の霊と会うため、虚実の世界に入り込む。「トンネル」の若い兵士も、「鴉」の高名な芸術家も、若くして戦争や自殺で死んだ人々だが、黒澤は、彼らをこの世に呼び戻して慰め、その悲痛な霊魂を鎮めようとしたのである。

「トンネル」では、将校である生者の「私」が、第二次世界大戦で全滅した自分の部隊の彷徨える幽霊たちに出会い、彼らに安らかに眠るよう願う。このようなドラマのパターンと芸術的技法は、一二世紀の戦場で死んでいった二つの大きな氏族、平家と源氏の武将の彷徨える霊が現れる能の二番目物（修羅能）に酷似している。黒澤は戦時中に軍役につかず、兵士でもなかったが、自分と同年代の多くの日本の若者たちが戦争のために死地へと送られたという事実により、今なお傷ついている一個人として、ここで見事に伝統的なパターンと現代的なメッセージを結び付けている。このエピソードで、「私」は死者の魂を呼び寄せ、赦しを請い、彼らの苦痛を和らげ、彼らの成仏を祈っている。

「鴉」の解釈はもっと複雑である。このエピソードの中で、黒澤は我々の世界を離れて「別世界」を旅し、そこで霊的実在となった高名な死者に会いに行く。このドラマのパターンは、能の『楊貴妃』における、ワキと神仙界で生き続ける楊貴妃との出会いによく似ている。「トンネル」における「私」と兵士たちが現実世界のキャラクターを反映しているのに対し、「鴉」の主人公ヴィンセント・ヴァン・ゴッホ（マーティン・スコセッシ）にはより多くの意味が込められている。このキャラクターは、黒澤という人物（彼自身、自殺を試みたことがある）と、二七歳で自殺した兄丙午《へいご》、その両方として解釈できる。黒澤はヴァン・ゴッホを敬愛しており、自伝の中で三回も彼について言及している。一つには子供時代に最も敬愛した二人の画家の一人として[19]、また、兄の丙午が自殺した後、彼に現実世界の見方を変えさせる作品を描いた三人の画家の一人として[20]、そして、映画会社へ入社を決意した時に言及した三人の芸術家の一人として[21]。この作品におけるヴァン・ゴッホのキャラクターとメッセージが、実際の黒澤のキャラクターと、彼の完璧を求め必然性を創出する芸術的アイデアを反映しているであろうことに疑いの余地はない。一方、黒澤は、最も身近で敬愛し影響を受けた、サイレント映画の弁士を勤め、トーキー映画がそのキャリアを奪った後に自殺した兄丙午と、芸術的情熱を全うせずに若くして自殺した芸術家ヴァン・ゴッホとの間に類似性を感じていたのかもしれない。

「桃畑」のエピソードでも出現する桃の精（建みさと）が幽霊であることが暗示されている。文化的レベルでは、「桃畑」の不思議な少女は神として考えられている。しかし私は、黒澤が彼女を彼の死んだ姉の化身として表現していると信じている。彼の最愛の姉妹で、一番の遊び仲間だった姉は、黒澤の姉たちの中で一番年下だった。黒澤が小姉ちゃんと呼んでいたこの姉は、一六歳のときに病気で亡くなり、その後、彼女は黒澤の雛祭りと桃の木の両方の記憶に結びつくようになったようだ。黒澤は自伝で、雛祭りに今にも話しだしそうな人形の前で、姉と遊んだ思い出を回想している。黒澤はこの回想を、彼女の戒名、桃林貞光信女の始めの二文字、桃林で締め括っている[22]。都築政昭も黒澤の映画についての著書の中で、このエピソードが姉への鎮魂であると解釈している[23]。黒澤自身も、『夢』のメイキング映像のなかで、この桃の精と、親密だった亡き姉との結び付きについて語っている[24]。

「トンネル」と「鴉」において、黒澤は「私」が遭遇する幽霊の世界への対照的な道程を形作っている。「トンネル」の場面で幽霊を呼び出す音響と映像の構成要素は、明らかに能を意識している。幽霊が出現する前後に暗いトンネルの入口から発せられる、軍の「狂犬」（黒澤がシナリオの中でこう定義している）[25]のマシンガンのような咆哮は、能における主人公の登場と結末の各場面での、ヒシギと呼ばれる息を極限まで強く吹き込む笛の音と、その荒々しさにおいて類似している。その後、咆哮が、トンネルに沿って進む「私」の反響する足音に取って代わることで幽霊の出現に備える。これは、主人公の幽霊を呼び出す鼓と掛け声の中で、楽屋と能舞台の間にある橋掛りをシテの幽霊が通過していく方法に似ている。鳴り響く足音は、実は能における鼓と掛け声よりも遥かに古い儀式における神の特徴である。また、空間も光から闇への変化によって、幽霊を受け入れるべく形作られている。トンネルを通過するのに僅か数分しかかからない筈だが、「私」がそこに入ったのは日中であるにもかかわらず、出てきた時は既に完全な暗闇であった。能にも日中に暗闇をもたらして出現する幽霊の類（『忠度』『檜垣』『山姥』などの夢幻能）がしばしば登場するのである。

井上ひさしはこの「トンネル」の中に夢幻能の要素が含まれていることを指摘しており、黒澤との対談で、次のように語っている。

黒澤さんは何十年にもわたって能を見てこられた。その成果が一気にこの「トンネル」という夢で実を結んだのだと思いました。寺尾聰さんの「私」が旅人、つまりワキです。野口一等兵と第三小隊が怨霊物、亡霊で、つまりシテです。そしてトンネルが橋掛りで、あの敗戦直後の日本の地面によくあった荒れて水たまりのある土が能舞台ですね。電柱が松の古木。背後のコンクリの、急な土手は松羽目のように見えてきます。〔26〕

「鴉」において、黒澤はヴィンセント・ヴァン・ゴッホの絵画を有意義に活用し、自分の描写する架空世界の中で、この敬愛する今は亡き画家に出会うキーポイントとなる道標を作り上げている。黒澤は、ある美術館で「私」をヴァン・ゴッホの絵画と向かい合わせるが、中でも特に三つの絵画に焦点を置き、この芸術家の架空世界へと続く通路を形成している。最初に「私」はこのエピソードの主人公、ヴァン・ゴッホの自画像を見る。次に、「私」はヴァン・ゴッホの最後の作品《カラスのいる麦畑》（一八九〇）――それは彼が死んだ場所であり、そしてこの夢の最高潮を迎える場所でもある――に集中する。そして、最後の《アルルの跳ね橋》（一八八八）の絵によって、「私」はこの画家の架空世界へと入っていく。また、黒澤は最後の絵の主要要素を用いて、ヴァン・ゴッホの世界への道程を組み立てている。「私」は三次元化されたこの絵の橋を登り、渡った先でヴァン・ゴッホとの対面を果たす。

図10 「トンネル」で、トンネルを通る「私」を後ろと正面から捉えた垂直的なトラッキングショット（同）

図11 「鴉」で、「私」は画面の左から右に、視界の開けた色とりどりの鮮やかな橋を渡る（同）

「トンネル」におけるトンネルと「鴉」における橋は、正反対の方向にデザインされている。「トンネル」では、トンネルを深くフレームに収め、山を垂直に撮るトラッキングショットにより、カメラが「私」を正面、または後ろから捉えているのに対し（図10）、「鴉」では、画面の左から右にかけて水平に架かる色鮮やかで視界の開けた橋を渡る「私」のパンショットを撮るため、カメラは「私」を常に横から捉えている（図11）。そして、「私」は暗く閉じたトンネル内では真っすぐ歩くが、橋を渡り終えた後のカラフルで開けた絵画のような場所では、走りまわる。現実的で具体的なトンネル内の足音に対し、彼はここでフィクション的な印象を与えるべくショパンの音楽を使っている。

この二つのエピソードの主要キャラクターの登場にも対照的な要素が含まれている。「トンネル」での最初の登場人物、戦争で死亡した「私」の部隊の兵士の一人である野口一等兵の幽霊（頭師佳孝）は、自分が死んでいるという事実を受け入れることを拒否している。黒澤は、この死んだ兵士が登場する最初の部分で、野口の個人的な側面を、対話を通じて明らかにしている。野口に君は戦死したのだと説明し、その人生最後の瞬間を伝える「私」と彼との会話は、心を乱した野口の彷徨える霊が無事に成仏するさまを描いており、能の修羅物で行われる霊の慰めを求める武将の亡霊とワキの会話に類似している。野口が死者の世界に戻るよう説得された後、夢幻能の前場で中入する幽霊のように、彼もトンネルに入り消滅する。

「鴉」でもまた、最初の部分は本質的に写実的、対話的である。黒澤は、「私」が最終的に「現実」の環境に遭遇した後の、「私」とヴァン・ゴッホとの会話を通し、芸術・虚実・夢と現実の間の美的緊張に関する、ヴァン・ゴッホとよく似たアイデアを提示している。ヴァン・ゴッホは、描くことに没頭している自身について語り、また、絵が描けないことから自分自身の耳を切り落とすというように、その美意識に従って現実を作ろうとする。それは丁度、黒澤がこのエピソードのセットの中で本物の花びらに色を塗り、彼の美的ヴィジョンに合わせようとしたのと似ている。この虚と実の緊張が、「鴉」のエピソードのテーマと作品構造を形成している。

これらのエピソードの後半部分は、前半部分と対照的に豊かな表現になっている。「トンネル」の後半部分で第三小隊の死んだ兵士が全員トンネルから出て来て、彼らの指揮官である「私」の前に整列し、野口一等兵とは対照的に沈黙する。生き残ってしまった「私」は彼らに許しを請い、彼らが死者の世界に戻り安らかに眠ることを求める。「私」の説得に従うべく、彼らはトンネルに戻る。小隊全体の出現は、視覚レベルでの兵士の完全に統制の取れた、ダンスのようですらある行進と、聴覚レベルでのトンネルを出入する足音の素晴らしい響き、最高潮を演出するトランペットの鎮魂歌など、極めて美的なパフォーマンスの要素を作り出している。

「鴉」の後半部分も、前半の対話表現と対照的に豊かな表現になっている。黒澤は最も虚構的な表現である絵画から、それを現実化して写実的場面へ、そして再び虚構的な絵画へというように写実と虚構を移行させることにより、エピソードの後半部を対照的、弁証法的に描出している。まず、「私」がヴァン・ゴッホの幾つかの絵画の虚構の風景に遭遇し、その後、黒澤が再現したヴァン・ゴッホの《カラスのいる麦畑》の実写風景に入りこむ。ヴァン・ゴッホが、畑の小路に沿って水平線に向かって消えていく間、カラスの群れが麦畑で不機嫌そうに鳴いている。このヴァン・ゴッホの虚構的なイメージの映像化には、大掛かりな準備が必要であった。敬愛する画家の消失（または死亡）は実際のカラスの鳴き声とその羽ばたきの中で情緒豊かに描かれている。

この二つのエピソードで黒澤は、生と死のコントラストを強調するため、主人公に対し、対照的な照明法を使い分けている。「鴉」のヴァン・ゴッホと「私」には、生きたキャラクターとして同じように照明が当てられて

図12　現実の日光がヴァン・ゴッホを包む（同）

図13　フレームの中心に壮大な太陽が描かれたヴァン・ゴッホの絵画の中に「私」が入りこむ（同）

いる一方、「トンネル」で黒澤は、生きている人間と死霊との邂逅を強調するかのように照明を使用する。「私」の自然な顔に対して、死んだ兵士の頭蓋骨を強くイメージさせる顔のコントラスト、ワキの直面《ひためん》に対するシテの能面のように、「私」に赤いキーライトを照らすことで、「私」を生きた、温かい、陽のイメージに、野口と他の兵士を死んだ、冷たい、陰のイメージにと、コントラストを作り上げている。黒澤の絵コンテは非常に手が込んでおり、詳細に、カラフルに描かれている。野口と「私」の出会いの場では、野口の背後の青い壁、「私」の背後の赤い壁、と背景の色がはっきり二色に分かれており、彼の視覚的な意図が明確に示されている[27]。オレンジの「私」に対し、死んだ兵士は青といったように、同様のオレンジ／青のコントラストが「私」と小隊の死んだ兵士との邂逅のフレームにある[28]。このエピソード半ばの、死の文脈内で「私」を照らすことで「生」の象徴となっている赤いキーライトは、エピソードの初めと終わりで吠える犬を照らし、動かない受け身の「私」に対する犬の存在感を強調している。犬から「私」に赤いキーライトの焦点を移し、またエピソードの最後に犬に戻って行くことにより、「私」と戦死した兵士との、生と死の対照を強調している。

これらの二つのエピソードで重要な役割を果たしている夜と昼の光源のコントラストは、兵士の幽霊に街灯、そしてヴァン・ゴッホという生きた登場人物に太陽を関連付けている。「トンネル」では二つの小さなナイトライトが、兵士らに向かって照らされ、その一つについては、せりふでも触れられている。「私」は、フレームの中心に配置された背の高い街灯に向かって暗闇のトンネルから出てくる。野口一等兵の幽霊がトンネルから出て来たあと、彼は遠くを見つめ、そこに小さな光を見つけて、それを彼の両親の家だと断言し、そこに行くよう求める。それと対照的に、「私」とヴァン・ゴッホとの二箇所の出会いの移行ポイントは、現実の日光から架空の描写への、二極間の移行の上に形成されている。最初の出会いで、画家が空を見上げ、太陽が彼に描くことを強制していることについて語り、彼を包む日光と、上を向き顔を背け日光から顔を守る「私」を通し、観客は太陽の存在を認識する（図12）。その後、「私」は、フレームの中心に壮大な太陽が描かれたヴァン・ゴッホの畑の絵画の中に入り込む（図13）。これらの対照的な光源の本質と大きさは、このエピソードの陰陽のイメージを強調し、これらの弁証法は、ヴァン・ゴッホの虚構的な外観と野口一等兵の現実的な外観のコントラスト形成に貢献している。

死者の世界への旅立ちを意味する最後の二つのエピソードの背景にある音響も、同じ要素で構成されているが、順序は逆になっている。「トンネル」は犬の鳴き声に続く管楽器の鎮魂歌で終わっているのに対し、「鴉」では管楽器のような機関車の警笛に続く鴉の鳴き声で終わっている。

これら二つのエピソードの配役もまた、その現実と虚構の対照性に貢献している。野口一等兵の幽霊は、『どですかでん』（一九七〇）でトロリーの少年六ちゃん役だった頭師佳孝《かしらじよしたか》によって演じられ、ほかの死んだ兵士の幽霊ももちろん日本語を話す日本の俳優によって演じられた。それと対照的に、「私」とフランス語で会話する掃除婦、「私」と英語で会話するマーティン・スコセッシによって演じられたヴァン・ゴッホなど、これら二つの外国語と外国人俳優はこのエピソードの現実と非現実の対照性に新たな次元をもたらしている。

5　悪鬼と人間的な鬼の対峙

三番目のエピソード「雪あらし」と七番目のエピソード「鬼哭」で、「私」は対照的な鬼に遭遇する。能においては通常、悪霊や鬼と対峙する場合、最終的に僧侶や武士がそれらを退治する。現代の能の基礎を作った世阿弥元清は、能における鬼を二つの対照的なタイプに分類した。『夢』の二つの鬼的な存在は、それによく当てはまる。「雪あらし」では、「私」は美女に化けた妖怪的な鬼である雪女（原田美枝子）と対決し、彼女に打ち勝つ。日本の民間伝承によると雪女は人に害をもたらす悪霊であり、人々を雪山に捕らえてしまう。世阿弥はそのような非人間的な鬼を異類と分類し、「力動風鬼《りきどうふうき》」と名付けて、心と体に力を発散させた恐ろしい怪物として描いた〔29〕。雪女との対決とは対照的に、「鬼哭」で「私」は、霊鬼となった人間（いかりや長介）に遭遇する。その鬼は、人間の心を持ち、超能力を持たず、彼らの苦しみが人間の悪行を映し出している〔30〕。このように死後に地獄に落ちた亡者のような存在を世阿弥は「砕動風鬼《さいどうふうき》」と名付けている。

この二つのエピソードで、黒澤は、鬼のこのような両様の出現をそれぞれ演出するため、様々な要素を使用している。「雪あらし」では、雪女を呼び出す音と、美しく愛らしい女性から殺意に満ちた雪女への変化に焦点を合わせている。「私」が作り出している音と、吹雪の雪山で遭難した三人の登山家による約五分にも及ぶ沈黙が、この目的のための効果音として機能しているが、それはまさに能の登場音楽そのままである。山を登るのに合わせ、ガチャガチャと音を響かせる装備が能の囃子の機能をはたし、素晴らしく表現豊かな登山家たちの呼吸の音が、悪霊を呼び出す鼓奏者たちの掛け声と鮮やかに対比する。三人の登山家と「私」が、雪の中に崩れ落ちていった後に天国から聞こえてくるかのような女性の歌声は、雪女の登場を予期させる。雪女は「私」の横に座り、笑みを浮かべる美女として現れ、「暖かい」雪の中に埋まろうと「私」を誘惑し、死の淵へ引きずり込もうとする。

「私」が鬼となった人間と遭遇する「鬼哭」では、黒澤は、超人的なキャラクターに特有の登場音を排除し、鬼の思考と感情を「私」に想到させる。「私」は、前世でお金を儲けることだけに執着した人間であったと語る人物に出会い、彼はまた、現世では一角の鬼として、二角、または三角の鬼に食われる宿命であると告げる。

両方のエピソードの後半部は、能の五番目物と同様に短いパフォーマンスである。「雪あらし」のこの部分は短いが、非常に精巧にできている。背景で流れる歌が終わったあと、「私」は回復して、鬼の顔に変わった長い髪の雪女と戦い始める。黒澤はこのプロセスを「雪女変化」と呼び、その段階の細部を絵で表している（図14）[31]。この雪女のシーンでは、額の皺が急激に増えると同時に（図15）、髪が数秒の内に急速に伸びる極めて短いショットで構成されている。

「鬼哭」の舞台は遠くから聞こえる叫び声で始まる。前世で政府関係者や億万長者だった百近くの鬼が深い谷底の二つの血の海の周りで、前世の悪行の報いを受け、苦しみに身をよじり、痛みに泣き叫んでいる。この叫喚は、鬼との対決を終結するものであり、「雪あらし」での雪女登場の前触れを示す女性の歌声とは声もそのタイミングも非常に対照的である。

「鬼哭」と「雪あらし」の後半部におけるパフォーマンスの空間特性は、その二つのエピソードの対照的な特徴を強化している。「私」を征服することに失敗した雪女は消え、宙に舞い上がる白い衣だけが見える。登場人

図14　「雪あらし」で、雪女の額の皺が増え、鬣のような荒れた髪が現れ、数秒の間に「伸びる」ことにより、彼女の鬼的な特性が現れる。黒澤の絵コンテはこの変化の詳細を描いている（『黒澤明全画集』）

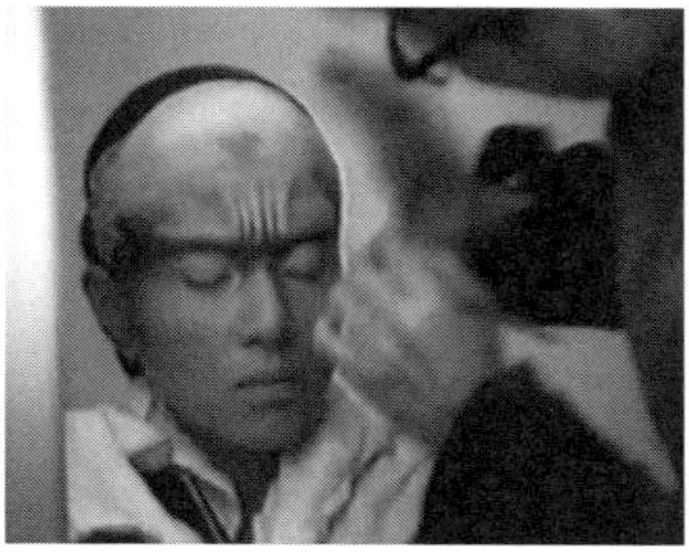

図15　雪女の変化の最終段階のため、眉の間に太い皺を書き込んだメイクを施す（『MAKING OF DREAMS「夢」』）

物の早変わりと宙吊りの演技は歌舞伎でよく見られる趣向で、舞台から劇場の後方の壁へと向かいながら、観客の頭上で舞う「宙乗り」という特殊な技術により、鬼女が姿を消す有様を表現する。黒澤は、雪女の滑らかな飛翔に対し、泣き叫ぶ鬼の位置を深い谷底に設定し、上空から撮影することによって、これらを対比的に描き分けた。

能における鬼との出会いは、常に僧による調伏や鎮魂で終わる。黒澤はエピソードの終結部分を対比的に表現することにより、この二つのエピソードの調和をより大きく成功させた。「雪あらし」の「私」は我々の代表として鬼と対峙し、鬼を克服する。同じように民間伝承を踏まえた小林正樹の『怪談』（一九六四）での「雪女」のエピソードを思い出せば、ここで黒澤が描いた征服のパターンはより明確になる。小林の『怪談』では、雪女が若い木こり巳之吉と出会う。雪女は若い巳之吉を憐れみ、彼の主人だった茂作を殺したものの、彼自身は殺さず、その代わり決してこの出来事を人に話さぬよう約束させる。その後人間となって現れた雪女は、巳之吉と結婚し彼の子供を産む。しかし、結局巳之吉は彼女との約束を破り、雪女は彼のもとを去ってしまう。『夢』のなかで黒澤は、このような物語の代わりに「私」を雪女と対峙させ、彼女を退散させる。小林の映画には全く出て来ない前述の能的な側面は、黒澤のエピソードを小林のものより更に伝統を強く意識させるものにしている。「雪あらし」の終結部分とは対照的に「鬼哭」では、鬼になりたくなければ去るよう鬼に告げられ、結局、人間と鬼との出会いは「私」が逃げるという結末になっている。「私」は逃げ、重く黒い砂に遭遇する。

黒澤は、黒と白のコントラストを使用してこれらのエピソードを構成している。「雪あらし」の白い雪の全体イメージとは対照的に、「鬼哭」で「私」が最後に遭遇する重く黒い溶岩の砂は、このエピソードの圧倒的な最終イメージとなっている。その対比的な色使いが、二つの出会いの対照的な結末を強調している。白は鬼を征服することを反映していて、黒は鬼に屈伏することを暗示している。

これらのエピソードの主要な登場人物の配役は、シリアスとユーモアの対比を意図したものらしく、作品に更に新しい側面を加えている。コメディアンであるいかりや長介が鬼を演じることで、人間的でコミカルなニュアンスをこのエピソードに加えている一方で、雪女は、黒澤の前作『乱』で恐ろしい鬼の化身「楓の方」を演じた原田美枝子が演じているのである。

まとめ——古典の復興

一九九〇年のカンヌ映画祭の『夢』の試写会の後に行われた記者会見で、原田美枝子は『乱』と『夢』のシナリオを読んだ直後の反応について質問され、以下のように答えている。

最初に『乱』のシナリオをいただいた時にものすごく「楓の方」という役が面白くて、とにかくこの役は絶対だれにも渡さない、自分でやりたい、と思いました。で、今回の役は、(一瞬ためらい、言い直す)今回の『夢』という作品のシナリオをいただいた時に、ものすごくきれいな映画になるだろうと思いまして、シナリオを読んでドキドキしました。それでぜひ、これは出演したいなと思いました。[32]

原田美枝子が自らを顧み、『夢』での雪女の役柄について言及しなかったのは、この映画が役の性格とせりふが主体になっている作品でなかったからである。この映画における関連性のない八つのエピソードは、黒澤による創造的な表現であり、日本文化から生まれた独創的な要素と形式を備えた作品である。能に代表される日本の古典芸能のような、初期の演劇作品に共通する伝統的な内容と形式は、現代の日本映画には見られなかった。それが組み入れられることにより、ユニークな現代的統合体としての映画が生まれた。

この映画の構造、内容、表現方法、哲学的思想、映像は黒澤明の意識/無意識にかかわらず、能や民俗学的・

美学的要素から形成されている。八つのエピソードは、弁証法的に止揚されるべき四つの対により構成され、「序」と「急」を表す最初と最後のエピソードは、超自然的で奇怪な結婚式と人間らしく楽観的な葬式という、生命のサイクルを象徴する二つの両義的な行列が枠組みになっている。黒澤は作品の中核である「破」を表すために、能の三つの構成要素――神・人間の生死・鬼――を結婚式や葬式という儀式の中に表現した。始めと終わりのエピソードに挟まれた六つのエピソードのうち最初の三つは、後半の三つのエピソードと対比的に配置され、二番目（神による浄化）、三番目（鬼による脅威）、四番目（人間の幽霊の登場）のエピソードは全て、五番目（空想的な幽霊の登場）、六番目（破壊と汚染の神）、七番目（鬼になった人）に対比している。

破を構成するこれら六つのエピソードのそれぞれも、序―破―急の順になっており、最初の二つのエピソード（破の序に相当する）は、「桃畑」で慈悲深い神が現れ、祝福し、その後「雪あらし」で鬼が打ち負かされる、神と鬼との邂逅を含んでいる。中間の二つのエピソード（破の破に相当する）は、「トンネル」で幽霊と、また「鴉」で生きた人間との邂逅を含んでいる。最後の二つのエピソード（他の四つより短い破の急に相当する）は、「赤富士」で神が汚染行為を働き、「鬼哭」で人間の代表が鬼に打ち負かされる、神と鬼の否定的な側面を現している。そして六つのエピソードの最後では、生と死という現実的な二つの構成要素を登場させ、より完全な人間の一生を具現化している。

また「私」という登場人物は、観客と主役の間を繋ぐ存在として描かれ、それぞれのエピソードで違った役割を果たしている。「私」が狐、雪女、崩壊する富士山といった奇怪な登場人物や現象に直面する時、これらの構成要素と「私」の間には直接対話がない。その代わり「私」は、能の「ワキツレ」と同じような役割を果たす「私」の母や、山から逃げる人々のような他の登場人物と会話をすることで、主人公との直接対話を避ける理由を作り出している。他のエピソードでは、「私」は能の「ワキ」と同じように、直接主人公の考えや感情を呼び起こす。

主人公に対する「私」の個別の役割は、それぞれのエピソードの構造、序―破―急の原理をユニークに表している。「序」の段は常に「私」と主人公、もしくは「私」が後で主人公と直面するための「私」と他の登場人物との会話による導入をなしており、すべてのエピソードで「破」の部分は常に、主人公が活躍するクライマックスシーンを含んでいる。通常、能では謡と舞が含まれるこの段階において、『夢』では、舞と踊りとその他のパフォーマンス、音楽と音響効果、歌と分節化されない声の表現を通して描かれる。最後の「急」では、主人公、「私」、もしくは両方の旅立ちが表現される。

更に、対となるエピソードの様々な要素は、それぞれの中で対比的に形成されるが、比較的制限された口語的表現に対しては、喘ぐ声・叫び声・鼻歌・動物の鳴き声など、重要な表現要素として機能する様々な非言語音声表現が並置される。これらの対比や並置はたとえば、登場人物たちの垂直／水平、高／低などの空間配置や、クラシックとポピュラー、日本音楽と外国音楽などの音楽の種類、生と死を対照させる光と色などにも見られる。特定の意図を持つ登場人物の配役には、シリアスとユーモア、日本と外国を対比させ、画家としてキャリアを始めた黒澤の芸術世界に不可欠である虚と実の対比は、三次元から二次元への移行、またその逆の移行により具象化されている。

周知のように、黒澤は伝統的な主題と様式を『蜘蛛巣城』『乱』などといった他の作品にも採用している。『虎の尾を踏む男たち』は歌舞伎の『勧進帳』が基であり、その『勧進帳』は、能の『安宅』が基である。それでも私は、『夢』こそが黒澤作品の中で最も日本的な文化背景に基づいた映画であると考える。この映画で黒澤は、日本の伝統的な要素を採用し、なおかつ、彼の芸術的な才能を伝統文化の新しい表現に結晶させたのである。

［1］カンヌ映画祭での『夢』についての記者会見（カンヌ：一九九〇年五月、テープ収録）。

[2] いずれの引用も、佐藤忠男「心洗われるような幼児期への追想」『キネマ旬報』一九九〇年六月上旬号（1035号）、一二三頁。

[3] 西村雄一郎「ロマンティシズムのルーツをさぐる」同前『キネマ旬報』一二七頁。

[4] 例として、Shirai Yoshio, Shibata Hayao and Yamada Koichi. "L'Empereur': entretien avec Kurosawa Akira," (*Cahiers du Cinéma 182*, Septembre 1966, p. 75)、および佐藤忠男『黒澤明解題』（〔同時代ライブラリー23〕岩波書店、一九九〇年、一九一－一九六頁）。

[5] 黒澤は能の衣装の映画衣装への影響について以下で語っている。西村雄一郎『巨匠のメチエ――黒澤明とスタッフたち』フィルムアート社、一九八七年、一九－二〇頁。この映画の衣装デザイナー、ワダエミは、ある能衣装と能面を特定の役に適用している（西村雄一郎「欲ばりで純粋な人」『キネマ旬報』一九八五年五月上旬号〔909号〕、二八頁、および西村『巨匠のメチエ――黒澤明とスタッフたち』二〇二－二〇四頁）。また、この映画の音楽を担当した作曲家、武満徹は、狂言においてある登場人物による歌と特徴的な動きが狂言師に帰していると述べている（西村雄一郎『黒澤明――音と映像』立風書房、一九九〇年、三〇五頁）。この作品における他の能の要素については、Keiko I. McDonald, *Japanese Classical Theater in Films* (London and Toronto: Associated University Press,1994, pp. 138-144）を参照。

[6] 本多光洋、著者とのインタビュー（東京：二〇一一年三月九日）。

[7] 黒澤明・井上ひさし（対談）「夢は天才である」『文芸春秋』（68巻7号）一九九〇年六月、二六六頁。

[8] 黒澤明「『蜘蛛巣城』をめぐって――岩崎昶との往復書簡（1957）」『全集黒澤明 第四巻』岩波書店、一九八八年、三二一頁。

[9] 野上豊一郎「能の主役一人主義」『能――研究と発見』岩波書店、一九三〇年。

[10] 前掲、カンヌ映画祭での記者会見。

[11] 黒澤明『こんな夢を見た――準備稿』黒澤プロダクション、一九八八年、未公刊、日本大学芸術学部映画学科資料室。

[12] 黒澤明『こんな夢を見た――決定稿』黒澤プロダクション、一九八八年、未公刊、日本大学芸術学部映画学科資料室。

[13] 黒澤明『夢』岩波書店、一九九〇年。

[14] 前掲、カンヌ映画祭での記者会見。

［15］大蔵虎明『わらんべ草』笹野堅校訂、岩波文庫、一九六二年、一一七頁。

［16］柳田國男『定本柳田國男集 31巻』筑摩書房、一九七〇年、五一－五二頁。吉野裕子『狐――陰陽五行と稲荷信仰』（ものと人間の文化史39巻）法政大学出版局、一九八〇年、一四頁。

［17］野村万作、著者との個人的会話（東京：二〇一一年七月）。

［18］黒澤『夢』一八頁。

［19］黒澤明『蝦蟇の油――自伝のようなもの』（同時代ライブラリー12）岩波書店、一九九〇年、一三一頁。

［20］同書、一六四頁。

［21］同書、一七〇頁。

［22］同書、三四－三六頁。

［23］都築政昭『黒澤明「一作一生」全三十作品』講談社、一九九八年、二九六－二九七頁。

［24］大林宣彦監督『MAKING OF DREAMS「夢」 黒澤明・大林宣彦 映画的対話』ポニーキャニオン、一九九〇年。

［25］黒澤『夢』六二頁。

［26］黒澤明・井上ひさし「夢は天才である」二六六頁。

［27］黒澤『夢』六八－六九頁。

［28］同書、七二－七三頁。

［29］『世阿弥 禅竹』（日本思想大系24）表章・加藤周一校注、岩波書店、一九七四年、一二九頁。

［30］同書、一二八頁。

［31］黒澤『夢』五六－五七頁。

［32］前掲、カンヌ映画祭での記者会見。

第二章　楓の方をめぐる狐と蛇の結晶化——黒澤明『乱』における聴覚と視覚による性格描写

黒澤明の映画『乱』（一九八五）の構想はシェイクスピアの『リア王』に由来しており、日本のよく知られた歴史逸話、毛利元就が三人の息子に与えた「三本の矢」からも採っている。黒澤はこの翻案された物語の中に彼独自のコンセプトを融合させている。私は『乱』の主要女性登場人物である楓の方の性格描写に、日本の伝統演劇に登場する狐と蛇という二種類の動物の、聴覚的・視覚的な特徴が効果的に取り入れられていると確信している。これらは、登場人物と劇的なプロセスに日本の伝統に根ざした深い意味を与えて、映画の常識を超えた更なる次元を加えている。

説話としての『乱』は、『リア王』と類似した構想であるが、この映画は単なる脚色作品ではない。リア王には三人の娘がいたが、毛利元就の逸話と同じように一文字秀虎（仲代達矢）にも三人の息子、太郎孝虎（寺尾聰）、次郎正虎（根津甚八）、三郎直虎（隆大介）がいる。太郎は楓の方（原田美枝子）と結婚し、次郎は末の方（宮崎美子）と結婚している。二人の嫁の父親はどちらも戦で秀虎によりうち負かされ、殺された。秀虎は七〇歳で隠居して、領地を三人の息子たちに分配し、家督を太郎に譲り、次郎に太郎を補佐するように言い渡すが、末息子で未婚の三郎は父親の考えに反抗し、追放される。

後に父、秀虎が太郎の城を訪れた際、楓は秀虎に、秀虎の長男である自分の夫、太郎への服従を誓う誓約書（秀虎が一族の主導権を放棄し、今後一切の事は太郎に委任する旨が書かれた文書）を提示し、血判を押すように迫る。侮辱された父親は、次郎の城に赴くが、次郎は父親の家来を城に招き入れることを拒否したため、城を後にする。

秀虎は三番目の息子、三郎の城に赴くが、そこで太郎と次郎の軍に挟撃される。彼の家来は殺害され、二人の愛妾は互いに小刀を刺し違えて自害する。秀虎は切腹するための刀が見付からず、怒り狂うが、追放され野を彷徨う。この合戦時の混乱に紛れ、次郎の側近、鉄（井川比佐志）は太郎を射殺する。太郎の寡婦、楓は、今や一族の長として素知らぬ顔で太郎の討ち死にを報告する次郎を誘惑し、正室の地位だけでなく、盲目の弟、鶴丸を連れて城を抜け出した次郎の妻、末の首を要求する。

父の同盟者の下で聟として迎えられた三郎は父の安否を気遣い、軍勢を率いて父の救援に赴く。三郎の来援を知って繰り出してきた次郎の軍を三郎軍は押し返す。父の姿を求めて、一人軍勢から離れた三郎は、放浪する父を見つけ出す。父秀虎は正気に戻るが、三郎は次郎の放った伏兵に狙撃されて死に、秀虎は悲しみにくれ息絶える。末の首は楓のもとに運ばれたが、それは、以前に末殺害の命令を拒否した鉄を怒らせ、今度は鉄が楓の首を切る。楓はこのプロットの中で、殆どの殺人の主要な黒幕、および扇動者として機能しており、極悪非道の性格に作り上げられている。シェイクスピアの研究家、ヤン・コットは楓の性格を、リア王の二人の娘の邪悪さの融合としてだけでなく、マクベス婦人の投影としても解釈している。

映画『乱』の中で、ゴネリルとリーガンが一体化し、新たに鬼気迫るマクベス婦人とも合体した楓という人格を生み出した。楓の吊り上がった眉と無表情でガラスのような白い顔は、吸血鬼の女や蛇の女〔般若〕の能面のようである。楓は誘惑した次郎に身を委ねる前に凶暴さを露わにする。彼女は刀を摑んで秀虎の次男（次郎）の顔を斬り付ける。次郎は、彼女の夫である実の兄（太郎）を殺し、そして今や、彼女の復讐の手段として利用されようとしているのである。［1］

コットは楓を蛇と関連付け、この登場人物の演劇的な作用から能を連想した。彼のこの解釈は的を射ており、黒澤は、能・狂言・歌舞伎の三つの日本伝統演劇における狐、蛇という二種類の動物の持つ独特の性格を登場人物の造形に取り入れている。狐は日本の文化において重要な役割を果たし、その相反する性質は多くの昔話に登場し、特にその人間に変身する超自然的な力が中心テーマとなっている。それとは対照的に、日本伝統演劇における蛇は、嫉妬に狂う女による変身という形で登場する。黒澤は『乱』において、伝統的な狐と蛇の性質を言葉と視覚とで並列することにより、二つの古典的な伝統様式を楓という一人の登場人物の中に組み合わせたのである。

1　聴覚の局面――狐の女性への変化

説話としての『乱』に、黒澤は楓に反発する登場人物によって用いられるプロット・デバイスとして、また楓の性格描写の聴覚的情報として、日本の狐の持つ幾つかの伝統的な要素を取り入れている。夫が殺害された後、楓は彼女の権力を維持し、復讐計画を実行するために義弟の次郎を利用しようとする。彼女は次郎を誘惑し、彼の妻、末の正妻の座を奪い、末の殺害を要求する（楓は次郎の肌を知る他の女の存在に我慢がならないと言うが、それは次郎に彼の妻を殺させるための口実に過ぎない）。そして鉄に、末の死の証拠としてその首を塩漬けにして持ってくるよう命令する。鉄は白い絹の包みと共に帰還し、楓らにそれを渡す。そこで観客は、生首の出現を予想するが、その予想は裏切られる。楓は包みを引き寄せ、開き、顔面蒼白になり、冗談の度が過ぎていると言って包みを横に押しやる。そして、石で出来た狐の首が転がり落ちる。これは楓が後に語るように、稲荷神社の狐の像の頭である。伝統的にこの狐の像は、豊穣の神と関連しており、狐は五穀を司り家々に繁栄をもたらす稲荷の使いとされ、稲荷神社の正面には常にこの狐の石像が設置されている。しかしこうした狐に対する信仰がある一方で、人間に変身する超自然的な力を持って悪さをし、また人間に憑依する邪悪な動物としても捉えられてきた。

鉄はこの俗信を利用し、任務を遂行したが狐に騙されたと主張する。鉄：「これはいかなる事……さては、あの末の方は、狐の化身……これは、誑かされた！」、楓は彼の話を退け、狐の首の出所は稲荷神社の像であることを指摘する。楓：「戯れ言も程々になされ！　これは稲荷狐の首！」、鉄は楓の指摘を否定し、この「信じ難い現象」を、人を騙す狐のせいだと言い張る。鉄：「さても、したたかな狐じゃ……今度は石に化けおったか」、鉄はあくまでも狐に騙され、狐を末と間違えて殺したと言う。そして日本の伝統演劇や古典文学では極めて有名な狐の化身、「玉藻の前」の話を始める。

「〔中略〕このあたりには狐が沢山おりまする、それがよく男を誑かすという噂がござる……（次郎に）……殿も御用心なさることじゃ、狐はよく女に化けて悪事を働きまする……遠くは、西域の斑足王の夫人に化けた狐は、王にすすめて千人の人を殺し、後に中国において、周の幽王の后となって国を亡ぼし、日本に渡っては朝廷に仕え、玉藻前となって、更に悪虐を行ない、遂には九本の尾を持つ白狐と化したと伝えられておりまする……」[2]

鉄は、残虐な任務を回避するために狐の言い伝えを利用し、楓と狐とを重ね合わせる。その時、鉄はゆっくりと楓に近づき、扇を持ち上げ、台詞の最後の部分で「ここにその狐がいる」とでも言うかのごとく楓を扇で真っすぐに指す。このシーンで楓は白い打掛を着ており、それは白い九尾の狐を象徴的に示している。またこの打掛の下には、蛇を連想させる柄の着物が隠されている。鉄は次郎の方に向き、「先ず、御用心、御用心」と言って去る。

鉄は「玉藻の前」の説話を語っているが、この語りは、日本人の観客にはその物語に関連した更なる逸話を想起させる。狐に関する日本の多種多様な物語について知ることは、『乱』のこのシーンにおける狐の特徴についての理解に役立つ。能『殺生石』によれば、褒姒《ほうじ》は九尾の狐と変じて後に日本に渡り、鳥羽院の宮中の玉藻の前に化して、帝の玉体に近付こうとするが、見破られて那須野の原に逃亡し、そこでも追い詰められて殺生石と化す、という展開になる。「玉藻の前」の話は、能を含む四つの日本の伝統演劇全ての中に取り入れられている。狂言『釣狐《つりぎつね》』の前半でのこの話は、独特な語りとして語られている。

年老いた狐は猟師に猟を止めるよう説得しに行くために、僧である猟師の叔父に化ける。狐が思い付いた最も説得力のある教訓は「玉藻の前」の話であった。この『釣狐』の「玉藻の前」は、前述のように、中国・日本とわたって悪事を働いてきた悪狐であったが、日本で陰陽師の呪力で正体が現れる。調伏後は殺生石に化してなお人畜に害悪をなしたが、やがて仏力によって退治されることになる。黒澤は狂言師、野村万作（のちに『乱』で幾つかの場面の振り付けをする）の『釣狐』の録画映像を入手していたが、野村万作によると、黒澤はこの狂言を非常に気に入ったということで、『乱』における「玉藻の前」の解釈はそこから来たとも考えられる［3］。この話はまた一八世紀の半ばには、人形浄瑠璃の『玉藻前曦袂《たまものまえあさひのたもと》』、歌舞伎では『金毛狐』という題名で上演された。狂言『釣狐』は玉藻の前説話の内容のみを伝えるが、能『殺生石』が狂言の直接の典拠であろう。いずれも物語として紹介するのみで、実際に狐から女性、そして女性から狐への変身を舞台上で見せることはない。ところが歌舞伎と文楽の脚色では、この変身の場面に気丈で高潔な女性の容貌と狐の姿が同時に存在するという、非常に視覚的な衝撃がある。現今の『玉藻前曦袂』の歌舞伎の脚色では、部分的な狐の面で、玉藻の前の繊細な女性の顔を覆うことで変身を表現している。顔の下半分のみを面で覆い、目は美しい女性のものとして残しておくのだが、それに狐の耳が加わる（図1）。あるいは顔全体を覆う狐の面を付けるか（図2）、二〇世紀初頭の『金毛狐』版の歌舞伎役者が行っていたように化粧により変身を表現することもある（図3）。文楽の玉藻の前の人形は、高貴な服装で狐女の顔をして、髪飾りを付けている（図4）。

黒澤は楓を原話どおり、妖怪として特徴付けているが、役の外見に関しては、彼独自の視覚的なイメージが関

図1　玉藻の前を演じる六代目中村歌右衛門。顔の下半分のみを覆う部分的な狐の面を付けている（『玉藻前曦袂』1980、早稲田大学演劇博物館所蔵）

図2　顔全体を覆う狐の面を付けている（『玉藻前曦袂』同）

図3　玉藻の前を演じる六代目尾上梅幸。女性から狐への変身を表す化粧を施している（『金毛狐』1911、同）

図4　玉藻の前の文楽人形（『玉藻前曦袂』1974、同）

図5　黒澤による楓のデザイン画（『黒澤明全画集』小学館、1999）

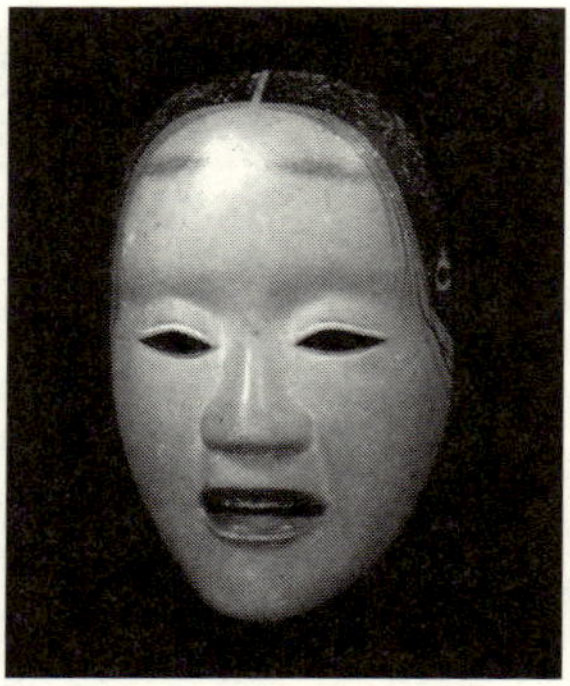

図6　能面「泥眼」（『井伊家の名宝』毎日新聞社、1990）

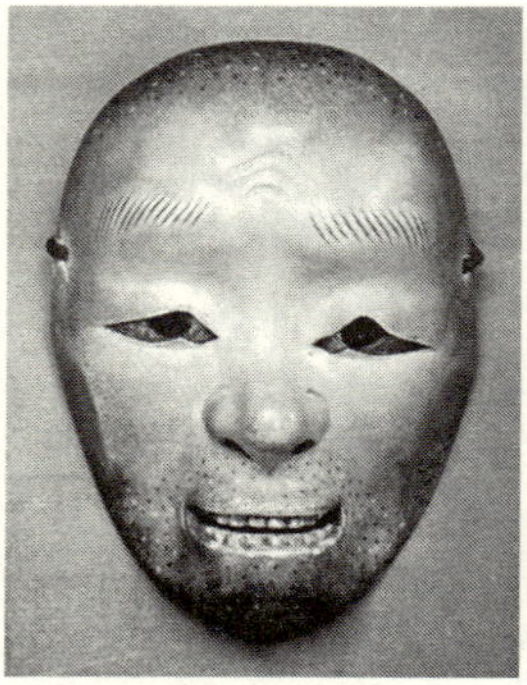

図7　狂言面「白蔵主」（野村万蔵『狂言面』わんや書店、1956）

係していることが分かる。『乱』の楓のデザイン画を注意深く見てみると（図5）それが能で用いられる高貴な女性のための面「泥眼」（図6）と、狂言の『釣狐』の前場で、主人公である狐が男性に変身した面である「白蔵主」（図7）の融合のように見える。

次郎が楓の誘惑に屈して妻の首を斬るように命じられたその時、鉄は楓を邪悪な女狐に例え、楓に対する警告を発している。狐は人間の男の精液を自身の体に移すために美女に変身して誘惑するのだという。狐は陰の動物であり、最も基本的な人間の陽の要素、男の精液を自身の体に招き入れることにより陰と陽の調和が生み出され、狐は不死になるという［4］。ヴァン・グーリックによると、「古代中国では、男の精液の量は非常に限られていると考えられ、オーガズムに達する前に男は自制して射精を防がねばならないという間違った結論に到達してしまった。」［5］そのため男の精液、陽のエネルギーを盗む女狐との複数回の性行為は、男を死に至らせることもあるとされる。

狐はまた、偽りの愛、対象のない愛、性的浪費、屈辱、陰萎を象徴している。一七七二年頃、磯田湖龍斎《いそだこりゅうさい》によって描かれた春画にはこうした狐の性格が端的に表されている。その絵では、狐の面を冠って花見の踊りに興じている男が、踊りが行われる場所に張り巡らされた花見の紅白幕の下で性行為に及んでおり、その際の男の顔は、左側にいる別の女の方を向いている。狐の面が男に狐の性的誘惑といった要素

図8　磯田湖龍斎による春画（1772年頃、Tom and Mary Anne Evans, *Shunga: The Art of Love in Japan*, N.Y. and London, Peddington Press, 1979）

図9　定と吉蔵の出会いの場面（『愛のコリーダ』大島渚監督、大島渚プロダクション＝アルゴス・フィルム、1976）

を付与し、また背景中央に満開の桜を配置する代わりに、男根を思わせる変わった形の木の幹が配置されているが、これは狐の誘惑的な尾に相似ている（図8）。

狐のこういった側面の映画における具象化は、大島渚の作品『愛のコリーダ』（一九七六）に見ることができる。阿部定と石田吉蔵の出会いの場面で、吉蔵は狐の面を付けて登場し（図9）、定が同僚の女をナイフで刺そうとするところを止める。この出会いは、一瞬にして吉蔵と定の欲望を刺激し、二〇世紀の日本映画史の中で最も官能的な出会いを作り上げている（この映画は一九三六年に実際に起こった事件を基にしている）。大島は、吉蔵の顔に狐の面を付けることで、伝統的な狐の蠱惑《こわく》的な性格を、視覚的な方法で主役に付与している。

『乱』の楓の方のこれらの性格の属性は、この作品の結末で締め括られている。最終的に、次郎の家来の一人が末の方の首を斬り、それを城に持ってくる。鉄はその首を確認し、楓の方のもとへ急ぎ、楓と対面する。そこで鉄は楓を「女狐」と呼んで糾弾する。楓は彼女の家族の長年にわたる恨みから、一文字家とその財産を没落させたことを認める。最後に、鉄は楓の脇に寄り、一太刀で首を刎ね、血飛沫が壁に飛び散る。

2　視覚の局面――女性の蛇への変化

楓は映画の中で、殺人の主要な扇動者、そして嫉妬深く好色な寡婦として、日本の伝統演劇の蛇にまつわる種々の要素をもちいて、視覚的に特徴付けられている。人間に化ける狐とは対照的に、伝統演劇で最も有名な蛇の登場は、嫉妬の結果として、人間の女が蛇に変身するものである。とりわけよく知られているこの女の変身は、能『道成寺』とその歌舞伎版の基となった伝説である。この伝説は幾つかの文献に残っており、その中でも『本朝法華験記』（一〇四〇―一〇四三）は極めて重要な文献である。この文献に収録された説話では、好色な寡婦が若く見栄えの良い僧に惹かれ、自分と寝るように迫る。寡婦の誘惑は僧を驚かせ、若い僧は寡婦を宥めるために、巡礼から戻ったら彼女と一夜を過ごす約束をする。彼は戻る時に別の道を通り、寡婦はその言葉をたのみにして長い間待っていたにもかかわらず、報われなかったことを知り、激怒し、川を渡りながら、蛇へとその姿を変える。寡婦は蛇の姿で、僧が鐘の下に隠れている道成寺まで追いかける。彼女は蛇体を鐘に巻き付け、炎で鐘諸共僧を溶かし尽くし、僧への復讐を果たす。これが能の『道成寺』、白拍子が道成寺に現れ、新しい鐘を取り付ける法事に奉納の舞を舞わせて欲しいと要求する話の背景である。この鐘供養の法事は女人禁制であるにもかかわらず、白拍子は寺男に中に入れてくれるよう懇願する。彼女は踊りながら、鐘の下へ行き、鐘の中に飛び込み鐘は地に落下する。そこで僧たちは以前の事件を思い出し、この白拍子がかの悪蛇の再来であると悟る。僧たちは鐘に近づき、数珠を押し揉み、経を唱える。彼らの法力で鐘が上がると、蛇が現れる。僧たちは聖なる力で邪悪な蛇を制圧し、退散させる。『乱』の衣装デザイナー、ワダ・エミがこの映画の衣装と能の『道成寺』の衣装との関係を語ったとき、彼女は楓の衣装の一つと能の衣装との関連について述べたが、詳しくは語っていない。

殺される時の楓が身につける衣裳は、「道成寺」などの鬼女が着る、三角の鱗模様を基本にしています。［6］

しかし私の考えでは、映画『乱』のこの衣装——小袖、織摺箔腰開き鱗には、『道成寺』とは全く異なった、独創的な要素が含まれている。映画の衣装もまた、金、黒、白の三角が蛇の鱗の印象を与え、能の『道成寺』と似たデザインとなっている。しかし『乱』では、蛇の鱗のような生地のデザインは肩、胸、袖の部分と着物の一部に限定されていて、着物の他の部分は赤い無地の生地になっている（図10）。この着物は黒い花柄の打掛、唐織、黒地秋草雲取と呼ばれる上着の下に着用されており（図11）、その上着を腰の辺りに巻き、蛇の鱗のような着物の上部を露出している（図12）。

図10　楓の衣装、摺箔腰開鱗（『黒澤映画の美術』学習研究社、1985）

図11　楓の衣装、黒い花柄の唐織黒地秋草雲取（同）

図12　楓が蛇柄の着物を着ている（『乱』黒澤明監督、ヘラルド・エース＝グリニッチ・フィルム・プロダクション、1985）

黒澤とワダは、この映画に『道成寺』の蛇を連想させる衣装の幾つかの構成要素を取り入れ、革新的で複雑なバリエーションを作り上げている。白拍子は能の中で、鐘入りまで、着物の上に花柄の上着を着ている。鐘が持ち上げられたとき、彼女は全く異なった衣装と面（能）または化粧（歌舞伎）で現れる。『道成寺』での着替えは、下げられた鐘の中で行われる。能の鐘は歌舞伎のものより少し小さく、能では、前もって用意された面装束を身につけるという単純な技術が使われる。

まず能楽師は、上着を肩下げに脱ぎ、元々着付けとして三枚重ねの着物の一番下に着ていた鱗柄の装束を露わにする。その白と銀色、赤と銀色、赤と金色、もしくは他の組み合わせの三角模様は蛇の鱗を象徴している。上着の縫箔は着羽織りして、腰のところで折り込む。この着物は黒地に沢山の紋尽くしの柄がある。この能の前場で、能楽師は一番上の表着にカラフルな唐織を壺折りに着て、腰の辺りで巻き上げ黒い縫箔の着物の下部を少し露出している。上半身に蛇柄の着物、下半身を覆う黒い着物という組み合わせは、表着の唐織を鐘の中で取り去ることにより、この能の後場の蛇的な様相を表現する。

歌舞伎の『京鹿子娘道成寺』では、鐘を下げるまで、役者は舞台、また舞台裏で数々のカラフルな着物に着替える。その後鐘の中で、二つの本質的に異なった様式の衣装替えが行われ、役者の性格に応じた演劇技術と衣装のデザインによって悪魔的に変化した登場人物を反映する。それが女性の場面だけを演じる女形によって演じられた場合、鐘が持ち上げられることも、蛇に変身した登場人物が僧と戦うこともなく、白拍子は鐘の上に上り、決めの姿勢を取って劇が終結する。この場合、女形の役者は着ていた上着を腰のところまで下げることによって、下に着ている蛇柄の着物を露出する（図13）。この演劇技術は、歌舞伎において一般的に「肌脱ぎ」と呼ばれ、役者が袖から片方の腕、もしくは両方の腕を脱いで衣装の上部を後ろに落とし、登場人物の感情の変化を表すものである。このような「肌脱ぎ」は『曾我対面』では五郎によって演じられ、淡い青の衣装から煌びやかな赤の衣装への変化によって怒りが表されている。演劇の衣装は必然的に登場人物の心理的側面を反映させ、人々が日常生活で着る衣服とは意味合いが異なるものだ。

一方、男役も女役もこなす多才な歌舞伎役者の場合、能の形式に沿って、鐘が降りた後に（僧に取って代わって登場した）武士と蛇に変身した登場人物が能で行われるのと同様に戦うことも可能である。この場合、役者は衣装全体の変化を含むより印象的な変身を演じる。役者は、上半身を覆う蛇柄の着物に、赤い長袴を着て現れる（図14）。この下半身の赤い色の長袴の劇的な表現力は、変化した登場人物の悪魔的な印象を強調する。これは演

図 13　白拍子（六代目中村歌右衛門）が鐘の上で羽織を脱ぎ落とし、蛇柄の着物を見せる（1978、早稲田大学演劇博物館所蔵）

図 14　九代目市川團十郎演じる白拍子が蛇柄の着物に赤い長袴を着て現れる様子が描かれている（三代目歌川国貞《京鹿子娘道成寺》1890、同）

技技法と衣装デザインの変化だけではなく、衣装の生地のデザインにもある。蛇を表象した着物は、繊細な銀と白の三角の組み合わせ、またはより熾烈で象徴的な金、黒、赤、白の組み合わせなどで、蛇の鱗の柄に更に独特の印象を持たせている。

黒澤とワダは、能の『道成寺』と歌舞伎『京鹿子娘道成寺』の両方から、これらすべての要素を楓の三つの部分の衣装のデザインに使用している。楓は、映画の始まりから夫、太郎が鉄に殺害されるまで、花柄の打掛を着ており、その下には『道成寺』の前場でシテが着ているような小袖と呼ばれる絹の綿入りの着物を着ている。楓は、夫が殺され、その後自分自身が殺されるまでの間に、二種類の新しい打掛と小袖に着替えている。生地のデザインが楓の本質の視覚的な特徴付けとして機能し、蛇のように変化する二つの段階を表す。第一部での楓は、寡婦としての新しい社会的地位を示すために、紋紗雲立涌と呼ばれる白い打掛を着ている（図15）。

図15　楓が着用する上着、紋紗雲立涌と呼ばれる白い打掛（『黒澤映画の美術』）

図16　楓の掛下、擦箔七宝片身替のメタリックな部分と明るい銀色の模様（同）

打掛の下の着物は、擦箔七宝片身替と呼ばれる絹のようなメタリックな部分と明るい銀色の模様が組み合わされたものである（図16）。このメタリックと銀色の二種類の生地デザインの組み合わせは、蛇の鱗に通じる繊細な表現となっている。楓は劇の内容に沿ったシーンで、この白い上着の下に着た繊細で蛇のような柄の着物を着用しており、彼女が脅し、殺人を扇動し、また自身の嫉妬を露にするシーンにも、この着物は着用されている。

最初にこの着物が露出されるのは、楓が次郎を襲い彼の喉を小刀で引っ掻き、次郎に自分の命に従わなければどうなるかを示す場面である。楓はメタリックな鱗模様の着物の左袖を引き抜き、左の手で白い上着の空になった袖を持ち、右手で持った小刀でそれをずたずたに切り裂く。その後、下に着ていた着物の全体が徐々に露出され、楓は次郎に口付けし、血を舐めることで『道成寺』の原作の寡婦と同様の激しい情欲を表現している。蛇柄の着物の完全な露出が、楓と次郎を性行為に導いており、それはその場面の最後に楓が亡き夫の兜を蹴ることで暗示されている。この場面の他の視覚的イメージは、楓の「屈行《くっこう》」と呼ばれる低く屈む特徴的な動きである。狂言の『茸《くさびら》』のきのこ役や、歌舞伎の「後見」が役者に後ろから近づく時によく使うこの動きは、「蹲踞」の安定した屈みのポーズが可動化されたものである。楓は次郎に、蛇のようなこの低く屈んだ動きで近づき、その手には次郎に渡すかのように亡き夫の兜を持っている。しかし楓は最後の瞬間に、兜を投げ捨て、動きを早め、次郎の小刀を取り、彼を脅す。このシーンでの楓の姿勢と動作もまた、蛇のそれを反映している。楓を演じる女優、原田美枝子は、能楽師本田光洋から動作、様式、そして特定の場面のクライマックスに向かう緩やかな流れのニュアンスについての指導を受け、それについてコメントしている。

次郎を組み伏せたあと、立ち上がり、太刀を取るが、打ち掛けですべったりしてうまくゆかない。へたをすると次郎に先に取られてしまう。

午後、能の本田先生がみえた。こまかい動きを、形の良さと動きやすさで決めてもらう。さすがに無駄のない動きが見つかる！［7］

次の場面では、楓の衣装のもう一つの要素が瞬間的に蛇のイメージを連想させるよう機能している。楓と次郎の情交の後の場面は、楓の亡き夫の投げ捨てられた兜と、目に見えない手により蛇のようにのたうつ白い帯のクローズアップから始まる。最後にカメラは、フレームの中央に座り、その帯を蛇を思わせる柄の着物に締め始める楓に辿り着く。後ろを向いて彼女の隣に座る次郎は、楓を残し、衣服を整えながら立ち上がり、引き戸の向こうへ移動する。その際の楓の位置は、蛇柄の着物を一層際立たせている。楓は、見えない次郎に話しかけながら屈み、象徴的な七宝の箔に覆われた着物を着た左手で、小さな蛾を捕まえて握り潰す。それと平行して次郎に彼の妻を殺す会話を持ちかける。黒澤の台本では、その瞬間「次郎からは見えぬ楓の方の表情は、その言葉とは似ても似つかぬ、蛇のような女の執念に燃えている。」［8］とある。この場面での全ての視覚要素、衣装とその扱い、動き、表現は、猛烈な嫉妬により、蛇に変身する女性の怨念のイメージを反映している。

次の二つのシーンでは、蛇の視覚イメージが楓の言葉によって異なる性格描写に取り替えられる。楓は蛇柄の着物を隠す白い羽織を着て、狐の化身の言語による性格描写と、それに互換性を持つ視覚イメージを、次のシー

図17　楓の最期の場面。オリジナルの『道成寺』の衣装よりも更に蛇の印象が強まっている（『乱』）

ンの終わりに向けて準備している。

楓は最後の二箇所のシーンで、蛇の柄として伝統的に良く知られる極めていわくありげな金、黒、白の三角が赤地に組み合わされた衣装を着ている。この着物を着た楓は常に座っているため、赤地が蛇の鱗と共に散りばめられているように見える。楓の着物の殺人的なイメージを持つ赤と、楓の新たな夫、次郎の装束の赤、そして彼女自身の死の場面において噴出する血の赤。赤い色はこの三箇所で使用されているが、楓の赤い着物は唐織黒地秋草雲取の暗い花柄の打掛の下に着用されている。楓は、次郎に初めて酒を注いだ時にこの衣装を着ており、父親を殺すように駆り立て、どうしたら内密に父親が隠れている場所を見付けられるか助言する。我々は、楓が残忍な行為を唆すこの場面で、彼女が上半身に道成寺の蛇柄の衣装を纏っているのを横から見ることができる。この場面のこの馴染み深い伝統的な衣装は、早くも楓の性格の蛇的な側面を描写している。しかし全体のフレームの中にこの衣装が映し出されるのは上半身のみに限られており、その完全な印象をまだ露出していない。

楓の最期の場面で、楓は自らの破滅を招く激しい嫉妬の感情を、新しい夫の元妻の命を奪うことによって終息させた。このとき楓は道成寺の衣装と同じものを着ているが、右側に横向きで座っていたときよりもむしろフレームの中央に座って、前を向いている。上に着ている暗い色の打掛の下部の裾が開き、下に着ている蛇柄の着物の部分が露出しており、オリジナルの道成寺よりも更に蛇の印象が強まっている。楓の下半身を覆う暗い色の腰巻にした上衣の裏地もまた赤である。裾が後ろに折られている時、赤い裏地が上半身の蛇のような着物の赤い部分と重なり、蛇のイメージと共に全体的に血の印象を表現している。暗い花柄の腰巻にした上衣は二つの着物の赤い部分に囲まれ、腰の周りで帯のような役割を果たしている（図17）。

楓の位置と方向と衣装の組み合わせは、嫉妬により蛇に変身する女の伝統的な視覚イメージを強調しており、鉄が「女狐」と呼ぶ楓の性格描写と結合する。言葉と視覚による動物的性格描写の融合が楓の死の場面への導きとなる。楓と鉄の短い口論の後、鉄は楓の脇にカメラと共に寄り、楓はフレームの外へ押しやられる。カメラの焦点は鉄に移り、彼は刀を抜いて、その一太刀で彼女を殺し、背景に飛び散る血しぶきでそれは終わる。楓の伝統的衣装に加えられた赤い色は、血の印象を強め、彼女の最期を最大限に描写している。その後、鉄はフレームから出る。次郎が別の方向からカメラに対して後ろ向きに入って来る。次郎の衣装の赤い色が背景に広がる血の色と組み合わされ、フレーム全体が完全に赤くなる。

まとめ――聴覚と視覚の分離

黒澤は映画『乱』において、日本文化的な混合主義における楓の性格を表現するために、聴覚と視覚による狐と蛇の伝統に則った性格描写を、効果的に結合させている。これらの動物は、正反対のプロセスによって出現する魔性の徴候を示し、人間と動物の間の緊張状態を反映させている。狐は人間に変身し、人間の女は蛇に変身する。双方とも魔性の動物として現れ、それに遭遇する者たちを脅かす。日本の伝統演劇では、この二種類の動物の伝統的特徴を別々に使用することで、聴覚と視覚両方のレベルにおいて更なるバリエーションを作り出しているのである。

楓は、夫が殺害された後、次郎との出会いから楓自身が殺されるまでの間、常に二種類の蛇を思わせるデザインの衣装を着ており、その衣装は、異なった生地のデザインによって蛇のイメージを強調していた。また楓は、その象徴的な衣装を、劇の内容に沿って着こなし、その幾つかのイメージは、フレームの中での異なった楓の体のポジションとカメラのアングルに反映されている。黒澤は、蛇のようなデザインの着物を上着で隠し、この上着に視覚的に対応する、聴覚による狐のイメージを挿入することで、固定化された視覚的イメージを中断している。鉄が楓に向かって「女狐」と叫び、楓がフレームの中央に正面に向かって座り、蛇のようなデザインの着物が最も効果的に表現されている最期の場面でのみ、黒澤はこれらの側面を組み合わせて描写している。

もし我々の楓の性格分析が筋書きだけに限られていれば、黒澤が独創的な役を構成するための様々な段階の複雑さを見逃したかもしれない。彼の他の作品でも見られるように、黒澤は『乱』の楓の方という役を、衣装という日本の文化的重層構造の中に作り上げ、見事にこの役の性格の結晶化を成し遂げているのだ。

[1] Jan Kott, "Ran," *Perspectives on Akira Kurosawa*, James Goodwin, ed. New York: G.K.Hall, 1994, p. 203.

[2] 黒澤明・小国英雄・井手雅人「乱」『全集黒澤明　第六巻』岩波書店、一九八八年、一九〇―一九一頁。

[3] 野村万作と著者との個人的会話（東京：一九九九年）。

[4] De Visser, M.W. "The fox and the badger in Japanese folklore," *Transactions of the Asiatic Society of Japan*, Vol. 36, no. 3（1908）, p. 10.

[5] R. H. Van Gulik, *Sexual Life in Ancient China: A Preliminary Survey of Chinese Sex and Society from ca. 1500 B. C. till 1644 A. D.*, Lieden: E.J. Brill, 1961, pp. 46-47. ただし怪異と交わった男が死に至るのは、狐のみならず、幽霊においても同様であり、清代の怪異小説『聊斎志異』をはじめ類話は甚だ多く見られる。

[6] 西村雄一郎『巨匠のメチエ――黒澤明とスタッフたち』フィルムアート社、一九八七年、二〇三頁。

[7] 原田美枝子「乱――原田美枝子　出演の記（前編）」（西村雄一郎によるインタビュー）『キネマ旬報』一九八五年五月上旬号（909号）、三二頁。

[8] 黒澤・小国・井手「乱」一八五頁。

第三章　死と血の可視／不可視——黒澤明『蜘蛛巣城』と『乱』における正義観

黒澤明がシェイクスピアの『マクベス』を翻案した作品『蜘蛛巣城』（一九五七）は、公開以来、作品そのものについてのみならず、作品に適用された能の美学や手法との関連性について、数多くの学術論文に取り上げられている。黒澤はあるインタビューにこう答えている。

この映画は、私が背景、メイク、衣装、動作、演出などに能の要素を最も多く取り入れた作品である。この映画の様々なシーンから、能の様式の諸要素を分析することが出来る。［1］

また黒澤は、佐藤忠男とのインタビューにおいても、謡の文句や役作りの方法、動作の特質など、能から取り入れた要素について語っている。

この映画の演出には能の様式が随所にとり入れられている。〔中略〕若干韻文風にした所では、謡曲の言葉を参考にしています。〔中略〕森のなかの魔女は、アダプテーションのときから、『黒塚』という能に出てくる妖婆とおなじものに置き変えることにしていました。〔中略〕一般に西洋のドラマは人間の心理とか環境とかから人間像（キャラクター）をつくりあげてゆきますが、能は違うのです。能には、まず面（マスク）があり、それをじっと見ていて、そこからその人間になってゆくのです。演技にも型があって、その型を忠実にやっ

> ているうちに、何者かがのり移ってくるわけです。ですから私は、俳優たちに、それぞれの役にふさわしい能のマスクの写真を見せて、この面がきみの役だと言ったのです。鷲津武時（＝マクベス）を演じた三船敏郎には平太《へいだ》という面を見せました。〔中略〕浅茅（＝マクベス夫人）の山田五十鈴には曲見《しゃくみ》という面を見せました。[2]

シェイクスピアの『リア王』の話型に拠り、毛利元就の「三本の矢」の逸話などを巧みに織り交ぜて制作された『乱』（一九八五）が公開された際も、黒澤はこの作品の衣装における能の影響について語っている[3]。衣装監督を務めたワダ・エミも、特定の能の装束や面を役によって使い分けており[4]、音楽を担当した作曲家、武満徹も、この映画中の狂言の謡と特徴的な動作は、狂言師の野村万作の指導によるものだと語っている[5]。また、幾つかの論文においても、この作品における役、演技、立ち回り、舞、謡、衣装などといった様々な要素が能楽の美学と技巧に由来するものであると論じられている[6]。佐藤忠男は、狂言師野村武司（現在の野村萬斎）の演じた、盲目の少年鶴丸の扮装と動きも能『弱法師』のシテ俊徳丸の投影であると語っている[7]。

シェイクスピアの劇から翻案されたこれら二つの映画の様々な死の場面の表現においても、非常に独特で興味深い手法による能の美学の反映が見受けられる。能において、死と血の場面は低俗なものと考えられており、それらが能の舞台で視覚的に現れることは多くない。ただし、例外的に劇中の言葉や所作によって、象徴的に死の場面が表現されることもある。

この二つの映画における殺人者とその犠牲者の死は、関連する死の場面を対比的に描写するという方法で表現されている。黒澤はこれら死の場面を、ここでも能や歌舞伎から取り入れられた要素を再構成することで効果的に表現しているのである。黒澤は、全ての罪なき犠牲者の死を、続いて起こる殺人者の死の場面と並置している。黒澤は罪なき者の殺害場面においては、彼らに敬意を示すために能の要素を用いた象徴的表現によって実際の殺害場面を覆い隠している。反対に殺人者の死の場面においては、殺人者を辱めるべく極めて具体的に死の有様を描き出しており、これは歌舞伎の美学に近いものである。能の舞台では死がほとんど登場しない一方、歌舞伎の舞台において死を表現することは極めて一般的であり、その表現方法は多種多様で、非常に精巧に作られている。服部幸雄編『残酷の美――日本の伝統演劇における』〔8〕では、歌舞伎における多種多様な死の表現方法についての分析が、図版入りで掲載されている。郡司正勝によると、歌舞伎において特に凶悪な役の場合、その役がどのように殺害されるかが、劇における殺害の構想や死そのものよりも重要視されるという〔9〕。死がテーマに盛り込まれたジャンルで最も重要なものは、現代の時代劇映画の源流ともいえる歌舞伎の時代物である。「時代劇」はそのジャンルの定義そのままに、様々な面で歌舞伎の時代物の美学からの影響を受け継いでいる。『蜘蛛巣城』と『乱』は共に、典型的な時代劇映画として分類でき、物語としては能よりも歌舞伎に近い。こうした点から黒澤の殺人者の死の場面の描写には歌舞伎的な要素が濃厚にあることが見て取れる。

しかし黒澤は初期のモノクロ映画が歌舞伎の影響を受けているという見解を幾度となく否定している。一九六六年のインタビューで黒澤はこう語っている。

> 私は歌舞伎が好きではない。少なくとも今の歌舞伎は低俗で堕落しており無意味で、なにも新しいものを生み出すことが出来ない。それは、言うなれば実を付けない花のようなものだ。〔中略〕もし私が何かを歌舞伎の要素から取り入れるとするならば、それはパロディの精神か笑いに対する姿勢だけだ。〔中略〕歌舞伎には何も真摯な部分がない。〔10〕

また黒澤は、映画製作の道を志す若者たちに向けてのコメントにおいて、「能は、世界のどこにも存在しない、真に独創的な表現形式の芸術だ。私の考えでは、それを真似た歌舞伎は実を付けない花だ」〔11〕と語っている。

さらに、歌舞伎に対する自分の姿勢について「いかなる時も、そこまで歌舞伎を意識したことはない。おそらくあまりにも能を好んでいるからだ」とも述べている[12]。それでも私は、『蜘蛛巣城』と『乱』における殺人者の死の具体的で鮮烈な表現から判断して、たとえ潜在意識的であったとしても、黒澤のこの映画は間違いなく歌舞伎に由来する伝統的構図の影響を受けていると考える。

こうした罪なき者の死の場面と殺人者の死の場面の両極端な表現は、それぞれの場面の個性的な特質を強調している。また不可視と可視、象徴と具体、尊敬と侮辱という対比が、二つの死の場面に調和をもたらしてもいる。この並置は明らかに陰陽論から導き出された、対比がもたらす調和と活力の思想を反映していると言えよう。

1　『蜘蛛巣城』——対になった殺人者とその犠牲者の死の場面

『蜘蛛巣城』はシェイクスピアの劇に従って構想されているにもかかわらず、この作品を貫く原理の一つである対極の思想は原作には見られぬものである。『蜘蛛巣城』の死の場面における対極の原理に基づいた表現は、殺人者と犠牲者の死の場面を対照的に構成することで強調されているが、このような対極的な原理に基づく構成はシェイクスピアの原作には存在しないのだ。『蜘蛛巣城』の構想は『マクベス』と非常に似通っている。時代は中世の日本で、二人の武人、鷲津武時（＝マクベス、三船敏郎）と三木義明（＝バンクォー、久保明）は彼らの主君である都築国春（＝スコットランド王であるダンカン、太刀川寛）への謀反を起こした敵と戦い、勝利する。二人の武士が国春に召され蜘蛛巣城へ行く途中、城を取り囲む迷路のような森で奇妙な老婆に出会う。老婆は、鷲津武時が北の館の主となり、後に蜘蛛巣城の城主となると予言し、更に三木義明が一の砦の大将となり、後に彼の息子が蜘蛛巣城の城主になると予言する。老婆の予言は的中し、武時は北の館の主となるが、武時の夫人、浅茅（＝マクベス夫人、山田五十鈴）は夫に、義明が国春に老婆の予言のことを知らせるのではないかと訴え、国春が北の館を訪れた際に殺すよう唆す。主君を弑した武時が蜘蛛巣城の主になると、当時妊娠していた夫人は、自らの息子が確実に次の主君になれるよう、義明とその息子も殺すよう夫を説得する。その結果、義明は殺されるが、彼の息子は逃げ延びる。その後浅茅は息子を死産し、発狂してしまう。鷲津武時が再度老婆のもとへ赴くと、老婆は『マクベス』の劇と同様に、森が城に寄せてこない限り武時が戦に負けることはないと予言する。包囲軍が、切り倒した木を盾に城に近づくと、武時の兵士たちは武時に反旗を翻し、武時に弓を放ち射殺する。

シェイクスピアの『マクベス』では、三人の被害者（ダンカン、バンクォー、マクダフの息子）の殺害場面と、一人の殺人者または扇動者（マクベス）の殺害場面とがある。ここでは中心的な役柄（ダンカン）とその殺人者（マクベス）の殺害場面を隠し、他の二人（バンクォーとマクダフの息子）の殺害場面を見せることで、主役と脇役の死の場面を区別している。バンクォーは、舞台上で殺され、罪なき男児は、脇役であるにもかかわらず、舞台袖からの叫び声によってその死が暗示されるが、それはおそらく児童の殺害という非情さを和らげるためであろう。殺人者マクベスの惨たらしく切断された首は、その前の犠牲者の血に汚れたマクベスの手の提示という衝撃の少ない表現と対比して表現されている。しかし観衆は、罪なき者の死と殺人者の死に特定の違いを感じることはできない。

黒澤は、『蜘蛛巣城』の対照的な殺害場面に異なる意味合いを付与するべく構成を変更している。黒澤は、児童の殺害場面を削り、代わりに義明（＝バンクォー）を殺した殺人者の死の場面を加えた。それにより、殺害された被害者に対し、その加害者である殺人者という主要な死の場面の二つの対を作り出している。すなわち、①二人の主要な役、国春（＝ダンカン）と彼を殺す武時（＝マクベス）の死の場面、そして②義明とその殺害犯の死の場面である。

黒澤は、このドラマチックに構成された死の場面の対立を強調するべく、二種類の全く異なる演劇に由来する伝統的な死の場面の捉え方を並置した。すなわち、能的な美学を犠牲者の死に、歌舞伎的な描写を殺人者の死に適用したのだ。黒澤は『蜘蛛巣城』において、能の舞台空間の構成要素に、殺人のイメージを効果的に与えている。それにより、実際には直接的に観客の前に提示されない国春の残虐な殺害の場面が一層際立つように空間が構成されている。伝統的な能舞台は、磨き上げた木材でできた、背景や幕などのない空間であり、舞台後ろの鏡板には、捻れた松の古木が一本描かれている。『蜘蛛巣城』では、元城主であり裏切り者の藤巻が自害させられた「開かずの間」という部屋が登場する。藤巻の体から噴き出した血は壁を汚し、壁板は削られた後にも血痕が残っている。佐藤忠男はこの血痕を能の舞台と関連付け、こう記述している。

うす暗い板の壁にその血痕がついているのが、この部屋に神秘的な美しさを与えている。板だけでできている部屋のシンプルな美しさは、古びた能舞台を思わせる。能の舞台は、背景に松の木を一本だけ描くことが伝統的なしきたりになっているが、その松の木のかわりに、血しぶきのあとが無気味に光っている。この部屋で、マクベス＝鷲津武時の三船敏郎が、同じ城内に泊まっている主人を暗殺しようかどうかと思い悩んでいる。[13]

私は、黒澤による「開かずの間」の血のイメージと能舞台の関連付けは、血痕と能の鏡板のねじれた松の木の類似や、簡素な板張りの部屋と能舞台との類似だけに留まらないと考えている。それ以上に、殺害そのものは別の場所で執行されるにもかかわらず、黒澤が殺害の前、殺害時、そして殺害後と、繰り返し「開かずの間」を登場させたことに大きな意味があるのではないだろうか。黒澤は崇高な死の場面を作り出すために、この「開かずの間」の空間的な開示と、能の空間の構成要素を絶妙な方法で並置している。以下、具体的に見てみよう。

黒澤はこの映画における血腥い空間を、能の演出順序に従って構成している。能の主な役者は、楽屋から舞台上手後方（観客に向かって舞台右手）にかけて掛かっている橋掛りを通って登場する。橋掛りの前には三本の若く

図1　楽屋から舞台右手後ろに続く橋掛りと小さく、若く、真っすぐな三本の松の木（国立能楽堂：東京、撮影著者、2000）

図2　橋掛りの前の三本の松の木になぞらえられている国春の武者三人（『蜘蛛巣城』黒澤明監督、東宝、1957）

真っすぐな松の木が設置されている（図1）。黒澤はまず、渡り廊下に不動の姿勢で配置されている国春の武者三人に焦点を当てる（原作マクベスでは二人）（図2）。

武者三人は、橋掛りの前の小さな三本の松の木をイメージしている。松の木は長寿を象徴しており、これはこの映画における武者三人が遂行すべき主君の命を守るという任務と象徴的に意味が重なっている。橋掛りそのものは、武時の近習二人が、渡り廊下から開かずの間へ武者の脇を通って行く動作によって表現されている。この場面は一八〇度のパンショットで撮影され、家来二人のミディアムショットから始まり、カメラは彼らの動きと共にパンし、武者三人の脇を通るあたりから徐々に下に傾き、武者三人の下半身のみを映している。この表現は、家来の動きと能役者の橋掛り上の移動とを結び付けている。その後カメラは上を向き、まるで能舞台に上がるかのように「開かずの間」の入り口に到着する家来二人の全体を写し、パンショットを完結させている。

「開かずの間」の空間的要素と能舞台を結び付ける過程も、能における伝統的な順序を反映している。世阿弥の伝書『花鏡』（一四二四）には、能において聴覚は視覚に先行しなければならないと記されている[14]。黒澤は「開かずの間」の場面を、武時の二人の家来と武者三人による、藤巻の血痕を部屋の壁から洗い流すことができなかったという会話（聴覚）からスタートさせている。音声による説明は、家来二人が部屋に入り血しぶ

図3　松の木が描かれた能舞台後方の壁と、竹が描かれた脇鏡板（国立能楽堂：東京、撮影著者、2000）

図4『蜘蛛巣城』の「開かずの間」の後ろと右の壁にある血しぶき、床はやや高い板の間（『蜘蛛巣城』）

きの付いた壁に反応することでより強調される。観客が血しぶきの感想を充分に聞かされた後やっと、カメラは、家来二人から「開かずの間」へと向けられる。ここからは部屋の二つの壁、後方の壁と血の付いた舞台上手（観客に向かって左手）の壁しか映し出されない。この二つの壁は、実に能の舞台に存在する二つの壁と相似ているといえよう。能の舞台では、後方の壁には古い松の木が描かれ、舞台上手の壁（脇鏡板）には竹が描かれている（図3）。舞台下手には鏡板はなく、観客は舞台正面と役者の右手、脇正面の二箇所に描かれた二つの絵と向かい合うように座る。

「開かずの間」の後ろと右の壁の血しぶきは、能舞台の後ろの壁に描かれている古い松の木と舞台上手の壁に描かれている若い竹に、その形と役割において類似性を見い出せる。この対照的な絵（老いと若さ、捻れと直線）は能の空間に長寿、尊厳、そして調和という象徴的な理念をもたらしている。類似した空間に類似した形で飛び散った血しぶきは、本来の神聖な空間と対極の血腥さを暗示している。殺人の間と後で使われるこの二つの壁の前の床はやや高めになっており、舞台のような板の間になっている（図4）。黒澤は、この場面の始まりと同様に武者三人を短い間映し出し、まるで能楽師が橋掛りを通って楽屋へ戻って行くかのように場面を終わらせている。これは原作のシナリオには存在せず、能の空間という構成でまとめ上げるために付け加えられたものであろう。

都築国春の殺害は別の場所で行われるにもかかわらず、黒澤は全ての殺害の過程を「開かずの間」を通じて表現している。黒澤は、武時と妻、それぞれの後ろに陰惨な背景をおき、画面を二つに分けている。武時は画面右側、彼を床の上座と下座に分けている矢屛風の前に座る。殺人を犯した後、武時は血で汚れた手に槍を持ち、元の場所に戻り静止する。殺人者と矢を構図に入れることで、あたかも彼自身がこの殺人事件の主たる凶器であるかのように表現している（図5）。ここでの矢は静止した背景となっているが、後の彼自身が殺害される場面の矢は、荒々しい動きで放たれ、彼の体を射抜く。ここでの矢は、これまでにも使用されてきた静と動の対比としても用いられている。

一方黒澤は、殺人の煽動者である夫人の浅茅には、明らかに直接的な血腥い背景を割り当てている。彼女は血しぶきの付いた後方の壁を背に、画面の左手、常座《じょうざ》（能の本舞台向かって左側の奥の部分。シテの常座の意味）の前に座っている。殺人の前と最中に、浅茅はより一層この背景に接近している。オリジナルのシナリオでは、浅茅は武時が殺人を終えて帰って来るまでの「長い間」身じろぎもせずに座っている。

図5　殺人を犯した後、武時は矢屛風の前に座って動かない（同）

浅茅、見送り、しずかに坐る。
そのまま身じろぎもせずに、ジッと坐りつづける。
――――長い間――――
（「蜘蛛巣城」『全集黒澤明 第四巻』一五五頁）

[15]

黒澤はこの「長い間」の浅茅に動作を加えた。それはシナリオの注釈にも記されている。

この〈――――長い間――――〉の間は次のようになった。

図6　浅茅は「血塗られた松の木」の前を一周する（同）

図7　浅茅は立ち止まって跪き、最後に血しぶきを背景に座る（同）

浅茅、怖ろしいものを見るようにそっと後の床の間を見る。
血汐の跡も生々しい板戸。
浅茅、振り払うように顔をそむける。
急に立ち上がると床の間へかけ上る。
囃子の急々の舞が入る。
浅茅、その床の間でキリキリと廻る。
ハッと振り向く。
（同、四〇一頁、注7）

黒澤は殺人の描写に抒情的な能の要素を結び付けている。能において新しい場面の始まりを意味する笛のヒシギが聞こえた後、浅茅は太鼓の音と能の急ノ舞の音楽に合わせて立ち上がり、「血塗られた松の木」の前の上座に向かって真っすぐ進み出て、摺足で正確に一周し（図6）、立ち止まって跪き、武時が都築を殺して戻って来るまでそこで静止している（図7）。

実際の殺害行為が他の場所で行われている間、神聖な能舞台とは打って変わった血腥い「開かずの間」では、能の音楽と浅茅による所作が殺人を暗示し、後に浅茅は、画面左側に置かれた鉢に近づき、手に付いた血を洗い流す。この時も浅茅の姿は裏切り者の血しぶきの付いた壁を背景にしている。

殺人プロセスの完了は対照的な血の並置によって表現される。すなわち、背景の乾いた血痕と、武時と浅茅の手に付いた、殺された大将の鮮血の対照である。乾いた血痕（虚）は大将の鮮血（実）と、また能舞台の背景の松の木と竹（虚）は、橋掛りの松（実）と、虚実の対照として並置されている。こうして、能の舞台において松と竹に象徴される長寿と尊厳性は血で汚され、正反対の意味を表すこととなった。この作品で唯一鮮血が出現す

図8　能舞台の正面に位置する白洲梯子（国立能楽堂：東京、撮影著者、2000）

図9　三段の階段を上り、主君の警護兵を刺す武時（『蜘蛛巣城』スチール、早稲田大学演劇博物館所蔵）

る当場面において、落ち着いた様子で丁寧に血の付いた手を洗う浅茅に対し、武時は血の付いた手を洗いもせずに広げ、浅茅の反対側に呆然として座っている。どちらの鮮血も乾いた血痕の付いた壁を背景に対比され互いを強調し合っている。

　また黒澤は、能の舞台正面に位置する三段の階段、白洲梯子を血塗られた場面に巧みに配置することによって、能の空間的要素を殺人の場面に効果的に導入した。能の舞台には、観客と舞台を隔てる白洲という小石を敷詰めた空間があり、白洲梯子がこの白洲と舞台を繋いでいる（図8）。この白洲梯子は、江戸時代には、演能に際して、当日の奉行が役者に開演を命じたり、見物の大名から役者に褒美を与えたりするときなどに用いられた、実用的なものとは異なる、一種の象徴的な装置である（舞台から誤って落ちた役者がここから舞台に戻る場合もある）。

　『蜘蛛巣城』で武時は、主君都築を殺害した後、白洲梯子と似た階段を上り、三人の内の一人を刺す（図9）。武者が残虐な「褒美」を受け取り、目の前の階段を転げ落ちて死ぬ様子は、能の舞台の白洲梯子に血塗られた印象を与える。能の空間において長寿と尊厳を意味する、実物の若い真っ直ぐな松の木と舞台後ろの鏡板に描かれた虚構の古い捻れた松の木の絵の対比は、過去の裏切り者の血に対する現在の武者三人の死という対比を作り出し、能の神聖な観念を皮肉な形で表現している。

　『蜘蛛巣城』における二人目の犠牲者である義明の死は馬によって描写

され、それは能における典型的な自然の描写と同様である。義明が幽霊として登場する前に、彼の馬がいななき中庭を走り回る様子が映し出され、この馬のいななきを通して義明の殺害が表現される。義明の死と能舞台の象徴的な結び付きは、この表現形式の類似のみに留まらない。黒澤はこの死を能の謡と舞とも結び付けており、画面を、馬のいななきから、能の音楽に合わせて舞う年老いた武士へと切り変えている。場面を謡の途中から始め、(この謡と似た音楽が、最初の殺人の時にも流れた) 徐々にその二つのイメージを結び付けていっている。義明がこの世に存在しないことがナレーションで知らされると、年老いた武士は、殺人の末路を暗示しているかのような能『田村』のキリの謡を謡いながら舞う。

〔前略〕千方《ちかた》といいし、逆臣に仕えし鬼も、王位を背く天罰にて、千方を捨つれば忽ち亡び失せしぞかし〔後略〕。

(同、一六三頁)

具体的な殺害場面の描写は、以下のような構成である。まず殺害が執行され、犠牲者の顔と体が映し出される。血が噴き出し、断末魔の悲鳴や体の動きがそれに加わる。黒澤はそれぞれの殺人者の死の場面に、非常に慎重に選ばれた要素を用い、更に歌舞伎に類似した (明確な) 描写をしている。『蜘蛛巣城』の主役の殺人者の描写に、黒澤は犠牲者の死を引き起こした構成要素を用いている。矢屏風の不動の矢は、自分の主人を殺そうとしている鷲津武時を取り囲んでおり、殺害後に武時はそこに戻ってくる。また、その矢屏風の不動の矢は、能舞台を思わせる空間を区切っており、武時の妻がその空間に入ることで、武時の殺人行為を象徴的に表現している。その後は、より活発な歌舞伎に類似したスタイルの機能により、この映画の原題とテーマに沿った主人公の死を形作っている。城を包囲した敵軍との戦いのために家来たちを駆り立てようとする武時への家来たちの返事は、家来の一人から放たれた矢であった。続けて中庭から矢の嵐が武時に襲い掛かり、武時の周辺に刺さる。その時の矢に

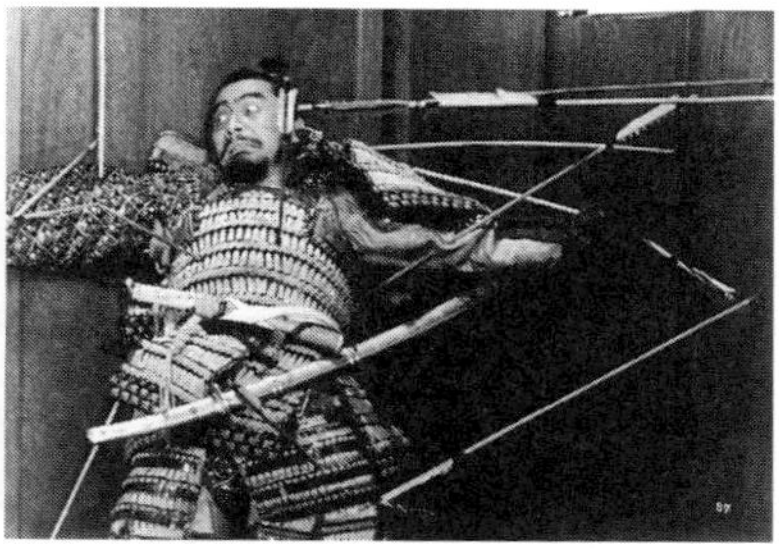

図10　矢が体と体の周りに突き刺さった様子が、蜘蛛の巣に捕らえられた昆虫を思わせる（『蜘蛛巣城』スチール、同）

図11　奉行が小金吾を舞台中央で捕らえ、まるで蜘蛛の巣に巻き込むかのように、捕り縄で小金吾を持ち上げる（『義経千本桜』1979、同）

刺された武時の姿は、蜘蛛の巣に捕われた昆虫を連想させる（図10）。これは映画の題名『蜘蛛巣城』を如実に反映しており、シナリオには、矢は武時がハリネズミになったかのように体中に突き刺さる、と記述されている（同、一七三頁）。それはまた、「蜘蛛」というこの地方の地名（「蜘蛛巣城」「蜘蛛手の森」など）も反映している。放たれる矢の増加に伴うリズミカルなショットによってもたらされる効果は次第に高まり、蜘蛛の巣に象徴される死からの逃げ道がないことを観客に視覚的に訴えかける。そして、それは最後の矢が武時の喉を射抜く時、最高潮に達する。武時は体中に矢が突き刺さったまま、ゆっくりと階段を降り、スローモーションで地面に崩れ落ちる。

この死者の周りに糸を張り巡らすイメージもまた、日本の伝統的な演劇に度々登場するものである。能の『土蜘蛛』では、僧が蜘蛛に化け、源頼光を糸で捕らえようとする。後場では、蜘蛛が本来の姿を現し、源頼光の兵士たちを同様に糸で捕らえようとする。歌舞伎の劇『義経千本桜』の三段目では、奉行が小金吾を舞台中央で捕らえ、まるで蜘蛛の巣に巻き込むかのように、捕り縄で持ち上げている（図11）。

この殺人者の死の場面は、神聖な場所における陰惨な行為を象徴的に表現するべく、君主の殺害場面で婉曲に表現したのとは逆に、実際に矢が三船敏郎演じる鷲津武時に向かって高速で飛んでくるところを明確に描写している。最後の矢以外の全ての矢は、遠距離から甲冑で防護された部分とその周辺に向かって放たれた。この三船が弓で射られるシーンの撮影では、特別に招集された弓術家が実際に三船に向かって矢を放ったのであったが、そうして放たれた矢の中には、三船の耳からわずか三〇センチメートルほどの距離で、彼が背にする壁面に突き刺さったものもあった〔16〕。黒澤は矢が飛んで来る場面で、武時の顔や体を正面から見せ、音声と体の動きを最小限に制約しているが、その代りに武時が地面に崩れ落ちるところをゆっくりと映し出している。武時の死の場面は死の描写の域を超え、純粋で映画的な叙情詩となっている。これこそ正に、メディア・文明批評家のマーシャル・マクルーハンの「メディアはメッセージである」〔17〕という主張の具現化であろう。通常私たちは、メディアによる情報の内容に注目するものであるが、黒澤は内容ではなく、むしろそのメディア自体の形式こそが多くのものを伝えていることを作品によって主張しているのだ。

義明の殺害者の死は、特に犠牲者である義明の死と対比的に描かれ、最も具体的かつ印象的に描写されている。美しい動作で円を描く馬と年老いた武士とは対照的に、殺害者の体は苦しさから床で激しく痙攣している。また、殺害者の断末魔の呻き声は、馬のいななき、能の音楽、歌といった音声と組み合わされている。黒澤はこの場面の恐ろしい声と動作の表現を幾分か和らげるため、殺害者が射殺されるところを背後から撮り、殺害者の動作を正面から撮っている。しかしながら、断末魔の殺害者の顔と体を正面から映すことを控えたとはいえ、彼の呻き声は私たちの耳に響き続ける。

2　『乱』――血の可視／不可視による道徳の芸術的な表現

シェイクスピア『リア王』の物語の形式を使用した黒澤のカラー映画『乱』（一九八五）において最も注目すべき印象的な事柄は、度重なる血の出現であり、この表現に対する批評は実に多種多様である。川本三郎は、この映画の極めて陰鬱な死の表現に深く感銘を受け、「〔前略〕『乱』は「血まみれの絵」に仕上がり、物語全体をぺシミスティックな無常観がおおっていることだけはたしかだ」［18］と述べている。佐藤忠男は「『乱』――残酷を超えた美しい詩的な夢幻の世界」と名付けた論文で、とりわけこの映画の血で汚れた死体の美しさを讃えた［19］。それに対しトニー・レインスは、黒澤映画の暴力のイメージが「近代映画の死の表現方法からすると、救いようもなく現実離れしている」［20］と主張し、黒澤によるの死の表現方法を批判した。

この映画における血の持つ意味は、主要な役柄の血の可視性／不可視性に注目することによって、明らかとなっていき、またそれは同時に我々に考察への興味深い材料を提供してくれる。実は黒澤は、忠義者の血は見せず、不忠者の血を見せることで、役の間に血の可視性の差異を作り出しているのである。血の出現の視覚的な対比は、補完的な関係を生みだし、双方のバランスを取っている。『乱』の構想はリア王に由来するものではあるが、物語の筋をそのまま用いたわけではない。

第二章で述べたように、一文字秀虎（＝リア王、仲代達矢）には三人の息子がいる。（『リア王』の三人の娘の代わりに）嫡男である太郎孝虎（寺尾聰）、次郎正虎（根津甚八）、そして三郎直虎（隆大介）である。『乱』の主題は、一文字家六人全員（父、三人の息子、二人の息子の妻）の、一族の名誉に対する対照的な態度である。それらは全て映画の中で流血を伴って描写されている。それぞれの役による忠誠を誓う相手への服従／非服従の有り様を描き出そうとする黒澤の姿勢は、その役の血の不可視／可視に反映されている。そこには、一族の一員に関係する三つ連結した残虐な行為の組み合わせが存在する。①刀の切り傷により血が滲み出る父秀虎と次男次郎。②馬に乗っている最中に背後から撃たれる三男三郎と長男太郎。③首を刎ねられる二人の息子の妻、末（宮崎美子）と楓（原田美枝子）。黒澤は忠誠に対する対照的な態度の組合せを対照的なスタイルで形作り、それぞれの役の血の不可視／可視を主な特徴付けの要素としているのだ。

この映画において滲み出す血が映し出されるのは、力を奪われようとする者、秀虎の血判の時であり、この血による誓いは一切の権力の放棄を意味している。長男の嫁である楓に、権力の全てを譲渡し、太郎に服従するよ

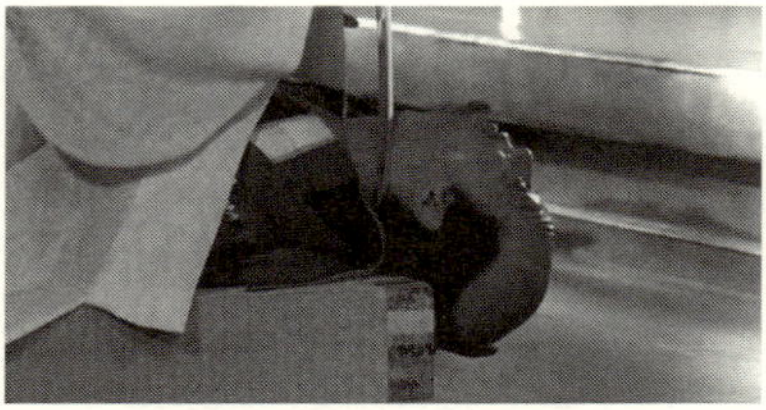

図 12　次郎の首元を二度切りつける楓（『乱』黒澤明監督、ヘラルド・エース＝グリニッチ・フィルム・プロダクション、1985）

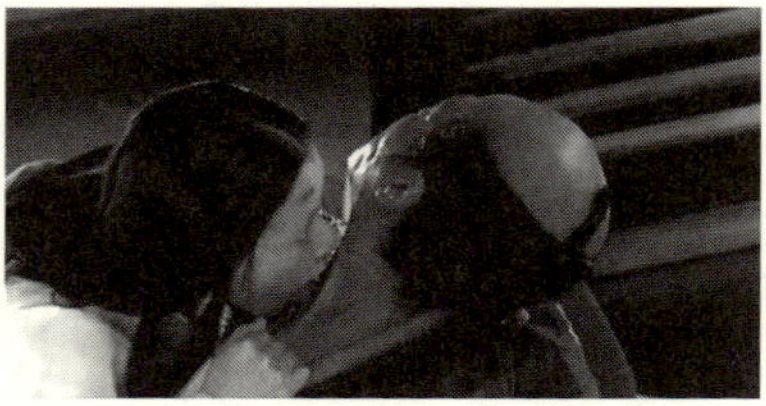

図 13　楓は次郎の首元から滲み出る血を舐め、接吻している（同）

う迫られる場面で秀虎は、自分の短剣に指を触れ血判状に押し付ける。この場面では、実際には一滴の血も現れないが、指を切り、押印し、紙で指を拭う動作から我々はそれを読み取ることができる。その目に見えない血は、私たちの想像の中で流れ、滲み広がり始める〔21〕。

その一方、次郎の場合の目に見える血の描写は、長男である太郎に対する忠義立てへの陰険な拒絶を表している。次郎は自分の部下である鉄に太郎を殺すよう命じ、忠誠に背く。夫が殺害されると未亡人となった楓は、次郎のもとへ行く。楓は次郎の前に飛び出し彼の首元を二度切りつけ（図12）、滲み出る血を舐め、接吻して暴力的かつ性的に（図13）、次郎自身の目に見える血で署名した、全ての権力を譲渡するという誓いを得ることに成功している。

これらの流血の描写に加え、対照的な死の描き方をも組み入れられている。忠誠を貫くものは、自分自身に刃を向けるが、忠誠を貫かないものは、他者によって斬られる。自らの指を切った秀虎の目に見えない血と、他者に切られた次郎の目に見える血は明確に対比されている。これは高潔な切腹と屈辱的処刑という、二者の死に様の対極的なあり方にも結び付いている。

私は、こうした血による対照的な表現方法は歌舞伎の影響だと考えている。歌舞伎版の『仮名手本忠臣蔵』における二人の登場人物の切腹の場面において、『乱』の秀虎と次郎と同じような血の可視性の対比が用いられている。『仮名手本忠臣蔵』の主要な登場人物で、高潔な人物として描かれる塩冶判官高貞は、血を見せない正式な作法による切腹を実行する。それは高貞自身が、自分より身分の高い将軍を襲って社会の秩序を乱したことの償いとして行なった行為である（三段目）。それとは対照的に、血を伴う切腹を行った彼の家来早野勘平重氏は、城の判官を護衛するという指令に背き、後になって償いのために切腹することを決めた（六段目）。判官の切腹は正式で儀式的である。白装束を纏い、特別な短剣を握って白い莫蓙の中央に座り、正規の方法で腹を切る。それは一八四七年の八代目市川團十郎が演じる場面を描いた三代目豊国の版画から窺える（図14）。この切腹で、血によってその神聖な空間が損なわれることはない。判官は切腹してから息絶えるまでほぼ動かず、血も殆ど見られない（図15）。この場面は、秀虎の体から血が滲む場面と同じように、劇の構成の変わり目として機能しているのである。

この自信に満ち溢れた高潔な判官の死は、その後に起こる、勘平による自然発生的で全く儀式的ではない、写実的に描写された自害と明確に対比されている。役者は刀で腹を切る動作のあと、腹巻に隠した赤い液体の入れ物を絞り出し、右手でその「血」を頬と足に塗りつける［22］。歌舞伎役者はこの死の場面で、血の汚れを特に写実的に表現しようとしている。五代目尾上菊五郎（一八四四―一九〇三）は、勘平の切腹の場面に用いる紅の顔料

図14　八代目市川團十郎演じる塩冶判官高貞による切腹の場面。血によって場面の神聖さを損なうことがない（三代目歌川豊国《仮名手本忠臣蔵》1847、早稲田大学演劇博物館所蔵）

図15　1921年11月中座、中村鴈治郎演じる大星由良之助と中村福助による、血で全く汚れることのない塩冶判官（『演芸画法』1926年6月）

に納得せず、実際の血の色に極めて近いものを入手することで、漸く満足したといわれている〔23〕。従来、役者は血を顔だけではなくより広範囲に、頬、腹、そしてもう片方の手にまで塗った。それは、一八六〇年の中村福助が演じる場面を描いた三代目豊国の版画からも窺える（図16）。二〇世紀の歌舞伎役者もこの演出を継承している。一九一八年に撮影された写真からは、市村羽左衛門演じる勘平の顔、腹、片足が血に汚れている様子が見られる（図17）。こうした歌舞伎に見られる滲み出る血の持つ意味やその演出の仕方は、それ以前の、より崇高で意味のある行為に対し、それとは対照的な低俗な行いの結果として並置されており、秀虎と次郎の死の描き方と非常に似通っている。

黒澤は『乱』において、原作『リア王』にはない対照的な死の場面の組合せを通して、血の可視／不可視による対比の原則を強調している。『リア王』の劇中では三人の娘、裏切り者のゴネリル、リーガン、そして忠実なコーデリアが最後に死ぬが、シェイクスピアは、彼らの死の描写の仕方に違いを見せていない。三人とも舞台上で死に、死体が舞台上に置かれている。リーガンは、後に自殺するゴネリルに毒を盛られ、コーデリアは絞首刑になっている。そして、彼らの死体は舞台上に運ばれる。三人の娘の代わりに三人の息子が登場する『乱』では、

図16　初代中村福助演じる勘平が切腹の際に、顔、胸、腹、もう一方の手を血で汚している様子（三代目歌川豊国《早野勘平切腹ノ図》1860、早稲田大学演劇博物館所蔵）

図17　市村羽左衛門演じる勘平の顔、腹、片足が血で汚れている様子（1918年11月、歌舞伎座、同）

不実な次男次郎の死を黙殺し、対極的な役柄として設定された長男太郎と三男三郎の死を並置している。太郎が父から財産と権力のほぼ全てを譲り受けたにもかかわらず、太郎の妻である楓は、父から権力と財産だけでなく命までも完全に奪い取るべく太郎を巧みに操る。その結果、太郎は父への最も重い背信を犯すこととなる。それとは対照的に、三郎は勘当され、追い出されたにもかかわらず、誠実さと勇敢さを発揮し、父の地位の安泰と息災を非常に気にかける。三郎の行動は、父への忠誠に背いた他の二人の兄弟とは全くと言っていいほどに対照的である。黒澤は、太郎と三郎には同じ死に方を用意した。二人共、乗馬中に撃たれるのである。川本三郎は、この二人が何者によって殺されたか、その時点でははっきりしないことに注目している。「太郎も三郎もどこから、だれが撃ったかわからない、ほとんど流れ弾と呼んでいいような不条理な一弾によって死ぬ、いや死体になる」[24]。川本はこの二人の兄弟の死を区別していないが、黒澤は明らかにこの二人の死を対照的に表現している。

まず、二人が殺される直前に父に対して取ろうとしていた行動の背後には、まったく正反対の目的があった。太郎は、父を待ち伏せするため、馬で城に乗り込んだ際に撃たれるが、三郎は父を救おうと試み、自分の馬に乗せ、父が後ろから三郎を抱き締めている時に撃たれる。太郎の血を故意に見せる表現により、太郎が下劣で軟弱な人物であることを特徴付けている。太郎の背後に寄った画面では、彼の上着の太陽のような紋が映し出され、その後銃声が響き、紋の中心から血が噴き出す（図18上）。彼は画面に背を向けたまま、即座に後ろへと倒れる（図18下）。そして、彼の上着には、はっきりと血痕が残されている（図19）。

銃声の前の太郎の立ち位置、そして背から噴き出す血は、映画終盤の三郎の死の場面と対になる。銃声が響くと三郎は父の体に寄り掛かる（図20上）。横を向いていた馬が前を向き、三郎の体が正面にゆっくりと傾いて落馬する（図20中上）。落馬した三郎に秀虎は話しかけ（図20中下）、彼の体を抱きしめる（図20下）。

銃弾がどこに命中したのかも分からず、一滴の血も出ない。顔が正面を向いていること、そして血が見えていないことが、三郎が正直で誠実な人物であったことを示しているのだ。また、より時間をかけた死の描写が、場

図 20　（上）秀虎の体に寄り掛かる三郎。（中上）馬が前方向を向き、体が正面にゆっくりと落馬する三郎。（中下）死んだ三郎に話しかける秀虎。（下）三郎に覆い被さり抱きしめる秀虎（『乱』）

図 18　（上）太郎の上着の太陽のような紋の中心から血が噴き出す。（下）背を向けたまま後ろに倒れ即座に画面から消える（『乱』）

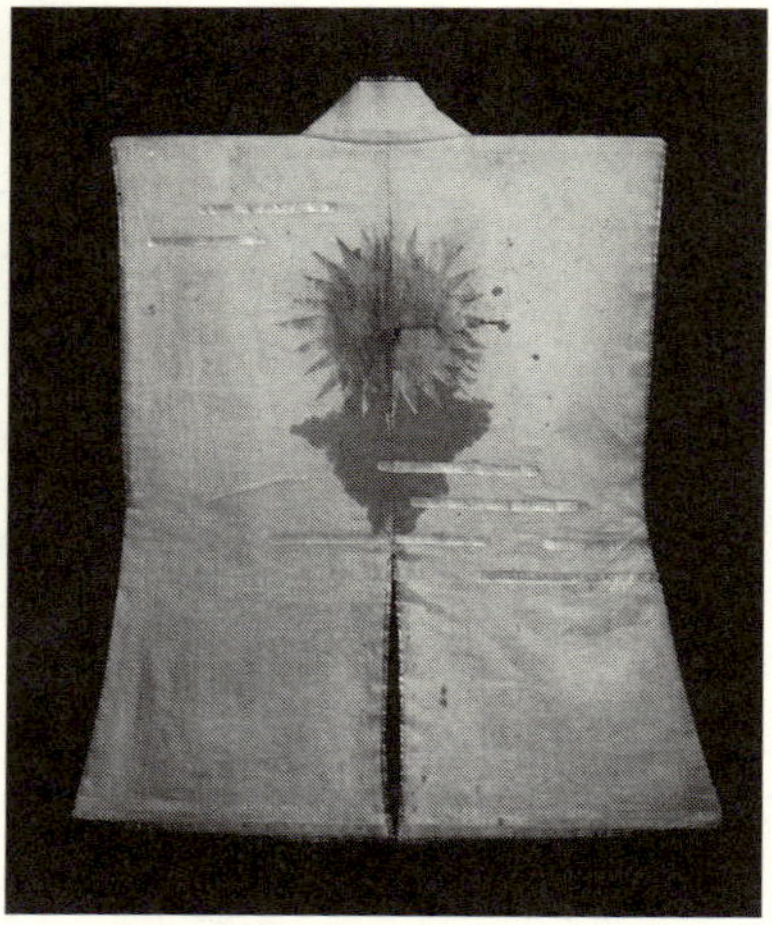

図 19　血で汚れた太郎の上着（『黒澤映画の美術』学習研究社、1985）

面を一層印象強いものにしている。黒澤はこれらの場面を撮る際、二人の兄弟の死の対照性を強調するべく、元のシナリオに幾つか変更を加えている。元のシナリオにおける太郎の死の場面は、銃声が響いた後、手で首元を押さえ、指の間から血が流れ出ることになっていた[25]。しかし、変更後の太郎の上着の紋の中心を貫く銃弾は、目に見える血の重要性を更に高める効果を生み出している。また、元のシナリオにおける三郎の死の場面も、一発ではなく何発もの銃声が響き、周囲の兵数名が倒れた後に三郎が落馬することになっていた[26]。しかし最終的に黒澤は、他の者の死を省き、一発の銃声と三郎の落馬の様子を際立たせ、太郎の死と対比させることにしている。

関係性のある二役の忠誠への対照的な態度を描いたこの作品における血の可視／不可視の対比が、この二人の兄弟の死の場面において比較的緻密に描かれているのに対し、楓と末の死の場面の対比は、両極端に描写されている。評論家ケイコ・マクドナルドは、この二人の義理の娘の両極端な性質と役割について力説している。どちらも肉親を秀虎との戦で亡くした捕われの息子の嫁であるが、その二人の類似した背景が、二人の対照的な性質を更に際立たせる。末は秀虎を許し、無限の慈悲を与える阿弥陀に祈りを捧げ、彼女自身も人間の不徳を悲嘆し、阿弥陀の象徴になる。対する楓は、執念、欲望、怨恨の権化となるというように[27]。

楓と末の両極端な性質は、義父秀虎への仕え方にも表れており、黒澤はこうした性質の違いを、言語からなるメッセージのみならず、二人が秀虎と対面する際の空間的相関関係を介しても見事に反映させている。秀虎は、楓と末とそれぞれ一度だけ対面するが、その際の（二人の）身振りや動作が、彼女ら二人の対照性を表している。楓と太郎が、一族の指導権を放棄し、太郎の権限に従うよう言い渡すために秀虎を呼び出した時、秀虎は楓から、彼らより、明らかに低い下座に座るよう指示される。楓と太郎は、床の間を背にして座っており、その部屋の誰よりも権威があることを示している。秀虎は、「この下座がわしの座か……そちは、このわしを何と心得ておる?」[28]と言うが、仕方なく指示に従いその屈辱的な位置に座る。一方、秀虎が末と対面する場面は、これと

図21　白い布の下に美しい花模様の布が出現して、観客の目から末の方の首を隠している（同）

図22　末の首のない死体は草花の上に横たわり、刎ねられた首の辺りを花束が覆っている（同）

は対照的で、秀虎の上座に陣取った楓とは異なり、末は秀虎への敬意を示す全く反対の行動を取る。秀虎が二つ目の城の石段を登って来たことに気付いた末は、祈りを中断し「あ、お父様」と言って下がり秀虎の前に平伏する。

　黒澤は、楓と末に打ち首という同じ死に方を与えているが、彼女らの死の場面の構想は対照的である。末の死においては一滴の血も現れないが、他の事柄からの連想により、観客は血が流されたことを感知することが出来る。反対に楓の打ち首の場面においては、非常に強いイメージを与える血しぶきが、後ろの壁全体に飛び散る。黒澤は末の隠蔽された殺害場面を、段階的な提示と組み合わされた符号を通して審美的に洗練させている。映画の終盤、楓の要求に従って次郎の家来の一人が、末の首を刎ねて持ってくる。黒澤はこの打ち首の方法に段階的な芸術表現を用いている。最初、末の首は次郎の軍の無数の赤旗の中の小さな白い点にしか見えない（この赤旗の赤い色は、後に末の殺害を扇動する楓の死の血の色を象徴する）。その後、その白い点は、家来が手に持つ白い布に包まれた何かだとわかる。それが末の首であると家来がはっきりと示す前に、鉄がそれを奪う。元のシナリオではこの時点で家来が、それが末の首であることを明らかにするが[29]、シナリオの覚書にあるように、黒澤はこの場面で口頭によって首の持ち主が判明する描写を省いた[30]。それはおそらく、末の死の段階的な露出効果を高めるためである。その後、鉄が包みを解くと、首そのものや血の代わりに、白い布の下に美しい花模様の布が出現し、観客の目から首そのものや血を隠している（図21）。鉄はそれを見てその首が誰の者なのか理解するが、観客にははっきりと示されないままである。この場面で首を覆っている二次元の花は、続く場面で三次元の花となる。次の場面では、鶴丸（末の弟）の小屋の前に首を刎ねられた二人の死体（末と老婆）が横たわっており、末の刎ねられた首の辺りは花束で覆われている（図22）。

ここまでの言葉を用いない首の識別を通じ、観客は最終的に首と末とを結び付ける。佐藤忠男は、この場面こそが本作の最も重要な美学的ハイライトであると見ている。

> とくに末の方は斬り取られた首のあたりを草花でおおわれている場面は、悲惨な情景であるにもかかわらず、見事な衣裳と、草花のあしらい方とによって、まことに美しい。武張った場面のつづくこの映画のなかの、可憐で哀切な点景をなしている。[31]

黒澤は引き続き、これとは対照的な最も非道な役柄であり、末殺害の扇動者である楓の物々しい打ち首の場面を精密に描写している。鉄と楓の短い口論のあと、鉄はカメラと共に楓の脇へと移動し、楓は画面から消える。カメラの焦点は鉄が抜いた刀に移り、彼の一太刀で楓は殺害され、その結果、後ろの壁に血しぶきが降り注ぐ。刀の一振りの角度から、鉄が楓の首を刎ねた事が想像される。三郎、その他大勢の家来が、誰からかも分からない四方八方から放たれる矢や銃弾によって殺害されるのに対し、楓の死は特定の個人の刀による殺害として単独で精密に描写されている。しかし黒澤は、このシーンが完全に通俗化してしまうのを避けるべく、実際に刀が楓の体に振り下ろされ、楓の体が倒れる場面は写さなかった。計画されたシーンの絵（図23）からも分かるよ

図23　鉄が崩れ落ちる楓の体を斬り付ける様子を描いた黒澤の絵（『黒澤明全画集』小学館、1999）

うに、当初は鉄が楓の体を斬り付ける場面を描写する予定だった。しかし黒澤は、この描写を映画から省くことにした。この殺人の扇動者の死の具体的な表現に加え、ここでも楓の死では血を見せ、末の死では血を見せないことで、二人の死の違いを際立たせている。

こうした両者の対比的演出もまた、歌舞伎に由来するものといえるだろう。これと大変似通った対比的な描写と、殺人者とその犠牲者の連続する死の描写は、歌舞伎『仮名手本忠臣蔵』（五段目）で、与一兵衛が斧定九郎に金を奪われ殺される場面にも見られる。斧定九朗はその後、与一兵衛の義理の息子である勘平に暗闇で動物と見間違えられ、銃で撃たれる。そして、犠牲者の見えない血と殺人者の見える血は、殺人者の左右の腿に対照的に現れる。定九郎は左足で年老いた男の体を脇へ蹴るとその足を前に突き出し、刃に付いた血を左足の上の着物の端で拭う。しかし、刃に付いているはずの血は実際には全く見えない（図24）。三味線による演奏が血を拭う動作をリズミカルに強調し、我々に血を意識させ、音楽と動作の融合を通して血を「見せて」さえいる。ロシアの映画監督セルゲイ・エイゼンシュテインは、こういった歌舞伎の要素が音声映画の手本であると分析し、こう記している。

歌舞伎の輝きは伴奏にではなく、転換の手法を明るみに出すことのなかにある。それは観客に働きかける基本的目論見の転換であり、一つの素材からもう一つの素材への、あるいはある〝刺激〟のカテゴリーからもう一つのカテゴリーへの転換である。

歌舞伎を見ると、あるアメリカの小説家の作品が自然と思いだされてくる。その作品の中のある人物は、聴覚神経と視覚神経を転換させられているので、彼は光の波動を音として知覚し、空気の振動を色として知覚していた。つまり彼は、色を聞き、音を観るようになっていたのである。同じことが歌舞伎で起こる！われわれは実際に〝動きを聞き〟、そして〝音を観る〟。[32]

図25　初代中村福助演じる定九郎が顔、腹、両手、腿を血で酷く汚している（三代目歌川豊国《斧定九郎》1860、同）

図24　八代目市川團十郎演じる定九郎が、実際には見えない血を、着物の端で拭う（歌川国芳《仮名手本忠臣蔵》1847、早稲田大学演劇博物館所蔵）

観客の視覚以外の他の感覚や象徴を利用することで、歌舞伎は無罪の登場人物の血が持つ無辜の徳を示している。

与一兵衛の殺害と比較してみると、殺人者定九郎は撃たれた後、正面を向き、右足を突き出し、身震いする。そして血が定九郎の口の右端から顎、そして剝き出しの右腿へと伝い、流れていく。彼の白く塗られた顔と真赤な血の色は際立って対照的である。実際には、定九郎を演じる役者は口に赤い液体の入った袋を含んでおり、右足を突き出したときに袋を嚙んで赤い液体を口から顎、右腿へと流れさせる[33]。非常に直接的で演劇的な定九郎の血の露出は、強盗殺人者の死の場面においての最も重要な要素であり、罪なき犠牲者、与一兵衛の血が露出されないことと明確に対比している。一九世紀には、並置された殺人場面の血を見せる／見せないという対比を強めるべく、

図26　後ろの壁の楓の血が次郎の衣装の赤色と溶け合う（『乱』）

定九郎を演じる役者は、口から腿へ伝う大量の血を使うだけではなく、切腹をする勘平を演じる役者が用いるのと同じ仕掛けも使用していた。腹巻に隠した紅を搾り出し、「血」の付いた手で腹全体を汚したのである。これは一八六〇年の中村福助演じる定九郎を描写した三代目歌川豊国による版画に見ることができる（図25）。

『乱』において観客は、実際に末の血を一滴も目にすることはないが、その一方、鉄の刀が楓の体に振り下ろされる場面においては、非常に印象的な血しぶきが後ろの壁全体に飛び散り、観客はその惨劇を目の当たりにする。黒澤は、血の衝撃を強調するためにカメラを固定し、鉄が部屋を後にすると、次郎が反対側からカメラに背を向けて画面に映り込み、次郎の着物の赤色が壁の血の赤色と完全に溶け込んで、画面が完璧に赤くなる様子を写している（図26）。

これがこの作品における最も鮮烈な血の表現である。この表現は、花の模様により血が隠された末の死の場面との決定的な違いとして登場し、楓の残忍さとその犠牲者、末の純真さを対比させている。対照的な血の表現は、劇よりも映画でより効果的に形成されている。他の日本の映画監督も、映画における、忠義に殉じることに関係した対照的な死の描写の有効性に気付いている。稲垣浩は、このような対比の構想を、彼の監督作『忠臣蔵　花の巻・雪の巻』（一九六二）の中での浅野長矩（歌舞伎では塩冶判官）と三平（歌舞伎では勘平）の対照的な切腹の場面を通して具現化している。

『忠臣蔵　花の巻・雪の巻』で浅野長矩（加山雄三）が腹を切る場面は、演劇的かつ映画的な仕掛けにより、徐々にぼやけていく。稲垣は、浅野が刀を腹部の左側に近づけ、彼の左側に立つ介錯人が、背後から彼の首を刎ねようと刀を持ち上げるところまで通常の撮り方をしている（図27上）。それから暫く全ての動作が停止し、その後浅野が刀の柄に手を伸ばす。稲垣はカメラを近づけて手の動作を追い、ややピントを外す（図27中）。手が刀の

図27　（上）介錯人が刀を持ち上げるところまでの通常の撮り方。（中）浅野が柄に手を伸ばした時ややピントが外れる。（下）最後は完全に半透明の幕がレンズを覆っている（『忠臣蔵 花の巻』稲垣浩監督、東宝、1962）

図28　（上）障子越しに映る三平の姿。（中）障子に飛び散る血。（下）血に汚れた三平の体（同）

柄に触れるとピントは殆ど外れ、半透明の幕がレンズを覆い、画面が完全に霞み、場面は終わる（図27下）。この二重の霞みにより、浅野が腹を切る場面、介錯人に首を刎ねられる場面を見せる事なく、そして無論一滴の血も見せずに、切腹の動作を象徴している。三平（二代目中村吉右衛門）の自害の描写は、高潔な浅野の自害と明確に対比させられている。観客は三平の姿を障子越しに見る（図28上）。三平の姿が収縮し、大きな音と共に血が障子に飛び散る（図28中）。明るい障子にぼんやりとした暗い人影が映る場面から、白い障子の裏から深紅色の血が飛び散る場面への移行は極めて印象的である。家を取り囲んでいた兵たちが戸を開け、三平の体を裏返すと、極めて現実的な衝撃と同時に、血に汚れた三平の顔と手が現れる（図28下）。飛び散る血と、血で汚れた三平の死体の描写は、全く血が見られなかった浅野の自害と対極的である。稲垣はこれらの自害の場面を形作るために、歌舞伎における自然発生的な行為に対する儀式的な設定、そして血の可視性に対する血の不可視性の美学に従うだけでなく、歌舞伎におけるこれらの対比をより強調して使用している。すなわち、浅野の自害は、象徴的な表現を用いて実際の動作を隠すことでより崇高に見せ、その一方で、三平の自害は、歌舞伎の寛平とは比較にならないほど仰々しく表現している。

私は『乱』における楓の鮮烈な血しぶきは、『蜘蛛巣城』で考察した、乾いた「血塗られた神聖な松の木」を観客に想起させ、また観客を作品への深い洞察へと導くための、作品と作品の間で機能する装置としての役割を果たしていると考えている。モノクロ映画『蜘蛛巣城』における能の影響を受けた壁の乾いた血痕は、後のカラー映画『乱』では、歌舞伎の影響を受け、壁に飛び散る鮮やかな鮮血となって現れている。黒澤はシェイクスピアの劇を翻案したこの二作の死の場面に、伝統演劇から取り入れた手法を用い、効果的で詩的な並置の手法を施しているのである。

まとめ――死と血の詩的描写

黒澤は岩崎昶との往復書簡で、『蜘蛛巣城』に用いられた能の要素について論じている。すなわち能から歌舞伎に取り入れられた要素が（後に）歌舞伎そのものとなるのと同様に、能または歌舞伎から映画に取り入れられた要素も、純粋な映画そのものとなるべきだと主張した[34]。そのため彼は、シェイクスピアの二つの劇の映画化の際に、単純に演劇的要素を取り入れるのではなく、日本文化において最も深い特徴的な要素を新しいものに作り変えることで、自己の主張を具体的に表現したのである。彼は原作のシェイクスピア劇にはなかった、殺人者とその被害者という対比を死の場面において印象的に描写したのだ。彼はこれらの場面を、日本文化の対比の調和を用いて美学的に形作っている。罪なき犠牲者を敬うために、彼らの殺害場面には象徴的な表現を使い、実際の殺害の様子を隠している。能にはそれに類似した場面がないため、作品そのものではなく、能の持つ美学の原理を参考にしたのである。そしてそれらを、殺人者たちの極めて具体的に表現された殺害場面に並置させている。これは歌舞伎の美学に基づいたもので、殺人者を辱めるためである。これまでに見てきたように、これら二つの場面の並置を通して黒澤は、象徴と具体、不可視と可視という対比を生み出している。西洋におけるシェイクスピア劇の映画化ではこのような発想の広がりは見られない。『マクベス』の最も有名な西洋の二つの映画版では、原作にある対照表現でさえ変更されるか、省略されてしまっている。オーソン・ウェルズの『マクベス』（一九四八）は、主要人物二人（ダンカンとマクベス）の死を直接的には見せず、彫像の首を刎ねることによってマクベスの死を象徴し、二人の死の場面の差別化を強調している。しかし、バンクォーとマクダフの息子の二人には、同じような死に方をさせている。殺人者はフレームの下にいる（観客の目に見えない）犠牲者を突き刺している。一方、ロマン・ポランスキーによる『マクベス』（一九七一）では、犠牲者に対する極めて残忍な殺害の場面を見せるだけでなく、殺された犠牲者の死体をも映し出す。主要人物であるマクベスの死の場面においては、背中を刺された後に首を刎ねられ、刎ねられた頭部が転がり落ちるという極めて残酷な描写がなされている。一方バンクォーの殺人者の死の場面は、虐殺され、血まみれとなって床を引き摺られる態の死体の描写により、この殺人者の運命をモンタージュとしてほのめかしているだけである。しかし黒澤の映画においては、この殺人者の死の場面はより具体的に描写されている。

先にも述べたように、黒澤は彼の映画が歌舞伎の影響を受けていることを完全に否定しているが、これまで見てきたような歌舞伎由来の演出の導入が示すように、たとえ無意識であったとしても、歌舞伎的な美学を用いているといえるだろう。そして能と歌舞伎の二つの対照的な描写の手法の間に、美学的な緊張を創造している。黒澤はそれらを明確に区別するために、それぞれの死と流血の場面の対比を作り出す異なる要素を用いた。

黒澤は、これらの対になった殺害場面に更に特殊な見所を加えている。彼は開かれた空間に対し、閉ざされた空間を設けることで、対になった殺害の対比を強調しているのだ。『蜘蛛巣城』において、都築は城の一室で殺され、そのことは別の部屋（開かずの間）を通じて象徴的に示される一方、彼を殺した者の殺害は外（城の中庭）で行われる。この映画の別の対になった殺人場面も対照的な場所で行われている。義明の死は開かれた空間、中庭を駆けいななく馬によって暗示され、彼を殺した者は城の一室で殺される。『乱』では、末は開けた草原で首を刎ねられるのに対し、楓は城の中で首を刎ねられる。このような対照的な配置の意図は、『乱』における別の対の死の場面でより強調されている。太郎と三郎の殺害場面は、殺人者と犠牲者の対比をする必要がなかったため、どちらも外で騎乗中に起こる。しかし、それぞれの場面における血の露出／非露出により、この類似した殺害場面の対照的な意味合いを示している。黒澤は末と楓の殺害においても、忠誠心を失わなかった者の流血を美しく隠し、忠義に背いた者の流血を凄まじく描くことで、血を見せる／見せないという対比を強調している。

以上のように、伝統的な歌舞伎舞台の『仮名手本忠臣蔵』から始まった血の可視性／不可視性という対比の原理の導入は、『乱』における義父に対する対照的な態度と性格をもつ二人の義理の娘の殺害場面の描写で、映画的で具体的な死の表現と美しく象徴的な死の表現の対比を見事に結晶化させた。しかも黒澤は、劇から単に要素を借りてきて当てはめるのではなく、日本文化の最も重要で特徴的な構成要素の新たな形を生み出すべく、借りてきたそれらの要素を再構成している。黒澤の映画の他の局面でも見受けられるように、黒澤は死と流血の場面を、日本文化における混合主義の特徴を採用して創造しており、それらの詩的な並置を作品として結晶化するべく、非常に独創的な方法を活用している。すなわち、黒澤は、能と歌舞伎という二つの異なる日本の伝統的な要素を対照させた。更にシェイクスピアによる二つの脚本の脚色を取り入れることで、日本文化と西洋文化を結合させ、これらにより日本文化の混合主義の新たな一面を切り開こうと試みたのではないだろうか。

[1] Shirai Yoshio, Shibata Hayao and Yamada Koichi. "'L'Empereur': entretien avec Kurosawa Akira," *Cahiers du Cinéma 182*, Septembre 1966, p. 75.
[2] 佐藤忠男『黒澤明解題』（同時代ライブラリー23）岩波書店、一九九〇年、一九一—一九四頁。
[3] 西村雄一郎『巨匠のメチエ——黒澤明とスタッフたち』フィルムアート社、一九八七年、一九—二〇頁。
[4] ワダ・エミ「欲張りで純粋な人」（西村雄一郎インタビュー）『キネマ旬報』一九八五年五月上旬号（909号）、二八頁、および西村『巨匠のメチエ』二〇二—二〇四頁。
[5] 西村雄一郎『黒澤明——音と映像』立風書房、一九九〇年、三〇五頁。
[6] 例えば、三井庄二「黒澤映画と能・狂言——『虎の尾を踏む男達』『蜘蛛巣城』『乱』を中心に」『黒澤明をめぐる12人の狂詩曲』岩本憲児編、早稲田大学出版部、二〇〇四年、七九—八二頁。
[7] 佐藤忠男「『乱』——残酷を超えた美しい詩的な夢幻の世界」『キネマ旬報』一九八五年七月上旬号（913号）、二六頁。
[8] 服部幸雄編『残酷の美——日本の伝統演劇における』芳賀書店、一九七〇年。
[9] 郡司正勝『歌舞伎の美』（現代教養文庫275）社会思想研究会出版部、一九六〇年、一〇二—一〇三頁。
[10] Shirai, Shibata and Yamada. "'L'Empereur': entretien avec Kurosawa Akira,", p. 75.
[11] Kurosawa Akira. "Appendix: Some Random Notes on Filmmaking," *Something Like an Autobiography*. Trans. Audie E. Bock. New York: Vintage Books, 1983, p. 193.
[12] Donald Richie による引用：*The Films of Akira Kurosawa*. Rev. ed. Berkeley, Los Angeles and London: University of California Press, 1984, p. 117.
[13] 佐藤忠男『黒澤明の世界』（朝日文庫577）朝日新聞社、一九八六年、二五三頁。
[14]『世阿弥　禅竹』（日本思想大系24）表章・加藤周一共校注、岩波書店、一九七四年、八五頁。
[15] 小国英雄・橋本忍・菊島隆三・黒澤明「蜘蛛巣城」『全集黒澤明　第四巻』岩波書店、一九八八年、一五五頁。
[16] 都築政昭『生きる——黒澤明の世界』マルジュ社、一九八〇年、九三頁。
[17] マーシャル・マクルーハン『メディアはマッサージである〔新装版〕』河出書房新社、二〇一〇年。
[18] 川本三郎「『乱』——死を意識した老監督の白鳥の歌」前掲『キネマ旬報』（913号）、三二頁。

［19］佐藤「『乱』――残酷を超えた美しい詩的な夢幻の世界」二七頁。

［20］Tony Rayns, "Ran" *Monthly Film Bulletin Vol. 53, No. 627*, April 1986, p. 116.

［21］黒澤明・小国英雄・井手雅人「乱」『全集黒澤明　第六巻』岩波書店、一九八八年、一六一頁。

［22］片岡仁左衛門「舞台の血」『芸のこころ』藤尾真一編、三一書房、一九七七年、一九三―一九六頁。

［23］同書、一九二―一九三頁。

［24］川本「『乱』――死を意識した老監督の白鳥の歌」三三頁。

［25］黒澤・小国・伊出「乱」一七五頁。

［26］同書、二〇二頁。

［27］Keiko I. McDonald, *Japanese Classical Theater in Films*. London and Toronto: Associated University Press, 1994, p. 140.

［28］黒澤・小国・伊出「乱」一六〇頁。

［29］同書、二〇四頁。

［30］同書、三二四頁（注65）。

［31］佐藤「『乱』――残酷を超えた美しい詩的な夢幻の世界」二七頁。

［32］セルゲイ・ミハイロヴィッチ・エイゼンシュテイン「思いがけぬ接触」鴻英良訳『映画理論集成』岩本憲児・波多野哲郎共編、フィルムアート社、一九八二年、五四―五五頁。

［33］市川団蔵「演者の工夫」『演劇界』（51.10）一九九三年八月、五〇頁。

［34］黒澤明・岩崎昶「蜘蛛巣城をめぐって――岩崎昶との往復書簡」『全集黒澤明　第四巻』岩波書店、一九八八年、三三二頁。

第四章　征服される鬼――新藤兼人『藪の中の黒猫』の累積性と『鬼婆』の統合性

一九六〇年代、脚本家であり監督である新藤兼人は、初めて二つの時代劇を監督した。『鬼婆』（一九六四）と『藪の中の黒猫』（一九六八）のどちらの映画も、ある女性とその義理の娘が独り身の侍を餌食にするといった内容である。シナリオによると、女性とその義理の娘の役どころは、『鬼婆』では、中年女と若い女、そして『藪の中の黒猫』では、母と嫁となっている。これらの映画で新藤は、独創的な作品を作るために日本の伝統的な物語と伝統演劇の技法を取り入れている。新藤は、これらの映画以前には社会的傾向の強い現代ものの映画のみを作っていた。彼はインタビューの中で、この二つの時代劇映画は、自分のこれまでの社会認識から生じたものであると言及しており、時代劇映画で通常主役と見なされる領主や侍ではなく、下層階級の者について描いた時代劇であると解説している［1］。新藤はこれらの映画で、庶民が生き残っていくために費やす、計り知れないエネルギーを捉えようとしている。この二作で描かれている植物（『鬼婆』のすすきと、『藪の中の黒猫』の竹）は、社会における弱者である貧しく惨めな人々を取り囲み、政治家や貴族など上流社会の目から隠蔽する役目を担っている。最下層として蔑視されている人々の目を通して見た社会を映し出すことで、観客に全ての階級間の政治的闘争をレンズ越しに体験させている［2］。新藤が二つの映画で社会的、政治的テーマを追求しようとしたにもかかわらず、様々な研究者がこれをエロティシズムや恐怖など他の側面と結び付けている［3］。私がここで述べたいのは、この二つの映画には通常の時代劇より更に広範囲に、明確な伝統的ルーツが表れているということである。特に、人間の鬼に対する恐怖の克服という本質的なテーマが前提とされている。新藤は、鬼退治という儀式の表現を具体化するため、能と歌舞伎から物語と演劇技法を借用しているのだ。

日本の伝統演劇、特に能では二種類の鬼が登場する。それらの鬼は世阿弥によって二つの対照的な種類に分類されている。その一つは何らかの事情により人間の心を持ったまま鬼に変化してしまった亡霊や生霊で、彼らの苦しみは人間の罪業を反映している。世阿弥はこの種類の鬼を「砕動風鬼《さいどうふうき》」と呼んでいる［4］。この鬼の性格は演目によって異なり、能面と演技を通じて明らかにされる。二つめは超自然的な力を持った本物の鬼であり、世阿弥はこれを「力動風鬼《りきどうふうき》」と呼んでいる［5］。この鬼は非人間的な妖怪である。能においてこの二つの種類の鬼の性格が融合されることはない。

しかし、能とは対照的に、新藤はこの両方の鬼を『鬼婆』と『藪の中の黒猫』で融合させている。『藪の中の黒猫』では、人間を偽る真の鬼と、見た目は鬼だが心は人間という二つの伝統的設定を見事に融合させており、同時に現代の人間のドラマティックな側面も付け加えている。『鬼婆』では、環境が男、もしくは女を鬼に変えてしまうという伝統的要素を革新的かつ現代的に使用しており、それでいて、真の鬼の要素もまた暗示されているのだ。これを実現するために新藤は、鬼退治という日本の典型的な様式を具体化する、極めて斬新で複雑な物語を作り出している。このようにして二種類の鬼をこの二つの映画で大胆に組み合わせているのである。

1　『藪の中の黒猫』——複数の伝承物語

『藪の中の黒猫』で、徴兵された農夫（二代目中村吉右衛門）の母（乙羽信子）と妻（太地喜和子）は、武者たちに襲われ凌辱されたのちに殺される。そして、その彼女らの死骸の血を一匹の黒猫が舐めていた。彼女らを殺したすべての武者に復讐するために、黒猫二匹は怪猫として、人間の母と嫁に変化する。怪猫を退治するため侍大将が送った男は、皮肉にも彼女たちの息子であり夫である元農夫であった。

この物語で新藤は、中世の説話文学と物語文学、室町時代の能、江戸時代の歌舞伎と文楽、そして大正・昭和の怪猫映画というような異なった時代とメディアからの題材を組み合わせて融合的な構造を作り上げた。これらの物語の題材を分析してみるとこの作品の複雑さがよくわかる。

『藪の中の黒猫』は一見、怪猫映画の一佳作に過ぎない。怪猫映画のブームは、一九一四年頃、一九三七年から四〇年、一九五三年から五七年と三度あり、怪猫の描かれ方も変遷を遂げているという。第一次ブームでは武家のお家騒動が主題となっており、怪猫は着ぐるみの化け猫が使われ、ヒーローである侍の敵役として退治されるという補佐的役割に過ぎなかった。一九三七年以降の第二次ブームにおける怪猫役は、着ぐるみの化け猫から女優による演技に変更され、以降女優による怪猫映画は繰り返し製作され、歌舞伎の「猫騒動もの」の模倣に過ぎなかった怪猫映画は独自の路線を見出すこととなった。第一次ブームとの決定的な相違点は、怪猫が人間の身体を与えられ、人間と猫の境界線を越えた存在に変貌することである［6］。猫騒動もの歌舞伎である鶴屋南北作『独道中五十三駅《ひとりたびごじゅうさんつぎ》』（一八二七）における十二単姿の化け猫は、三代目尾上菊五郎の当たり役となっている。菊五郎は繰り返しこの化け猫を演じ、役者絵も残っている（図1）［7］。他にも同じ三代目菊五郎主演による『梅初春《うめのはる》五十三駅《ごじゅうさんつぎ》』（一八三五）の一八四一年上演の役者絵が残されている（図2）。

怪猫映画は能の二種類の鬼と同じように、二つのカテゴリーに分けることができる。殆どは、かつて傷つけられたか殺された人間が怪猫として甦り、復讐するといったものである。この手の映画の例として、深田金之助の『怪猫からくり天井』（一九五八）がある。囲碁師匠の又七郎は、彼の才能を妬む藩主、鍋島筑前守から手討ちにされる。また鍋島は、又七郎の婚約者を無理矢理側女にする。又七郎の母が息子の死骸の前で自殺した時、又七郎の愛猫が二人の死骸の血を舐め、恐ろしい鳴き声と共に消える。そののち、又七郎と母親の怨念は怪猫となって復讐のためにこの世に甦る。

もう一つの種類の映画には、西洋から輸入された怪物、吸血鬼と日本の妖怪の要素が組み合わされた、鬼に変

図1　三代目歌川豊国による役者絵。三代目尾上菊五郎演じる十二単姿の猫婆が化粧をしている（1852年上演『独道中五十三駅』早稲田大学演劇博物館所蔵）

図2　歌川景松による役者絵。三代目尾上菊五郎による十二単を着た化け猫（1841年上演『梅初春五十三駅』同）

身することのできる怪猫が出てくる。この種の映画の一例として、『秘録怪猫伝』（田中徳三監督、一九六九）がある。石鍋丹後守《いしなべたんごのかみ》は彼が愛している小夜《さよ》の兄又七郎を陰謀によって殺してしまう。小夜は最愛の猫に自分の代わりに仇を討つよう頼み、自殺する。その猫は直ちに美しい白髪の吸血鬼に変身し、勇敢な侍によって最後に退治されるまで、石鍋の城の殆どの人間を惨殺する。

　新藤は、『藪の中の黒猫』の冒頭からこれら二つの怪猫映画の要素を見事に組み合わせている。まず、二人の死体とその血を舐めている黒猫の描写によって、後の物語の展開が暗示されている。観客は殺された女が猫に変化する最初の場面において、女の変貌を視覚的、また聴覚的に感知する。京都の羅城門の近くを、侍が馬に乗って通りかかると、猫の鳴き声が聞こえ、猫の顔が門の辺りに現れる。続いて、白い物体が門から地面へ宙返りをする場面が映された後、暗闇から死んだ女にそっくりな女が現れる。侍は女に妖怪ではないかと問いただす。女は否定し、義母と共に藪の近くで一晩過ごすよう彼を誘惑する。そして女は誘い込んだ侍の首を切り裂き、血を吸う。そしてそれと同様の事が毎晩行われる。この映画の前半は、怪猫映画の二つのパターン、殺された人間が怪猫となって現れるパターンと、怪猫が人間に変身して復讐を果たすパターンが使われている。

後半の物語は渡辺綱《わたなべのつな》（九五三―一〇二五）にまつわる中世説話が取り入れられている。渡辺綱は源頼光の家来であった。古典文学からの出典のうち一つは『平家物語』のエピソードで、渡辺綱が美しい女性に一条戻橋《いちじょうもどりばし》で出会い、彼女と連れ立って歩いていると、川に差し掛かったところで、女は鬼に変身し、渡辺綱は主君より預かった名刀を使って戦い、鬼の片腕を切り落とす［8］。もう一つの出典は『今昔物語集』（巻第二四第二四）からで、羅城門に住む鬼の話である［9］。新藤はこれらの二つの古典文学について創作ノートに記述しているが［10］、この二つの作品から発展してつくられた演劇作品群については特に言及していない。実際にはこれらの文学から展開した演劇が彼の映画に大きく影響しているにもかかわらず、である。その例に、渡辺綱が羅城門に送られ鬼を退治する能『羅生門』（観世小次郎信光作）がまず挙げられよう。綱は鬼と戦い、鬼の片腕を切り落とす。鬼は消え、綱は誇らしげに主君の許へ帰ってゆく。また、河竹黙阿弥は一八九〇年に能の『羅生門』の話から『戻橋』という歌舞伎舞踊劇を製作した。河竹黙阿弥は、それ以前の一八八三年には『羅生門』の続編である歌舞伎の松羽目物『茨木』（一八八三）を製作している。これは能を基にしたものではないが、松羽目物として演じられていて、背景に能の舞台の要素が使われている。渡辺綱は鬼の腕を唐櫃（蓋のある足の付いた箱）に入れて隠し、何人たりとも自分の家に入ることを拒否した。腕を切られた鬼、茨木は、渡辺綱の伯母を装い訪問して、鬼の腕を見せるように仕向けた。だがその時、渡辺綱は伯母の片腕がないことに気付き、それが茨木の変身であると見抜く。茨木は自分の腕を摑み、渡辺綱と戦い、最後には消え去る。こうした演劇作品において新たに付加された諸要素を、新藤はその作品中に活用しているのである。

新藤は原典、後世の展開説話を含めた全ての題材を新たに組み合わせた。伝統的題材の主人公である単なる勇者を、鬼の誕生に関わる他の登場人物と入れ替えることにより、鬼とそれを退治する勇者との間に何の関係性もないという伝統的な設定に、個人的な人間的側面を加え、背後に複雑な背景を新たに創出して、伝統的な題材を独創的に活用している。原作で鬼と戦う渡辺綱はその当時戦地におり、都には手柄を挙げ一兵卒から指揮官に昇格した藪《やぶ》ノ《の》銀時《ぎんとき》（中村吉右衛門）を除いて他に戦える兵はいなかった。銀時は偶然にも、殺されて怪猫に変身した女たちの息子であり夫であったが、源頼光も藪ノ銀時もこれを知る由はなかった。銀時は二人の女と遭遇した際、二人が自分の母と妻に瓜二つであることに動揺する。この二人は冥界の掟により、自分たちを殺した侍への復讐をするために現世に留まっていたのである。

伝統的なパターンにおける鬼と征伐に向かう勇者の間には、何の関係性もないのが通常であったが、この作品における鬼と勇者の関係には劇的な複雑さが加えられているのである。新藤は鬼と勇者の間に、伝統的な物語や劇、他の怪猫映画にはない次元を加えることにより、奥深い人間関係を展開させている。妻であるおシゲの亡霊と銀時との間の思いやりと愛情は、言葉だけではなく、顔の表情や身体の動きによって表現されている。最初の侍との出会いのシーンにおけるおシゲは、宙返りや酒を注ぐときに見せる猫のような手つきなどで猫を連想させる特徴を表しているが、銀時との出会いのシーンにおけるおシゲには猫のような仕草は全く見られず、愛情に満ち溢れた女性として表現されている。

藪ノ銀時とその妻の亡霊という二人の登場人物の関係を通じて、新藤は主に歌舞伎や文楽において一八世紀から後に進化した、日本の現代劇で最も重要な要素である、義理と人情を芸術的に展開させている。銀時は源頼光に妖怪を退治するよう命じられる。彼は侍として、たとえその命令が彼自身や彼の妻などの家族に死をもたらすとしても、その命令に従う必要がある。それと同時に、彼女の亡霊は天地の魔神に、人間として甦ってこの世に留まる代償に、彼女がこれから出会うすべての侍の血を吸うことを誓っていた（それは、彼女の義理の母が、彼女の最愛の夫に再会しないように説得しようとしたことからわかる）。実際、彼女の夫である銀時は、たとえ亡霊としてでも、彼女がこの世に留まるためにはどうしても殺さなければならない人物である〔11〕。銀時は、彼女らの家を訪れた時、彼女らが突如いなくなった母と妻に余りにも似ており、彼女たちがまさにこの世のものではないことを示すかの如く姿を消したため、彼女らの正体を疑う。彼はこの女たちこそが殺すように命じられた妖怪かもしれないと気付くが、結局彼女たちを探しに戻り、彼女らのもとに通う。そして、最愛の妻、しげに似ている女と七日間愛し合う。夫への愛に渇望していた妻は、他の侍のように彼を殺すことはできなかった。彼女が誓いを破ったことにより、彼女の妖力は消え、再び地獄へ落ちていった。こうして、愛し合うもの同士が殺し合わなければならないという異常な状況を作り出すことにより、新藤は、最も本質的でドラマティックな義理と人情の葛藤を強調して描き出している。物語のこの部分は、能と歌舞伎の伝統的物語の要素に沿った従来の鬼との対決に、新藤が斬新な要素を付け加えたものなのである。

若い女が消えた後、銀時が源頼光から、残されたもう一体の鬼を殺すよう命じられた時、この物語に挿入された義理と人情の葛藤は異なった形で具体化されている。銀時は主命を破って若い女と夜を過ごし、その女が何者か見極めようとはしなかった。その一方、もう一人の女に対しては最後まで、彼女が母の化身であるのかそれとも、彼を騙すために母の顔をした本物の妖怪であるかを見極めようとした〔12〕。銀時は「お母さん、あなたは猫なんですか、妖怪なんですか？」と問うことによってそれを確認している。ここで新藤は、伝統的な物語の要素から、怪猫の劇的な二面性という伝統にはない複雑さを作りあげている。そして、愛する者を殺さなければならないという恩愛に関するジレンマをこの映画に劇的に挿入している。

『藪の中の黒猫』の最後の部分には、歌舞伎『茨木』の物語が挿入されている。鬼となった母親は、歌舞伎の『茨木』では伯母、『戻橋』では養母を装うが、ここでは巫女を装って現れる。切断された自分の腕を掴むと、顔が一瞬鬼に変わり正体を現す。鬼は屋根から空に向かってダイナミックに宙を舞う。しかし新藤は、歌舞伎の

『茨木』と『戻橋』の最後のように母の消失で物語を終結させることはしなかった。新藤は、愛し合うがそれが叶わない男と女、もしくは、なにがしかの状況に耐えきれない親子が、来世で一緒になるために自殺するという、日本独特の文化における心中を思わせるような人間的側面を加えている。『藪の中の黒猫』で、事の真実を知りショックを受けた銀時は女たちの家に行き、消えた妻と交わった布団の上で刀を振り回し、「お母さん!」と泣き叫んだ後、床で頓死する。数々の文楽や歌舞伎で描かれた心中の場面にあるように、銀時は、死後の世界で最愛の妻と一緒になる。

2　人と猫と野獣――文脈的特徴付け

『藪の中の黒猫』で最も劇的、かつ美学的な側面の一つは、作品それぞれの異なった劇的機能に沿った、人間、猫、あるいは野獣としてデザインされた母と妻の亡霊の描写である。侍を誘惑し殺すシーンでのしげは、人間の女性と野獣の間を行き来する主要登場人物である。新藤は、しげの外見と行動を対比することによって、彼女の両側面を融合させた。しげが侍に酒を振る舞っている時、観客だけに一瞬、彼女の伸ばされた腕が動物の腕であることが露見する。しかし、彼女が侍の喉を切り裂き、跳ね、吠え、獣のように振る舞っている瞬間は、美しい女性として映し出されている。しげの正体を、家に入る前から既に疑っていた四番目の侍を殺す直前、彼女は竹を猫のように登り、そして超人的に宙を舞う。侍を野獣のように殺している間の彼女は、人間の容姿を残したままである。またしげは、映画の初めから終わりまで、彼女が夫と出会った時の、愛らしい優しいイメージの美しい女の顔のままである。この映画で、人間と猫の両面を見せているのは、初めに人間の女性として登場する母である。最初の侍を誘惑する場面では、息子の嫁の笑い声と合わせるかのように、彼女の長い髪の毛先がまるで猫の尻尾のように動く。その後、母親は猫がするように水瓶の水をぺろぺろ舐め、彼女が顔を上げた時、彼女の舌の動きとメイキャップにより、猫のような顔が劇的に表現されている（図3）。

しげが消えた後、母が映画の主要な役を担う。彼女の顔は三つの全ての実体を表している。彼女の顔は、息子と出会うクライマックスの二箇所で瞬時に鬼の形相に変化する。この鬼の形相は水たまりへの反射を通じて、銀時に明かされる。新藤は脚本で、この鬼の形相を「怪猫の顔」と定義している[13]。その鬼の形相を見た瞬間、銀時は刀を抜き、彼女に襲いかかり、片腕を切り落とす。そしてこの異形の生物は姿を消す。同じ鬼の形相は、物語の最後に銀時が巫女の左腕がないことに気付いた瞬間に、再び登場する。彼が巫女に左腕のことを尋ねた時、巫女の形相は、裂けた唇のメイキャップ、乱れた髪と二つの角という鬼の姿に変身する（図4）。この姿は、能の般若の面の歌舞伎版である『茨木』の般若隈の化粧、髪型、角のスタイルと類似している（図5）。彼女の顔は巫女として現れた時の顔とは違う、猫の容貌の化粧と髪型に不意に変化する。この猫の容貌で、彼女は切り落とされた腕を摑んで、「取り戻した！」と叫び、それを口に咥えて部屋の中を豪快に跳ね、屋根から空に向かって舞

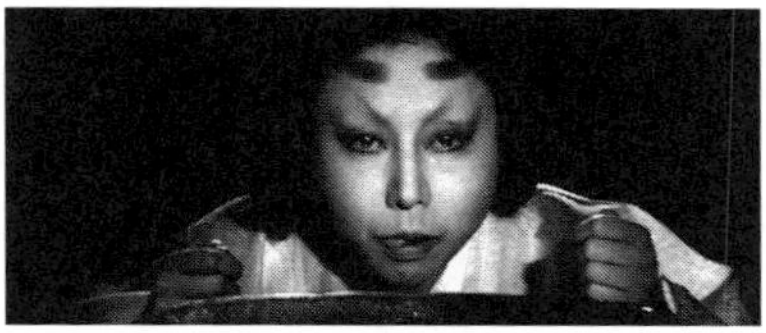
図3　母親の化粧の変化は彼女の舌の動きと組み合わさって猫のイメージを作り上げている（『藪の中の黒猫』新藤兼人監督、近代映画協会＝日本映画新社、1968）

図4　母親は一瞬のうちに、巫女から歌舞伎の般若隈に似た鬼的な容貌へ変化する（同）

図5　歌舞伎『茨木』の般若隈（部分、1932、早稲田大学演劇博物館所蔵）

う。新藤はこの瞬間のこのキャラクターを「怪猫」と名付けている［14］。

3　伝統的空間と動き

『藪の中の黒猫』で新藤は、伝統演劇と類似した空間と動きを用いている。彼は映画の中で、能の空間の特定の構成要素、祝賀の表現に血腥い殺人のイメージを組み入れている。能の舞台背景（鏡板）には、古い拗れた松の木が一本描かれている。これは、何世紀にもわたって屋外で能が上演されていた、奈良の春日大社の名高い影向の松を表しているという［15］。この松は神と自然を象徴しており、その場所が聖域であることを示している。舞台に入ると、登場の謡の一種である「次第」を謡うシテは後ろを向いてこの松に向き合う。能楽師は舞台右手にある「橋掛り」を通って舞台に入る。橋掛りの前に、三本の小さく、真っすぐな若い松が立てられている。これらも神聖さと長寿を表している。舞台に描かれている松の老木と橋掛りの若い松の木は、二次元性／三次元性、単／複、老／若、湾曲／垂直、前／後などといった様々な要素において対比的である（図6）。

『藪の中の黒猫』で新藤は、二匹の化け猫が侍を殺した家の空間を、能の空間と対応させて作り上げている。侍が家に連れて来られた瞬間、我々は能の劇場に座っているような錯覚を覚える。若い女（しげ）は侍を、柱に支えられた「橋掛り」のような廊下を通って、カメラのフレームの左側から後方に透けたカーテンのある長方形のメインステージへと導き、能の舞台に類似した空間を作り上げている。その後の中年の女（ヨネ）の登場シーンではカメラの位置を変え、まるで舞台の側面から撮られたかのように撮影している。廊下は画面の奥から手前の主要舞台へ導かれ、フレームの中心に位置しており、カメラが母の姿を正面から捉えることで、強い印象を作り出している。現在の能舞台では、こういった視点で役者を見ることはできないが、実は能が大成された中世の能舞台では、そうではなかった。舞台後方の後座《あとざ》に繋がる「橋掛り」に加え、観客が舞台の全体をほぼ囲むように（およそ三〇〇度）着席するように空間が設計されていたので、観客たちはまさに新藤の採用した視点でもって舞台を鑑賞していたのである［16］。つまり、結果的には新藤は古来の能舞台における観客席からの視点を導入しているのだ。

しげによる侍の殺害は家の中で三度連続して行われるが、そこでの二人の女の動きは、能の空間の二次元の松の木と三次元の松の木という対応する二つの次元上の物体に陰鬱な印象を与えている。新藤が日記で言及しているように、母が廊下で舞う「殺しの舞い」は殺人を象徴している。

〝殺しの舞い〟を乙羽君の猫でやるために、東京から観世君にきてもらう。能の動きを軸にして、殺しを現わすことは当初からのたくらみだ。［17］

図6　能楽堂の空間。橋掛り（左側）と舞台（右側）（国立能楽堂：東京、法政大学広報部提供）

能役者、観世榮夫（映画の中で帝を演じている）が乙羽信子に舞の動きを教えた。

志村三代子は、廊下での母の舞が「ツレ」（能における主役「シテ」の連れ）の舞に対応すると指摘している。舞台で殺人を犯すしげは、能における「シテ」を示している［18］。この二人の女性が「ツレ」と「シテ」の演劇的役割を果たしていることは非常に重要だが、二人のキャラクターはそれ以上に重要な空間的メッセージを具体化している。

三つの殺人の描写で、新藤は幾つかの写実的なイメージと象徴的なイメージを並置しており、また対比される二次元的／三次元的要素を使用している。彼は激しい動きを伴う流血場面を、能の静寂で厳かな雰囲気の中に作り上げ

図 7　母による殺しの舞のクライマックスで、袂を巻き込んで手を上にあげる（『藪の中の黒猫』）

図 8　能の『大江山』に登場する鬼神の酒呑童子が袂を巻き込んで腕をあげ、力強い表現をしている（『観世座能狂言写生帳帖』第一巻、1849、国立能楽堂所蔵）

ている。能楽堂に似せた家の空間を作った後、能の舞台では決して具体的に表現されることのない極めて表現豊かな殺人のシーンを描写し、この殺人を二次元的／三次元的に構成している。通路での殺人は、母による能の様式の舞と、太鼓の音と共に始まる。母は廊下に沿って真っすぐに動き、何回か廻る動作をしてから、左手で指す動きでクライマックスになる。それに付随するショットが、しげが最初の侍を殺す前の性行為の間にもある。母親は上半身のクローズアップで急旋回の動きをし、右腕に袖を巻き付け、それを上にあげ、クライマックスとなり、完結する（図7）。これら全ての構成要素は、能の舞の特色を反映している。能において、袖を巻く動きには二種類ある。袖を内側へ巻くやり方を「掛ケル」といい、これは女性と男性の両方の役で使われる柔らかく内面的な表現で、陰の要素である。袂を外側へ巻くやり方を「巻込《マキコム》」といい、これは男性の役だけで使われ、男性的でより力強い表現になり、陽の要素となる。この袖を巻き付ける動きは腕をあげる動きが加わることで一層力強い表現になる。例えば『観世座能狂言写生帳帖』第一巻（一八四七）の中の酒呑童子の絵でこれと同じ動きが見られる。能の『大江山』に登場する鬼神酒呑童子は、クライマックスで袂を巻き込んで腕をあげ、力強い表現をしている（図8）。

　しげが最初の侍を殺す前の母の舞では、男性的な「巻込」の動きを使ってクライマックスとなり、それからしげが侍を殺す。それと対照的に最後の殺しの後の母の舞は、袖を内側へ巻き付ける女性的な「掛ケル」動きで身体を下ろし、能に特徴的な所作で座り込む。新藤はこのように、能の袖を巻き付ける二種類の対照的な動きを用いて、男性的な「巻込」の手を上げる強い動きと、女性的な「掛ケル」という、柔らかい動きを使い分けて、殺しのクライマックスと終結の場面をより対立的に描写した。

能舞台の小さな松の祝福的なイメージとは対照的に、母の舞を通し、しげによる流血が三次元的に表現される、写実的で凄惨な殺人が続く。能では死の場面や殺人が表現されないため、ここでもしげは侍を舞台後方の、話の流れから寝室だと分かる透けた幕の後ろに連れて行き、そこで凄惨な殺人が行われる。我々は、能舞台の背景に描かれた二次元の松の木の代わりに、殺人の終結を示唆する影のような二次元の若い女性の踊りを、透けた幕を通して見ることができる。このショットの角度もまた、背景と舞台の左壁（観客から見て右）を見る能の観客の視線に類似している。しげの影からカメラは左に動き、まるで能楽堂の空間を橋掛りから出るかのように、廊下の全容を見せ、空間的にこの出来事を終結させる。

二番目と三番目の殺人は、最初のものより簡潔に描写されている。二番目の殺人は単純で写実的、かつ象徴的なショットで構成されている。侍の喉を裂くクローズアップで始まり、それに続いて母の廊下での舞のショットが入る。この廻る動きの舞では、母の頭と首だけが見えている。三番目の殺人は示されず、最初の殺人と同じ要素が逆の順番で組み立てられ、透けた幕の向こう側の二次元的なしげの裸体の後ろ姿から始まり、カメラが近づいて彼女の身体が誘惑する性的イメージになるようにフレームを占めている（図9）。殺人自体は、母の廊下での舞により厳かに伝えられる。この舞は以前の二つよりも手が込んでいる。

図9　2次元的に見える透けた幕の向こう側のしげの裸体の後ろ姿で、3番目の殺人が始まる（『藪の中の黒猫』）

新藤は、能の空間に殺人を挿入するだけでは満足せず、歌舞伎から取り入れた別の要素も加えている。家での連続殺人のクライマックスでの舞は、歌舞伎に特徴的な演劇的要素により彩られている。最初の殺人の後、床中に上がってきた煙が、最後の舞

図10　1883年の『茨木』初演で、切断された右腕を左手に持ち、宙を舞う五代目尾上菊五郎（豊原国周による役者絵、1883、早稲田大学演劇博物館所蔵）

で、廊下の全ての空間を埋め、舞っている母を包み込む。歌舞伎では時々このような煙を介して、超人的な人物が登場する。このシーンにおいても、新藤は煙を使って舞い踊る母に超人的な性格を付与しているのであり、またこの煙は、同時に母親がこの瞬間から、この映画の後半部分における主役へと移行したことを示している。この母の見事な退場場面には、歌舞伎『戻橋』と『茨木』のストーリーが用いられている。現在の歌舞伎では、『茨木』の最後に鬼が演劇的な舞の動きと共に、感情も露わに左手に持った切断された腕を振り回し、花道を通って退場する。この鬼の退場シーンの視覚的な証拠として、一八八三年の『茨木』の初演を描いた役者絵では、切断された右腕を左手に持ち、宙を舞う五代目尾上菊五郎の鬼・茨木を見ることが出来る（図10）。

宙を舞うこのテクニックは「宙乗り」と呼ばれ、歌舞伎の超人的なキャラクターに用いられている。一九一二年の非常に貴重な写真にも、茨木が、歌舞伎の舞台に設けられた能に似せた舞台の柱の前で、切断された右腕を左手に持ち、宙を舞うところが写っている（図11）。現在、この場面にこのテクニックは使われていない。

『茨木』には全く存在しない、切断された腕を口でしっかりと咥える演技が、先ほどと同じ役者、五代目尾上菊五郎を描いた豊

図11　1912年の歌舞伎『茨木』で宙を舞う茨木（早稲田大学演劇博物館所蔵）

原国周の役者絵に登場する。一八九〇年の『戻橋恋の角文字』で鬼・怪童丸を演じる五代目尾上菊五郎は（図12）、『藪の中の黒猫』の怪猫になった母と同じように切断された右腕を口に咥え、宙を舞う（図13）。

『藪の中の黒猫』には天井を破り、屋根から空に向かって飛んでいく場面があるが、これは歌舞伎の『茨木』のどのバージョンにも存在しない。なぜなら、『茨木』の全てのバージョンが、能を模倣した松羽目物の形で上演されるため、舞台上には屋根が存在しないからである。しかし、歌舞伎の『戻橋』においては、物語前半の最後、渡辺綱が鬼の片腕を切り落とした後に、鬼が屋根から飛ぶ様子が描かれている（図14）。

新藤は意識的、あるいは無意識に、『茨木』と『戻橋』の全ての要素を組み合わせている。『藪の中の黒猫』の最後には、更に演劇的でより映画に適した、映画版の宙乗りテクニックを使っている。怪猫となった母は、斬りおとされた腕を口に咥え、息子の銀時から逃れ、屋根に向かって飛び、宙乗りのテクニックのように空を舞う。この映画版は、伝統的な舞台演出と似通っている。新藤は、幾つかの極めて短いショットを繰り返し、それぞれのショットで、

図 12 『戻橋』で鬼・怪童丸を演じる五代目菊五郎が、切断された腕を口に咥え、宙を舞う（豊原国周による役者絵、1890、同）

怪猫の母がフレームの底面から上面を通ってフレームから出るまで、黒い背景に向かって飛び上がるというのを繰り返し、長いローアングルで、別れのために息子に向かって右手を振り、暗い空に消えていくショットに続く。

この作品の終わりで新藤は、藪の中にある家そのものに、能的な空間処理を施している。怪猫となった母が空に消えていった後、家路を急ぐ銀時は、能の橋掛りを渡るかのように煙に満ちた廊下を渡ってゆく。そして舞台に入るかのように主要空間に入り、その後、透けた幕の向こう側に行き、妻の幽霊と交わった後、主要空間に舞い戻り、倒れて死ぬ。高アングルのショットが、二本の

図 13　怪猫となった母が、切断された腕を口に咥え、宙を舞う（『藪の中の黒猫』）

図 14 『藪の中の黒猫』の怪猫の母親の飛行と同じように、歌舞伎の『戻橋』において鬼が家の屋根から飛ぶ（1970、早稲田大学演劇博物館所蔵）

柱を隅に配した、煙に囲まれ、煙に形作られた長方形の主要空間に、死の直前の銀時を映している。能舞台では四本ある柱はここでは二本だけとなり、廃墟と化した能舞台を思わせる。能舞台に類似した空間は廃墟に変化してこの映画は終わる。ここでは、能の空間を用いつつも、煙という歌舞伎の要素も挿入しているのである。

4　『鬼婆』——二つの異なる伝承の独創的な統合

『鬼婆』では、戦に行った夫が戻らず、寡婦となった若い女（吉村実子）が、夫と共に戦に行って戻ってきた近所の農夫、八（佐藤慶）と情熱的な関係を結ぶ。中年の農婦である義母（乙羽信子）は、嫁の後を追い、二人の情交を見て嫉妬に苦しむ。その後の幾晩かの間、義母は、嫁を怖がらせて八との情交をやめさせるために鬼の面を冠る。ある晩、雨のせいで面が義母の顔に張り付いてしまい、自分で面を取ろうとするが取ることができず、嫁に面を剥がすのを手伝ってくれるように頼む。嫁が面を激しく槌で叩き続けると、義母の潰れて爛れた顔が出てくる。

新藤は、実にシンプルな人間ドラマに、境遇によって鬼になってしまった人間と本物の鬼という、伝統的な鬼の具体化の二重の出現を挿入している。この作中の二重の鬼の出現とその退治という筋書きは、新藤が子供のころに聞いた二つの話から触発されたものである。その二つの話で最も重要な点は、鬼になる人間を表す「肉付き面」である。新藤は自らの著書の中で、この話を子供の頃に浄土真宗の寺の説教で聞いたと言及している［19］。しかし彼の創作ノートでは、子供の頃、母親の膝の上で寝る時に聞いたのだと述べている。その話は以下の通りである。

母のもう一つの寝物語は〈肉付き面《めん》〉の話である。それはこうだ。嫁が毎夜お寺詣りするのを妬んだ姑が、途中の道に待ちぶせて鬼の面をかぶっておどかす。ところが仏のバチが姑にあたって面が顔からとれなくなる。嫁がナミアミダブツと唱えると不思議や面はとれるが、面の内側に皮膚がはりついて顔が破れてしまう。姑はそれ以後悔い改めて嫁をいじめなくなる、という筋。面が皮膚にひっついてとれなくなるところを、母は「痛いよう、痛いよう」といかにも痛そうな顔色をつかって話す。そのとき私は母の乳房にしがみついておののくのである。

（『殺意と創造』一八九頁）[20]

この話での姑の嫉妬の原因は、映画での性行為に関連した嫉妬とは違っている。新藤によると、この説教のメッセージは、夫にもっと自由を与えるようにとの、嫉妬深い妻への戒めを目的としているという。新藤はまた、日本社会はこの点において、過去も現在も変化がないと付け加え、更に「寺へ詣る嫁の邪魔をする姑、その邪悪な心に鬼の面がこびりついて離れない」（同、一九一頁）と言及し、我々にこの映画の分析のための手引を提供している。

新藤は、オリジナルの話における面の着用は、単に物理的に顔を覆うことよりも更に深い意味があると見なしている。最初の話が、鬼になった人間を扱っているのに対して、『鬼婆』の着想を触発した次のお伽噺は、本物の鬼を扱っている。

安達ヶ原にさしかかった旅の僧が、芒《すすき》ヶ原のまん中に一軒家の灯をみとめたところである。旅の僧は一軒家に辿《たど》りついて破れ戸をすかしてみると老婆がただ一人いる。一夜の宿を乞うとこころよく承諾してくれることになる。旅の僧は温かい炉の火にくつろぐ。老婆は焚木を取りに裏の山へと出かける。出がけに決して奥の部屋を見てはならないと言い残す。見てはならないと言われれば見たいのが人情である。僧が奥の部屋をのぞくと、骸骨がるいるいと重なっている。びっくり驚天した旅の僧は一軒家をとび出して逃げる。それと気づいた老婆がとぎすました鎌をふりかざして「おーい、待てーッ」と追っかけるという話である。「おーい、待てーッ」というところで、いつも私は母の体にしがみついた。（同、一八九頁）

新藤はこの物語と同じ民話が能と歌舞伎の作品中に使用されていると言及している（同、一八九—一九〇頁）。この話は安達原の「鬼婆」として知られる有名な伝説である。この鬼婆のキャラクターが能の『安達原』（もしくは『黒塚』、作者不明）であり、それが歌舞伎に取り入れられたものが、木村富子による『黒塚』（一九三九）である。能では、鬼が最終的に山伏の祈りによって退治されるが、この部分は、新藤が聞いたお伽噺には存在しない、伝統演劇特有の調伏の儀式である。映画『鬼婆』では、新藤が子供の頃に聞いた二つのお伽噺の幾つかの要素が、話の全体に組み入れられており、異なる二種類の鬼が、結合して具体化されている。

5　鬼の人食いと組み合わされた女の鬼的嫉妬

新藤が聞いたお伽噺のような口述の物語と映画の最も大きな違いは、その内容に関連した視覚イメージのインパクトの強さである。新藤にとってこの要素は非常に重要であり、それが彼を映画の道に進める理由となった。それについて新藤は次のことわざを引用している。「目は口ほどに物を言う」[21]。この映画の特徴的なイメージは、始め武将がかぶり、その後中年女がかぶった鬼の面である。新藤は台本の中でこの面を単に「鬼の面」と呼んでいるが、彼の創作ノートの中では「般若の面」とされている[22]。しかし彼は、この般若の面を能面の持つ伝統的な含意とは全く関連づけていない。般若の面は『道成寺』（作者不明）、『葵上』（近江猿楽犬王所演。作者不明）、『安達原』（観世流のみ。他流では『黒塚』）というたった三つの能の中でしか使用されていない。この面は、先述した鬼の具体化の両方の側面を兼ね備えている。『道成寺』と『葵上』では、この面は女性の嫉妬の鬼的な表現の極みを表しており、『安達原』では、華やかな世界への憧れを宿しつつも、辺境の地で徒らに年を重ねた女の心に棲む鬼を表している。そのため、映画の物語と組み合わさったこの極めて有名な面のイメージは間違いなく新しい解釈の側面を加えている。新藤はこの作品で、全く新しい話を作り上げるために、嫉妬に狂った女の話と人間に化けた鬼の話を、両方のテーマに関連した伝統的な面と巧みに組み合わせている。

『鬼婆』は、女が嫉妬に狂った末に鬼になるという日本演劇の豊かな伝統を新しい手法で使用している。結婚式に日本の花嫁は「角隠し」か「綿帽子」を冠る。「角隠し」は、花嫁が夫に対する嫉妬を克服するもしくは押し込める、という意味を持つとする説がある。能は嫉妬の幾つかの段階を「橋姫」「生成《なまなり》」、そして最も鬼的で、最も大きな角と尖った顎を持つ「般若」、という三つの異なる面で表現している。般若の面の角と鬼のように尖った顎は、蛇体に比喩される、女の嫉妬、邪悪さ、淫欲と怒りを反映している。般若とは実は半蛇の宛字である。その尖った顎は、男性器を嚙む女性器（膣）を象徴しているのかもしれない。いつ頃から般若に、女に帰せられる性質が表現されるようになったのかははっきりしていないが、馬場あき子によると、それは中世の説話時代に表現されるようになったという。おそらく、一四世紀からそのような表現が現れたものと思われる。そして、一五世紀には能で、これらの女の性質が面の使用と融合されていた[23]。

この般若の面を使用、もしくはその形象を模倣する日本伝統演劇の作品中で、最も有名なものは、能の『道成寺』と、その歌舞伎版の『道成寺』である。能の『道成寺』では、再興した釣り鐘の供養が行われている道成寺に白拍子が訪れる。この寺は女人禁制であるにもかかわらず、白拍子は供養の舞を舞わせて欲しいと寺の男を説得し、寺の中に入れてもらう。白拍子は舞いながら鐘に近づき、その鐘を引き落して中に入ってしまう。ことの次第を知らされた住職は、この鐘にまつわる昔話を語る。熊野詣での山伏の定宿となっていた荘司の娘がその山伏に許婚者だとからかわれたのを真に受け、山伏に結婚を迫るので、山伏はこの寺に逃げ込み鐘にかくれた。裏切られたと思った娘は追いかけている内に蛇に変身し、体を鐘に巻き付けて、中にいる山伏諸共に鐘を熱で溶かして復讐を遂げた。そして今この鐘の中にいる白拍子は荘司の娘の霊なのである。このように説き聞かせた住職は、僧たちを率い鐘に近づき祈禱する。僧たちの法力で鐘が持ち上がると、蛇身の正体が現れる。能では、般若面によりこれを表現し、歌舞伎では、面の代わりに般若隈という化粧で表現している。能では、僧たちは聖なる力で邪悪な蛇を制圧し、退散させる。歌舞伎版の『京鹿子娘道成寺』（一七五三）では、武士が舞台で蛇と戦い、最後に特別な登場人物「押戻《おしもどし》」が登場して蛇の悪霊を撃退する（図15）〔24〕。

図 15　歌舞伎の『京鹿子娘道成寺』。伊達五郎が演じる押戻が、般若面のように化粧を施された悪魔的な蛇を退散させる（『演芸画報』1927 年 6 月）

般若の面を用いて鬼的な女の嫉妬を表現するもう一つの能は、叶わなかった愛のために、生霊となって恋敵に祟るというストーリーの『葵上』である。この能では六条御息所の魂が、愛人の光源氏の正妻である葵上への嫉妬と憎悪により生きながら怨霊となり、病床の葵上に憑き祟らせる。この能の初めの部分では、梓弓で亡霊を呼び寄せる口寄せの巫女が、六条御息所の生霊を呼び寄せ、葵上に対する怨念を語らせる。六条御息所の怨霊は葵上に取り憑き、彼女を激しく殴打して去る。後場では、急遽、強力な法力を持つ修験者が呼び出され、祈禱を始める。すると前場で哀れな傷心の貴婦人として描かれていた六条御息所の姿が、般若の面を着け凄まじく猛り狂う鬼となって現れる。修験者はその鬼と戦い、能での決まり事の通りに、鬼を打ち負かし葵上を救う。

女性の性欲に対する抑圧をその裏に隠し持つ「般若」の面を使用することで、新藤の『鬼婆』は、女が抑えきれぬ情欲の果てに鬼となる、という日本の伝統的怪異譚を、斬新で、入り組んだ物語として再生しているのだ。つまり、嫉妬に狂った女が鬼になるという伝統的なパターンを模倣するのではなく、新藤は鬼に扮した人間を「肉付き面」というテーマを使って彼独自の解釈と共に表現しているのであり、その結果、新藤特有の能と歌舞伎の伝統的パターンに沿った現代的なプロットを作り上げ、それと同時に鬼の容姿と類似した要素を織り混ぜているのだ。新藤は、出発点として、中年女（義母）に夜、義母が眠ったと思い八の小屋へ急ぐ嫁を追いかけさせた。八と嫁の情交を覗き見る中年女は満たされない色欲に苦しみ呻く。この時点で中年女は、本物の鬼になるのに不可欠な精神状態を目に見える形で持っている。新藤は『鬼婆』の題の元となる安達原の人食い鬼に、人間的解釈を加え、女性の嫉妬というテーマに組み入れるために般若の面を導入した。オリジナルの話では、単に面を付けるだけであるが、新藤は、武将の癩病を隠す目的で面を付けさせた。武将は面を付けたまま、若い女が愛人のもとに出かけた後、中年女の小屋に入る。この武将は台本では「鬼」という役名で呼ばれている。その鬼が中年女を脅し、彼女に都の途中まで道案内をさせる。中年女は武将に従うかのように見せかけておいて、服や鎧や武器を売るために殺した侍たちの死体を投げ入れた穴に武将を連れて行く。彼は穴に落ちて死に、中年女は彼の酷く爛れた顔から面を剝ぎ取る。この時点で中年女は、安達原の「鬼婆」に変容している。「鬼婆」と「安達原」における殺人は、その原因や意味合いにも同一性を見出すことができる。「鬼婆」の鎧や武器を売って生きるための糧を手にいれるために行っている中年女による殺人は、安達原の鬼の人食いの人間版の類似行為と見なすことができる。死体が積み重なっている大きな穴は、鬼の小屋の寝室の奥に死骸が積まれている場面を思い起こす。安達原のオリジナルの「鬼婆」と映画での中年女、どちらもともに別の登場人物に何かしらの行為を禁じたにもかかわらず、人間の衝動、もしくは好奇心や自然な性欲の結果、その約束が破られる。そしてその背信行為が彼女を怒らせ、安達原における人に扮した鬼は本当の姿を露わにし、映画における『鬼婆』の中年女も人から鬼へとその姿を変えることとなる。またオリジナル安達原の「鬼婆」と映画の中年女も、小屋に帰って来た後に処罰されており、ここにも共通の原型を見出せる。新藤が中年女と安達原の鬼を組み合わせた意図は、『鬼婆』の制作日誌に見受けられ、安達原の鬼の話に加え、この鬼についても何度も言及している。新藤は、若い女性が仮面を冠った中年女を小屋で見た場面について「嫁はそれがこんどこそほんとうの妄執の鬼にみえる」と記述している[25]。

中年女は面を顔に付け、それを嫉妬に狂った心を隠すため、また嫁を怖がらせるために使う。中年女が嫁を追いかける時の面は、彼女の長く乱れた髪と女物の着物とともに使用され、正に『葵上』の後シテそのままである。鬼気迫る女の嫉妬の様を効果的に場面へと導入している。嫁の情熱的な逢瀬を妨害できなくなる雨の日まで、彼女の嫉妬は少しずつより強い段階へと上っていく。物語上の解説で既に示されているように、その面は雨のせいで彼女の顔に張り付いてしまう。より深いレベルの解釈では、もはやコントロール不可能なほどの嫉妬心が、彼女の顔から面が剝がれることを妨げている。

この鬼になった女の打ち負かされ方には、幾つかの精神的、肉体的段階がある。まず、彼女は自分で面を取ることに失敗し、嫁に手伝ってくれるように頼む。彼女が嫁の行先を阻んでいた鬼であったと自白した後、「肉付き面」の話に沿って張り付いて取れない面が仏の罰であるとし、彼女に許しを乞う。ここで嫉妬により鬼になった人間への精神的征服が始まる。

若い女「毎晩、八の所へ行ってもええか」
鬼「ええ」
若い女「昼も行ってもええか」
鬼「ええ」
若い女「八とわしが寝とるのをみても文句をいわんか」
鬼「いわん」[26]

まず、若い女は中年女に、八に好きな時に会いに行くことを含め、彼女の自由を認めさせる。最後の段階で嫁

図16　般若の面が半分落ち、精神状態を反映する爛れた中年女の顔が現れる（『鬼婆』新藤兼人監督、近代映画協会＝東京映画、1964）

は、義母に八と自分が不貞を働くことに文句を言わないか聞く。そして彼女は義母の嫉妬を永遠に閉じ込めるために、日本の花嫁が結婚式に冠る「角隠し」を中年女に冠らせる。この「角隠し」が象徴しているように、彼女は中年女の嫉妬を永遠に封じ込めることを強制したのである。そして、鬼になった女の肉体的征服が始まる。嫁が力づくで、面を取ろうとすると、中年女は「痛いよう！　痛いよう！」と泣き叫ぶ。そして、嫁は力一杯槌で面を叩く。新藤は創作ノートに、この瞬間に若い女はどのように本当の鬼を打つかを記述している。

嫁はそれがこんどこそほんとうの妄執の鬼にみえる。鬼の仮面を木槌で叩き割った嫁も、ほんとうの鬼をみてはふるえあがるのだ。姑は生きながら鬼になってしまった。ほんとうの鬼には木槌をふるってたちむかう勇気はないのだ。鬼は人間そのものだからだ。[27]

そして面の下から血が流れ始め、面の半分が取れ、癩病に感染して歪められた義母の顔が現れる（図16）。反対側の面が取れたあと、若い女は衝撃を受けて「鬼じゃ！」と悲鳴をあげて逃げる。この台本で新藤は「それはまことの鬼の顔である」とコメントしている[28]。

最後のシーンで、中年女が、嫁を追いかけ「私は鬼じゃない、人間じゃ！」と泣き叫びながら、彼女と嫁が侍たちを殺して投げ入れていた深い穴の上を飛んでいるところを映し出す。彼女が穴に落ちていくところは、はっきり見えないものの、彼女が落ちているかのような短いショットが繰り返し映される。新藤は、実際の殺害の場面や、死の場面を見せずに鬼の打ち負かされるさまを描き出す。新藤の著作によると、この映画は、突如、中年女による穴の上への跳躍で終わっており、彼女が飛び越えるのに成功したようにも見えるということである[29]。これらの短いショットの印象から分かるように、彼女が明らかに死に向かって真っ直ぐ落ちて行くにもかかわらず、この映画の結末、彼女の征服の結末、そして肉体的な死は、伝統演劇のそれと同じように、はっきりとは示されていない。

新藤は、般若の面を着ける人物を二人描き出しているが、最初に面をすでに着けた状態で現れる武将は、さほど重要な役柄としては設定されていない。なぜならば、着けた者を鬼へと変貌させてゆくという、面の魔力こそがより重要であるからだ。シナリオでは、般若の面をかぶったどちらの人物も鬼と呼んでいる。武将は彼の登場シーンすべてを通して「鬼」と呼ばれており[30]、中年女は面をかぶっている間に限り「鬼」と呼ばれている[31]。武将の最初のせりふ、「おどろくな、わしは人間だ。鬼ではない。ゆえあって面をかぶっているが、何某という素姓のたしかな侍だ」と、映画を締め括る中年女の最後の言葉「わしは鬼じゃない、人間じゃあ！」は非常に似通っている。この二人の登場人物による面の使用は、外面、内面という正反対の場に存在する鬼的な姿を包み隠す。武将は面を惨たらしい病気の外傷を隠すために使い、中年女は内面のコントロール不可能な激情を隠し、彼女の鬼への精神的な変身と関連した面を使う。

6　象徴的な自然

新藤は『薮の中の黒猫』において、能の空間に殺人の暗示を加味しているのに対し、『鬼婆』では映画のテーマを伝達するために二つの対照的な自然物を取り入れることで、能の空間における対照的な自然の要素を再現している。ここでいう対照的な自然の要素とは、描かれた松の木に対する実物の松の木、そして古く拗れた松の木の絵に対する若く真っ直ぐな竹の絵である。伝統的に使用されてきた、この対照的な組み合わせは、長寿、神聖性、調和という能の理念を舞台上に象徴的に反映している。『鬼婆』の主要テーマである中年女の鬼への変貌とその退治は、自然の様々な構成要素と関連しており、それは物語の背景としてだけでなく、象徴的な機能も持っている。新藤は二つの対比的な自然物、深い穴と乾いた木の幹を有効に使用している。

新藤の創作ノートでは、彼はそれらに対し抽象的な意味を持たせていることがわかる。「穴」のテーマ、もしくは「シチュエーション」は映画を撮り始める随分前から、彼の心を捉えており、特に「深くて暗い穴」のテーマについては、シナリオに取り入れる機会をずっと待っていた。彼は度々、この穴は水のない井戸であるとする。大きな乾いた木の幹と細い枝は、シナリオの枠組みの単純さを象徴している。この木は枝が伸びて他の枝から分かれるといった類いではなく、むしろ、無駄な剝き出しの枝が残っているといったものである[32]。通常は瑞々しく緑であるべきこれらの二つの自然物は、映画のシチュエーションと枠組みを象徴しており、ここでは完全に乾いていて活気がない。それは、報われない性的熱情とその結果を反映しているものとして解釈できよう。

この映画は、深い穴で始まり、また締め括られてもいる。題名とクレジットタイトル前の最初のシーンは、ススキが風に揺れている草原で、押し並べて静寂の中にある。その後、カメラは傾斜し「ぽっかりと黒い口を開いている穴」を上空から映し、「古井戸のような黒い穴は無気味に口を開いて、何ものかを待っている」と新藤の脚本の中で定義されている[33]。深い穴底から撮影されたショットは、穴の口は明るく、壁は完全に暗いというように、カットによりショットの角度と照明が逆行している。カメラがゆっくりと明るい穴の口に近づいたところで、そこに「穴」の字幕を挿入し、その後すぐに、穴を高いところから逆向きで撮り、穴に「深く　暗い」と小さめの字幕が挿入され、「太古から現在へ闇を透してつながる」と続く。次のショットでは、ススキが揺れており、『鬼婆』のタイトルが大きな字幕で管楽器と打楽器を用いた表現豊かな音楽と共に現れ、通常の字幕でクレジットタイトルが続く。この場限りの美学的な穴のセットは、この映画に非常に重要な意味をもたらしている。

映画の半ばで、登場人物を通し、この二つの自然物――穴と乾いた木の幹――が言葉や肉体的に関わることで、巨大な象徴的生殖器として機能し始める。深い穴は、映画の始めに、殺された侍たちの死体の集積所として機能し、その後更に、象徴的な女性器（膣）としての意味を持つ。穴が初めて性的な概念として示されるのは、八が夜、二人の女の家で食事をし、自分の家へ帰って来る時である。彼が若い女との性交渉を強く望んでいることが見受けられる。彼は酔っており、穴に落ちそうになる。暗い穴は、周りに生えるすすきの光により、丸く縁取られている（図17上）。彼は二回屈み、穴に向かって叫ぶ。その後のある日、八は女たちの家に戻り、すすきの間に隠れ、性的対象である若い女に自分と共に来るよう唆そうとする。しかし、中年の女が八を見つけ、彼は自分の家に逃げ帰る途中でまた穴に落ちそうになる。上空からのショットが、すすきに囲まれ、口を大きく開けた穴の入り口をはっきりと見せ、その穴の方に屈みこむ八を映す。そして、穴の内部から見上げたショットからは、穴の中を凝視する八と、穴の中から外へ飛ぶカラスたちを見ることができる。その後のショットは、八の視点から見た穴の内部を映しており、それは巨大な女性器のように見える（図17中）。もう一度反転した穴の内部からのショットで、八は穴を見下ろし「ああ、女子がほしいのう……」と呟いている（図17下）。この穴の形は八の言語表現と組み合わさって、性の象徴的意味を作り上げている。この特異な象徴との遭遇により、八は直ぐさま女の家に引き返すこととなる。そこで彼は、若い女に直接的に性交渉を持たないかと誘う。そして、それは実現し、物語は進んでいく。

図17 （上）夜、八が若い女への欲望を示した後、穴に遭遇する。（中）その後のある日、穴を巨大な女性器として見る。（下）穴に向かって「ああ、女子がほしいのう……」と呟く（同）

もう一つの自然物、乾いた木の幹は中年女が嫁と八との性交を見ているシーンの後に導入されて

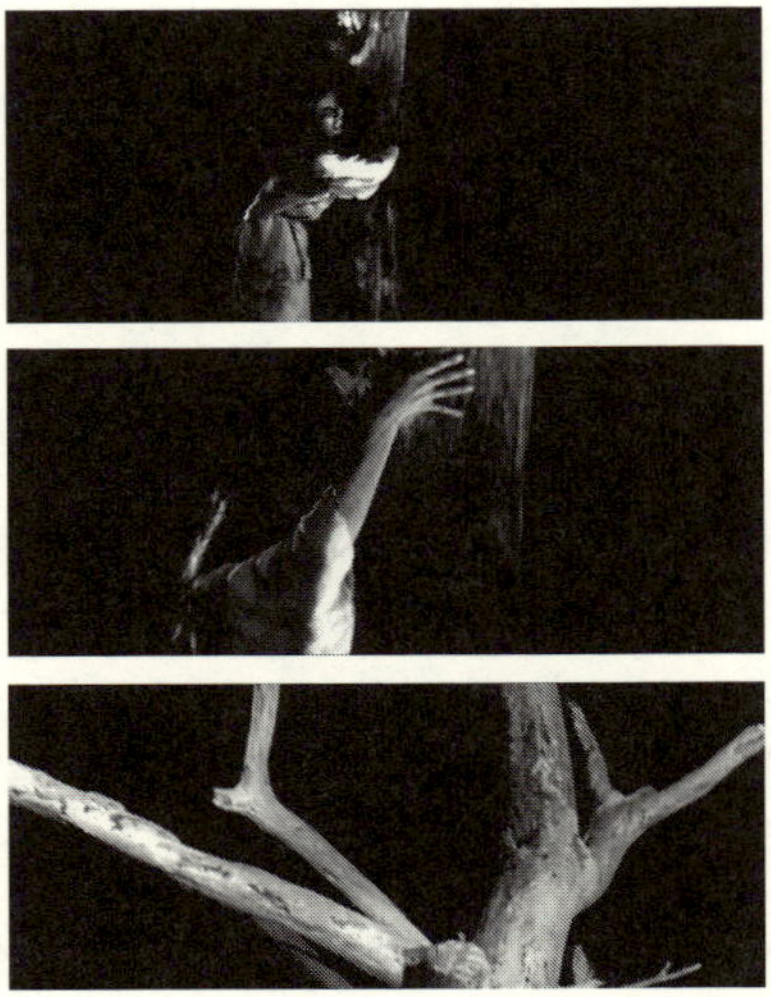

図18　（上）男性器を象徴する乾いた木の幹を、中年女が手と足で抱く。（中）彼女の手が幹を上に向かって擦る。（下）上に向かい傾斜するカメラが痩せた木の枝を写すことにより、この木に男性器的な印象を与えている（同）

いる。彼女は胸を撫で、苦しみ、大きな木の幹に気付き、熱情と苦しみの中、身体を木に擦り付け、手と足でそれを抱擁する（図18上）。カメラは彼女の手が木の幹を擦るのを写し（図18中）、傾斜して痩せた枝の上部を写し（図18下）、このシーンのために特別に選ばれ、植えられたこの乾いた木に男性器的な印象を与えている。彼女が欲する男、八の小屋の隣という位置はその構造的印象と組み合わさっている。これがターニングポイントとなって、その後彼女は鬼のイメージを身にまとうようになる。

女性の嫉妬の象徴、般若の面を穴の底から盗むのは単なる偶然によるものではない。侍たちの死骸を穴に投げ入れる前に、常に女たちは侍たちの死骸を剝ぐが、武将の顔から般若の面を剝ぎ取るためには穴の底に降りなければならなかった。当初は物語の進行上、武将の面を剝ぎ取る場所を示す必要があったためにこの穴が導入されたかのように見える。しかし、その後穴は生殖器の象徴として確立され、彼女自身の膣から生じる鬼的な嫉妬を描くことで、面が彼女の顔と魂にはりつく意図を証明している。

二つの自然物の意図的な象徴化は、映画の最後のシーンの撮影方法を通じて上手く描き出されている。若い女は小屋から逃げ、中年女が彼女を追いかけ「わしは鬼じゃない、人間じゃあッ」と叫ぶ。次の木の横を彼女たちが通りすぎるショットは表現主義的な照明効果を用いている。この時にだけ、陰毛のようなススキに囲まれ、大きな男性器的な根を地面に這わす木の全体像を見ることができる。木はこのシーンが始まったところとは完全に異なった位置、八の小屋の隣に立っており、シーンの流れからいうと、二人の女が木を通り過ぎるシーンが挿入されることに、関連性も論理的な理由も見いだせない。それ故、このシーンの挿入には、この男性を象徴する自然物を、女性を象徴する自然物の横に対比するよう並置し、非常に重要で意味のあるイメージにして映画を終結させようという意図があることに疑いはない。女性器を思わせる穴へ向かう途中に通過する、男性器のような木の存在は、鬼婆の欲望によって導き出された精神的破綻を、彼女を最終的に破滅させる肉体的墜落のシーンよりも一層明確に示している。これは二人の女がそれぞれ走る、二つの極めて短いショットに続いており、非現実的な演劇的な方法で縁を照らす、穴の「黒い口」を上空から映したショットに繋がっている。二人の女が近くに来た時、新藤は映画の始めに行ったように角度を逆行させ、穴の奥深くから映し、穴の入り口が明るくなっている。このイメージを強調するために、映画の始めで使われたミディアムショットではなく、穴が犠牲者を飲み込むのを待っているかのように穴の入り口がフレーム全体を埋めるクローズアップショットを撮っている。若い女が穴を飛び越えている間、義母は「わしは鬼じゃない、人間じゃあッ」と泣きながら飛び跳ねている。このシーンの元のシナリオは次のようになっていた。

133　穴
まっ黒な口を開いて待っている。

駆けてきた若い女、声もなく黒い穴に呑みこまれる。

つづいて追ってきた中年女、まるで走りこみでもするように、なんの抵抗もなく落下する。

二人の人間を呑みこんだ黒い穴は、ただ、蒼白い月光に照らされているだけである。〔34〕

新藤はこのラスト・シーンのシナリオについて次のように語っている。

このシナリオはラスト・シーンがきまらないままに書きすすんで行った。書きこんでゆけばきまると思った。〔中略〕そして、とうとう穴が二人の女を呑みこんでしまった。穴は永遠の闇へとつながる雑草のごとき民の歴史の穴であるから、そこへ二人は呑みこまれるべきだと思った。だがなんとなくちがう。〔中略〕姑は生きながら鬼になってしまった。〔中略〕敗北した姑は瀕死の生き物となって嫁にとりすがろうとする。〔中略〕二人はまだおわっていない。底なしの穴へ落下するわけにはいかない。〔中略〕二人は穴をとびこえるべきかもしれない。嫁は跳躍して穴のうえをとぶ。姑もつづいて跳んだが、穴のま上で、跳躍したところで、ドラマはおわってはどうだ。おそらく姑は跳ぶことができるだろうというところである。二人は永遠に呑みこまれないで、妄執の鬼となって、穴を跳び、穴を跳び、解決のない跳躍をつづけてゆく。[35]

しかし、私の考えでは、やはり姑は穴に落ちていったと思う。彼女の落下の暗示は、『藪の中の黒猫』での母の上昇の描写で使われたのと同じ技法を使って撮影されている。しかし方向は逆であり、彼女が黒い背景に反して上昇し画面からいなくなるという幾つかの極めて短いショットで映画が終結されている。

新藤の「深くて暗い穴」の特有のモチーフは、この映画の様々な要素を貫く核心ともいうべきものである。これは彼が長年に渡って抱き続けて来た個人的なイメージを、彼が触発された二つの古典的題材に融合させたものである。その題材の一つは、日本の古典に見られる鬼と人間の女の嫉妬、また両者にまとわりつく性の影、もう一つは、鬼が喰らった人間の死骸を投げ捨てるという場、すなわち地面にうがたれた空虚である。

新藤はこの二つの自然物以外に、映画全体にかけて姿を見せるある別の自然に由来する自然物も利用している。その自然物とは、物語中に野性的な雰囲気を醸し出し、また映画における主題を端的に表出するススキである。ススキは穴と最後のシーンの乾いた木の幹両方を取り囲んでおり、陰毛のイメージをもたらしている。実は、官能的な瞬間もまた、全てススキの動きに結び付いて描き出されている。新藤は、ススキの中を若い女が裸で走り、その光景と鳩の鳴き声が重ねられるシーンについてこう説明している。

ススキのシーン、原っぱ、ということが大きなテーマになっている。ススキの中から鬼婆が出てくると。あの、ススキがこう、なんか揺れるでしょう。ススキが。それはですねー、性的な心理描写になっているわけ、これが。こうゆっくり揺れたり、こう揺れたり、ばーっとまた揺れたりなんかするのはですね、心の中の、ようするに描写になっているわけですね。だから女性のほうが欲望しますね、性の欲望がありますね。男性のほうの性の欲望というのはですね、そのススキがようするに大きく揺れたりゆっくり揺れたり、それから強く揺れたりなんかするのがですね、この性の描写の間接描写になっているわけです。で、その走っていくときにね、その音と、つまり抽象的な音としてですね、音楽じゃなくてね、鳩の音が入っているんです。それはね、なぜ入れたかというとね、鳩は非常に多産なんですね。それで非常に欲望が強いんですねこれは。だから欲望の象徴としてね、鳩の声を使ったの。鳩がククク…クククク…と言っているんですよね。まあそれは、女性が男を求めてようするに夢中でススキの中を走っていくという、つまり象徴にですね、その声を使ったんです。[36]

まとめ――鬼と人間の二面性

新藤は二つの映画の創作ノートにおいて、伝統的な題材と現代的な題材が内包するメッセージに関する二元的な考えを明らかにしている。彼の「藪の中の黒猫創作ノート」は、比較的短い、はっきりとした二つの部分に分かれている。初めの部分で彼は『今昔物語集』などに見られる説話の起源について語っており、それをお伽噺と関連させている。後半では家に住んでいる猫たちについて語り、猫たちの様々な側面を観察した後に、このシナリオを書くことを決めたと語っている［37］。新藤は、「鬼婆創作ノート」で安達原の鬼婆と「肉付き面」の二つの話を提示したあと、以下のように記述している。

私の書いた〈鬼婆〉は、安達ヶ原の飢餓線上の老婆でもないし、肉づき面の嫁いじめでもない。名もなき庶民の雑草のごとき生活力を描こうとした。私の民話は乱世の世に生きてきた、生きている、生きて行く、名も無き民の生のバイタリティである。もちろん現代のなかにもそれを見ようとしている。鬼婆は時代をこえて存在するのである。［38］

過去と現在、虚構と現実、伝統と現代、集団と個人、超人と人間、これらの二面性は『藪の中の黒猫』と『鬼婆』の両方の作品の基本的要素を構成している。この二つの映画の一面的な解釈を避けるためには、現代の社会と政治的意味の異なる側面を認識する必要がある。この二つの映画における日本の伝統的な特徴の分析は、対比的構造と鬼の本質的な脅威の劇的なアプローチを明らかにしている。そして、それぞれの映画は補足し合って対になっている。新藤は『藪の中の黒猫』で伝統演劇から取材した幾つかの物語を見事に組み合わせ、他の日本演劇から取り入れた伝統的な人間の側面を加え、伝統演劇では見られない独特で精巧な物語を作り上げている。『鬼婆』では、女性の嫉妬の鬼への具体化とその退治を、伝統演劇では見られない新たな物語として作り上げるため、あえて伝統的背景を使用した。物語の中で彼は、本物の食人鬼との伝統的繋がりを作り上げた。彼はこの映画で、様々な古典からの要素を、全体の物語に沿って極めて革新的かつ本質的に使用している。この二つの映画で彼は、空間、面、化粧、小道具、動きなどに伝統的な要素を多用している。鬼退治の本質的なテーマは、趣意と形式および、異なったメディア間の新旧の素材の融合を通し、この二つの映画の中で明らかにされているのである。

[1] Joan Mellen, "Interview with Kaneto Shindō," *Voices from the Japanese Cinema*, New York: Liveright, 1975, pp. 80-94.

[2] *Ibid.*, p. 80.

[3] Joan Mellen, *The Waves at Genji's Door: Japan through its Cinema*, New York: Pantheon Books, 1976, pp. 105-108.

[4] 『世阿弥　禅竹』（日本思想大系24）表章・加藤周一校注、岩波書店、一九七四年、一一八頁。

[5] 同書、一一九頁。

[6] 志村三代子「怪物化する女優たち——猫と蛇をめぐる表象」『怪奇と幻想への回路——怪談からホラーへ』（日本映画史叢書8）内山一樹編、森話社、二〇〇八年、一七四—一七六頁。

[7] 横山泰子『江戸歌舞伎の怪談と化け物』講談社選書メチエ、二〇〇八年、六三—六七頁。

[8] 『平家物語（下）』（新潮日本古典集成）水原一校注、新潮社、一九八一年、二七六—二七九頁。

[9] 『今昔物語集 四』（日本古典文学大系25）山田孝雄・山田忠雄・山田英雄・山田俊雄校注、岩波書店、一九六二年、三一四—三一五頁。

[10] 新藤兼人『性的ユートピアへの挑発』（新藤兼人の映画著作集3）ポーリエ企画、一九七〇年、二〇五頁。

[11] 新藤兼人『新藤兼人オリジナルシナリオ集』ダヴィッド社、一九七九年、一五四頁。

[12] 佐藤忠雄「シナリオ月評」『シナリオ』23号5番、一九六七年、六七頁。

[13] 新藤『新藤兼人オリジナルシナリオ集』一五九頁。

[14] 同書、一六二頁。

[15] 金春国雄『能への誘い——序破急と間のサイエンス』淡交社、一九八〇年、一一五頁、および山崎楽堂「能舞台」『能の演出』（能楽全書第四巻）野上豊一郎編、創元社、一九七九年、一七頁。なお、鏡板の松に関するこうした「信仰」の信憑性は皆無に等しいが、比較的広く流布しており、新藤の眼にも触れていたかも知れない。

［16］小島芳正「能舞台変遷概史」『能の演出』（能楽全書第四巻）野上豊一郎編、創元社、一九七九年、二五頁。

［17］新藤兼人『本能日記・映画創造の実際』（新藤兼人の映画著作集4）ポーリエ企画、一九七〇年、二三八頁。

［18］志村三代子「怪猫映画の研究ノート——藪の中の黒猫について」『映画学』13号、一九九九年、一六頁。

［19］新藤兼人『私の足跡』（新藤兼人の映画著作集2）ポーリエ企画、一九七〇年、七七–七八頁。

［20］新藤兼人『殺意と創造』（新藤兼人の映画著作集1）ポーリエ企画、一九七〇年、一九〇頁。

［21］Mellen, "Interview with Kaneto Shindō," p. 86.

［22］新藤『殺意と創造』一九二頁。

［23］馬場あき子『鬼の研究』三一書房、一九七一年、二一八頁。

［24］蛇が鬼の化粧なしで現れ、最後まで戦うシーンのないもっとフェミニンなバージョンも存在する。

［25］新藤『殺意と創造』一九五頁。

［26］新藤『新藤兼人オリジナルシナリオ集』九二頁。

［27］新藤『殺意と創造』一九五–一九六頁。

［28］新藤『新藤兼人オリジナルシナリオ集』九三頁。

［29］新藤『殺意と創造』一九六頁。

［30］新藤『新藤兼人オリジナルシナリオ集』八四–八六頁。

［31］同書、九一–九二頁。

［32］新藤『殺意と創造』一九二–一九四頁。

［33］新藤『新藤兼人オリジナルシナリオ集』七二頁。

［34］同書、九三頁。

［35］新藤兼人『新藤兼人の足跡3　性と生』岩波書店、一九九三年、三七頁。

［36］Shindō Kaneto, "New video interview with writer/director Kaneto Shindo," *Onibaba*: The Criterion Collection（DVD）, 2004.

［37］新藤兼人『性的ユートピアへの挑発』二〇五–二〇六頁。

［38］新藤『殺意と創造』一九一頁。

第五章　エロティシズムの概念——伊丹十三『お葬式』と『タンポポ』における象徴性

一九八〇年代から一九九〇年代にかけて、日本の社会を外側から見ているかのような機知に富んだ風刺を生み出した近代映画のブームがあったが、伊丹十三はその時期に活躍した監督の一人である。伊丹が『お葬式』（一九八四）と『タンポポ』（一九八五）で描いたようなエロティシズムの描写は、意図的または潜在的に、古い芸術作品の要素を新しい異なる媒体に抱合させることにより、混合的な性格を持つ日本の文化を具体化している。伊丹は、現代の法的制約と社会的習慣に適合させた日本の伝統的美学の理念と、並置と象徴を使用してエロティシズムを構成するアイデアを組み合わせることで、独自のエロティシズムを作り出した。このアプローチは本来、演劇、浮世絵、絵画、漫画など他の日本文化に明示されているような伝統的美学の理念から発生している。伊丹は『お葬式』と『タンポポ』における物語を、陰と陽、虚と実の対照的な映像の並置によって伝えることで、その美学的な価値を高めた。

著者自らが行った『お葬式』と『タンポポ』におけるエロティシズムについてのインタビューで伊丹は、日本の文化に起源を持たない一般的なエロティシズムの原理からの影響と、並置と象徴がエロティシズムの表現方法の重要な役割を担っているという、著者の指摘に同意した[1]。伊丹はこのインタビューを、性的な意味合いを伝えることに関するアンビヴァレントで複雑な現代日本人の心理についての発言で締め括っている。この矛盾する精神性により、性を直接的に描写することが阻まれ、その代用品として並置と象徴が使われているのである。このエロティシズムに対する伊丹の理路整然とした芸術的アプローチは、日本芸術における並置と象徴の伝統的な適用と組み合わされている。

1　構造的内容におけるエロティシズム

『お葬式』と『タンポポ』それぞれの物語の展開の仕方は大きく異なっている。『お葬式』ではストーリーにしっかりと焦点が当てられているのに対し、『タンポポ』では基本のストーリーに、一見してそれとは無関係に思われる幾つもの偶発的な逸話が組み合わせられたスタイルの映画となっている。『お葬式』における唯一のエロティックなシーンは、伊丹によるエロティシズムの映画的ストラテジーの出発点である。『タンポポ』では、食物と食事、そして性行為を含む人間の有り様と人間関係をテーマとし、その中にエロティシズムのコンセプトを統合させている。

『お葬式』は、葬式をぬかりなく準備し、そこで慣習に従って模範的に振舞うように要求されている現代の日本人の不快感を扱っている。この映画は伊丹の妻、宮本信子（両映画で主役を演じている）の父の葬式で伊丹と信子が実際に経験したことを基にしたもので、二人の自宅で撮影が行われた。伊丹は葬式に参列している際に、小津安二郎の映画作品の中にいるかのように感じ、そこからこのテーマで映画を作ることを決めたと語っている［2］。

『お葬式』は、主人公である成功した俳優・井上侘助（山崎努）の、義父の急病と死を物語るボイス・オーバーで始まる。その後の三日間の自宅での伝統的儀式、即ち故人の火葬、来席者の告別、葬式装飾品の焼却が軽快に風刺的に描かれている。伊丹は映画の中間のワンシーンを、性的な側面が濃厚に表出するように構成している。このワンシーンは数々の評論で高い評価を得ている［3］。その評価には、井上侘助とその愛人、斉藤良子（高瀬春奈）のキャラクター設定の巧みさも含まれている。シナリオにおいて、彼女は謎の人物として登場する。会葬者たちと共に訪れたこの若い女性は、酔っぱらって侘助の注意を引こうとする。侘助は彼女を遠ざけようとするが、彼女は侘助を人気のない茂みに連れて行き、性行為へと誘う。その後、侘助は転んで泥だらけになり、水でズボンを洗わないといけない羽目になる。このカップルを映し出すと同時に、良子との関係を隠そうとする侘助、その妻で女優の雨宮千鶴子〔宮本信子〕と、千鶴子を騙す侘助の友人の青木〔津村鷹志〕のシーンをクロスカッティングしている。この二人の登場人物・青木と千鶴子は、青木の嘘の相手・良子と千鶴子の実際の相手・侘助の性的行為を象徴的に反映している。この現実的性行為と象徴的性行為のバランスの取れた並置のショットは、この性的なシーンの鋭い風刺を表すだけでなく、本質的な皮肉を加えている。

『タンポポ』で伊丹は、食物と食べる行為自体の持つ、触る、舐める、噛むといった官能的な側面を引き出したいと望んでいた。また伊丹はこの映画に特別な魅力を与えるこれらの要素に、『タンポポ』以前には誰も注目していなかったと感じていた。伊丹は『タンポポ』の独特の構造についてこう説明している。

食べ物の映画を作ろうと長い間考えていたんですよ。〔中略〕で、食べ物に関しては非常に禁止が多いんですね。禁止というかタブーがあって。ということは、それを破るということもたくさんあるわけで。そして食べ物っていうのはどうしても、触覚ですね、この口ですね。手で触ったり、あるいは唇で味わったりとかっていう。あと噛んだり、舐めたり。〔中略〕そういう映画の中であまり追究されていない感覚ですね、触覚っていうのは。それを映画の中に取り上げるのは非常に魅力的だなと思ってですね。それでいろんな材料を含めたりとか、小さいエピソードをたくさん描いたりなんかしてて。で、その全体を入れる入れ物っていうのが見つからなかったんです。〔中略〕あるときブニュエルの『自由の幻想』を観て、あ、これだと思ったんですよね。あれはしりとり式になっているわけです。いろんなエピソードがあって、例えば我々が話している時誰かが通りかかった、通りがかった人について次の話に行っちゃう。〔中略〕その文法に、非常に惹かれたんですよね。それと同時に、映画の中でなんかこう、一つの西部劇みたいなストラクチャーにできないかなということを同時に思いついて。で、なんらかのスタイルとして、非常に簡単な『シェーン』みたいなね、男が街にやって来て、そこで何か街の人にとっていいことをやってまた去っていくっていう。そういう非常にシンプルなストーリーを真ん中に据えて、その周りにいろんな食べ物にまつわる話を、しりとり式にまつわりつかせた映画ができないかなって。その文法については、すぐ書けちゃいましたね。［4］

伊丹は『シェーン』（一九五三）以外にも、西部劇『リオ・ブラボー』（一九五九）の物語の要素を採用している。それについて彼は別のインタビューで以下のように説明している。

もっと強いプロットとはっきりした物語が必要で、急に西部劇を使おうという考えがわいた。よそ者が街に来て、さびれた食堂を見つけて、街一番のレストランにして、また去っていく、という話について考えた。このプロットは、もちろんハワード・ホークスの『リオ・ブラボー』で、皆は助けようとするのに本人は助けられたくないというジョン・ウェインからきている。［5］

しかし伊丹は、街へのよそ者の登場と旅立ちは西武劇でよくあるパターンであり、『リオ・ブラボー』だけの特徴ではないと捉えている。伊丹のプロットのこのパターンは、他の映画に由来していると思われる。ジョージ・スティーブンスの『シェーン』、黒澤明の『用心棒』（一九六一）、またその翻案作品セルジオ・レオーネの『荒野の用心棒』（一九六四）などである。

『タンポポ』では、長距離トラックの運転手ゴロー（山崎努）が街を通りかかり、小さなラーメン屋の店主タンポポ（宮本信子）の商売を繁盛させる手助けをする。ゴローはタンポポが効率的に給仕できるように厳しい修行を課し、味覚の達人を集め、タンポポのラーメンの腕前を完璧なものにした。そしてゴローは任務を終えると、そこから立ち去って行った。

物語の本筋から食に関する逸話への移行、または逸話から逸話への移行は、度々登場人物を逸話の終盤に退却させ、その後、走る、歩く、電車に乗るなどの移動手段を通じて、次のシーンへの移行を遂行している。伊丹はこのようなしりとり式を取り入れることで、ユニークな映画の構成を作り上げ、その結果それぞれの特定のシーンの影響により、コメディーと風刺の間を移行する映画となった。

また伊丹による独特な映画構造は、主役カップルのタンポポとゴローの親密さと別のカップルの親密さといった、別のシーンの同じ要素に繋がりを持たせることで、エロティシズムを創造している。二つめのカップル、白服の男（役所広司）とその情婦（黒田福美）のシーンを除いて、『タンポポ』の中の殆どの逸話は、一回限りの登場でその後の補足がない。伊丹は二つめのカップルについて「彼らは本当のカップルではなく、彼女は白服の男の情婦」[6]とインタビューで述べているように、それを台本に書き、強調している[7]。このカップルによるホテルの一室での二つのシーンでは、「食物の性的な側面の探求」が意図されている[8]。初めのホテルのシーンでは、女が裸でベッドに横たわり、男が女の体に撒き散らした食物によって官能的熱狂を体験するといったものである。その後に同じホテルの部屋で、彼らは卵の黄身を口移しする。最後に情婦は失神して割れた卵の黄身を口角からこぼし、彼女の白い服に垂れる。これらの二つのシーンにおける食物は、このカップルの性的関係の象徴として使われている。

このカップルは、この映画に独立したエロティックな機能を加え、タンポポとゴローの二人と並置されている。この若いカップルの関係が直接的でエロティックなのに対し、礼儀正しく落ち着いたゴローとタンポポの関係は、非常に繊細に象徴的に暗示されている。観客は、白服の男と彼の情婦の濡れ場の後、ゴローがタンポポを食事に連れて行った後に起こる唯一の親密なシーンを目撃する。雨でずぶ濡れになった二人はタンポポの家に戻り、タンポポは風呂の用意をする。その後、ゴローが風呂に浸かっているシーンが映し出される。ゴローの裸体は見えないが、彼が頭にまだ黒っぽい帽子を被っているのを見ることができる。次のショットでタンポポはクローゼットを開け、新しい下着と浴衣を取り出し、風呂の前の脱衣所に持っていく。このシーンの最後のショットでは、「タンポポ」という店のネオンサインに続いて上階のタンポポの部屋の明かりが消える。直接的描写を避けた、落ち着いたシーンにするために間接的に表現したこのエロティシズムは、次のシーンの、年配の女性が象徴的な果実である桃を潰すという手法を通じて完結する。伊丹は対比的でありながら補完し合っているこの二つの関係を並置している。また伊丹は、この二つのシーンの間に、大人と子供の禁じられたエロティックな二つの出会いのシーンを挿入している。

『タンポポ』における、日本伝統演劇を起源とする対照的な登場人物が組み合わさることで生み出される機能は、この作品を演劇的文化財の域へと至らしめている。この構造は、伝統的で貴族的、叙情的な能の舞台で常に並置されている「シテ」と「ワキ」における性格の相違のみならず、超人と人間、死と生、静と動、面と直面《ひためん》、側面と正面などといった能の演劇空間に現出される陰と陽の要素が絶えず対比されることで作り出されている。対比する登場人物の並置の手法は、能よりも遅れて成立した歌舞伎や文楽にも取り入れられている。しかし伝統演劇において並置される男と女、またその性格と行動は、エロティシズムとは別のテーマを描くために用いられているのである。

伊丹がこの映画を制作する数年前に制作された、アヴァンギャルド演劇の傑作の一つにも、『タンポポ』の中で伊丹が並置してエロティシズムの表象として描いたのと同様のカップルが登場する。その舞台『水の駅』（一九八一初演）では、演出家・劇作家の太田省吾が、二組のカップル「濡」のカップルと「乾」のカップル（筆者〈セルペル〉の命名による）を並置させている。これは「転形劇場」によって演じられた非常にゆっくりとしたテンポの沈黙劇で、他に類を見ない作品である。空《から》の舞台の真ん中に蛇口から細く水が漏れている壊れた水道があり、それがこの作品の視覚と聴覚の要素を形成する。様々な人々がこの水道を訪れ、水に触れ、去っていく。そしてこれらの行動を通し、太田は人間の様々な境遇と感情を観客に伝える。全部で九つあるシーンのうち二つ（四番目と七番目）では「乾」の既婚のカップルと「濡」の未婚の男女が並置されている。四番目「夫婦」のシーンでは、夫婦が水道に近づき、妻がボトルに水を満たし、二人はその水をボトルから飲む〔9〕。そして妻はペティコートのような白い布をスカートの下から取り出し、水道から少し離れた床に敷いて待つ。やがて夫が近づき、妻の隣に座ってその手を握る。妻はその手を引き、彼女の体中を愛撫させる。そして、二人の体は白い布の上で一つになる（図1）。七番目「男と女」のシーンでは、「濡」の未婚のカップルが水道に近づき、その水を飲む代わりに女性が水に触れ、その後男性に触る〔10〕。二人は互いに愛撫し合い、服を脱いで下着姿になって水の中で情熱的に交わり始める（図2）。水を飲むのに対して水に触る、着衣と体の露出、「乾と濡」といった太田が活用している対照的な要素は、伊丹が『タンポポ』で使ったストラテジーと同様の独特のエロティシズムの感覚を作

図1　『水の駅』（1981）の「乾」の夫婦（撮影：古館克明）

図2　『水の駅』の「濡」の男と女（同）

り上げている。

伊丹の『お葬式』と『タンポポ』におけるセックスと親密さの描写は、非常に写実的な描写と完全な象徴との間で移り変わる美学的緊張を作り上げている。この二つの映画は、八〇年代半ばに製作されており、伝統的な日本の芸術的概念とセックスと生殖器の露出に対する現代日本社会の態度を反映したものとなっている。日本では性行為の描写が承認されているが、生殖器の直接的な描写は現在でも厳しく禁じられており、生殖器はボカシやモザイクなどの画像処理によって隠されている。そのため、極めて著名で重要な絵師の版画集でさえ、生殖器と陰毛はインクで塗りつぶされていた。伊丹はこの二つの映画で、性的描写に関するこれらの制限を乗り越え、観客の想像力に働きかけるべく、性行為の写実的な描写と、性行為に直接関係のない象徴的な道具の使用の間に美学的緊張を作り上げた。また対比的な二組のカップルにも、衣服の視覚的な象徴性を用い、表現豊かに描写している。伊丹はこれらの要素を異なった形でそれぞれの映画に折り込み、それぞれの映画の特別な構造とメッセージに沿ってエロティシズムを描写している。

2　衣服の象徴と身体の露出／非露出

単に機能としての着衣の場合を除き、伊丹映画における衣服は、色やデザインの静的・動的イメージによって、象徴的な表現をしており、ドラマティックなメッセージを伝達する言語の役割を果たしている。対比的な色、または様式の並置は、黒い服を着た役と白い服を着た役の対比のように、伊丹のエロティックで親密なシーンにおける重要な役割を担っている。伊丹は『お葬式』において、性行為に関与するカップルの服装と、性行為に関与しないカップルの服装に、前者の具体的な性的表現と、後者の象徴的な性的表現とを区別するために、あえてその違いを際立たせている。侘助と友人である青木は、ともに西洋式の似通ったスーツを着ているが、侘助は黒いスーツと白いシャツ、そして黒いネクタイをしており、それに対して青木は同じ色でも正反対の組み合わせ、白いスーツと黒いシャツ、そして白いネクタイをしている。性行為に関与していない友人は、白い帽子を被っており、性行為に関与している侘助は、帽子を被っておらず、頭部の露出／非露出という対比した概念を描写している。二人の女性についても、妻の伝統的で保守的な服装に対して、愛人の近代的で大胆な服装というようにその装いの違いを浮き立たせている。両者とも黒い喪服であるが、妻は伝統的な丈の長い、身体を包み込む和洋装の喪服を着ており、愛人は丈の短い、露出度の高い洋装の喪服を着ている。

『タンポポ』における、白と黒（もしくは暗い色）は、白が外向的な若いカップル、黒が内向的な年配カップルと、それぞれのカップルを対比的に描き出す色として使われている。白服の男と情婦の性的な二つのシーンでは、二人とも白い服を着ている。白服の男は、ホテルの部屋で、映画の冒頭で着ていたのと同じ三〇年代スタイルの白いスリーピースを着て、帽子を被っている。情婦はベッドの上で、片方の乳房を白いシーツから出して横たわっており、そのシーツは、彼女の裸体を隠す役目を果たしている。卵の黄身が性行為の象徴となっているその後のシーンでも、両者は白い服を着ている（図3）。この若いカップルの描写のために用意された白い色の象徴的な意味は、後の白服の男と若い少女による浜辺での禁じられた性的関係に焦点を当てたシーンで明確に示されている。少女が白服の男と情婦が身にまとっていたのと同様の白い服を着て海から上がって来ることで、この少女のシーンが白服の男と情婦の性行為のシーンの延長上にあるということが示されている。伊丹は著者とのインタビューで、この男に白い服を着せたのは、白という色は日本において死を連想させる色であり、食物と死をこの登場人物を通して結び付けたかったと語っている［11］。このカップルの服装の色は、黒もしくは暗い色の服を着たゴローとタンポポの服装とも対比されている。ゴローがタンポポを食事に連れて行った際、この二人は共に暗い色の服と帽子を着用している（図4）。

ゴローとタンポポは、雨に降られ、タンポポの家に戻り衣服を着替えなければならなかった。その次のシーン

図3　白い服を着た若いカップルが、性交を象徴する卵の黄身を準備している（『タンポポ』伊丹十三監督、伊丹プロダクション、1985）

図4　親密さを深める年配カップルは、図3のカップルと対照的な暗い色の服を着ている（同）

では、二人はより親交を深めたかのように同系色の暗い色の服を着ている。ゴローは黒っぽい帽子を被ったままお風呂に浸かり、タンポポは紺の浴衣に着替える。この二組のカップルにおける服装の対比は、太田による『水の駅』（図1・2）における、柄物の衣服を着た既婚カップルと、官能的な白い下着を着た未婚のカップルの並置と似通っている。

特にエロティシズムを扱った内容の演劇における衣装は、象徴的で、静的または動的な空間のイメージを作り上げる。歌舞伎には、役者が衣装の一部を使い、ドラマティックなメッセージを作り出す良い例がある。『桜姫東文章』という演目では、帯が重要な要素となり、歌舞伎史上最も美しいエロティックな濡れ場を演じており、権助と桜姫がお互いの帯をほどくことで、二人の性的行為を表現している。権助が手を桜姫の着物の中に差し入れて彼女の胸を愛撫し、足を桜姫の股間にのせるという二つの性的な触れ合いは、お互いの帯の対照的な扱いによって巧みに表現される。権助が桜姫の幅が広い煌びやかな帯をほどき始めると、桜姫はゆっくり体を回して権助の作業を手助けする。帯が完全にほどかれた時、二人はその帯を伸ばしたまま動きを止め、通常あまり取られない正面のポーズを取り、性的インパクトを与えている（図5）。その後権助は、伸ばされた帯と共に桜姫を自分のもとに引き寄せ、二人は抱き合う。突如、舞台の右側から何かの音が聞こえ、権助は起き上がってその音の正体を確かめに行くが、その時、桜姫は「偶然に」権助の帯の輪に触る（図6）。

権助が動くにつれ、その帯の輪は開いていき、権助が後ろを振り向いた時、桜姫は完全にほどかれた帯の端を握っている。通常観客は、この「意図されなかった」帯のほどきに驚嘆し、声を上げ反応する。そして権助は正

図5　歌舞伎『桜姫東文章』で、初代の三枡源之助演じる権助と五代目の瀬川菊之丞演じる桜姫が、エロティックな関係を表現するために帯を意識的にほどく（初代歌川国貞による役者絵、1830、早稲田大学演劇博物館所蔵）

図6　歌舞伎『桜姫東文章』で、三代目岩井粂三郎の桜姫が、二代目片岡我童の権助の帯を偶然にほどくことでエロティックな関係を表現する（三代目歌川豊国による役者絵、1855、同）

面を向き、帯の端を落として桜姫に近寄り、彼女の後ろ側に立つ。桜姫は座ったまま後ろを振り向いて権助と向かい合い、彼の下半身を隠す。権助は着物の端を横に広げてほぼ裸の体を露出して桜姫を抱き、挑発的に彼女に寄りかかる。桜姫は頭を後ろにもたげ、左の振り袖を上げ、幕が下り二人を覆い隠すまでの間その袖で二人の顔を隠し、観客にそのエロティックなシーンの結末を想像させる。全てのエロティックなインパクトは故意に、そして偶発的な帯のほどけを通じて作られている。

伊丹もまた、登場人物の着衣の変化によるエロティックな可能性を利用している。『お葬式』における、性行為に関与しない二人（妻と青木）の服装は、何も意図されていないが、性行為に積極的に関与する二人（侘助と愛人・良子）は、下半身の衣服を完全に脱いでいる。脱衣の際、二人はそれぞれ暗示的な色の下着と体の一部を晒し、その脱いだ衣服の扱いによって、葬式の間に性行為に及ぶことへのそれぞれの態度を表している。

性交シーンで良子は、家の門から彼女の性的欲望を表現するのに最も適切な場所である蜜柑畑（豊穣を意味する場所）に逃げる。侘助との口論の末、良子は侘助にここで自分を抱くように要求し、茂みに入って準備を始める。次のショットでは、良子は座ってストッキングを脱ぎ、侘助に飛び乗り無理やりキスをする。最初侘助は抵抗し、誰かに見られるかもしれないと言うが、最終的に二人は性行為に及ぶ。本来予定されていたその次のショットは、二人の靴が腐葉土を踏みにじっているショットと、それに続く良子の裸の尻であった[12]。伊丹はシナリオで良子のパンティーについて何も言及していない。つまりシナリオで、良子はパンティーを付けていないことになっていた。しかし映画での良子は、性行為に対する彼女の態度を象徴的に特徴付けるような色のパンティーを履いている。そして、良子の裸の尻のショットの代わりに、青地に白いレースの縁取りという、黒と白の服装とはかけ離れた色のパンティーを履いた尻のクローズアップが挿入された（図7）。それと全く同じ色合いの青と白の縦縞の幕はお葬式で使用されており、映画の前半部分に、その幕が準備され掛けられるシーンがある（図8）。

日本で哀悼の儀式に掛けられるこの幕の色は、侘助と妻が葬式の準備段階で見ていた「葬式の入門」のビデオにもあるように、通常は黒と白の縦縞である。伊丹はこの通常通りでない青と白の幕を「目にもすがすがしい青と白の幕」と表現している[13]。そのため、良子が彼女の愛人との性行為のために葬式の幕と同じ配色の下着を脱ぎ捨てることは、あたかも葬式の幕を踏み躙ったかのような印象を与える。シナリオに書かれた良子の靴が腐葉土を踏みにじるシーンの意味合いを強調すべく、映画では左足で青と白のパンティーを地面に踏み付ける描写が付加されているが、これは強い情欲と良子の葬式に対する敬意の完全な欠如を象徴している（図9）。

伊丹は登場人物の性行為の間の身体の露出と非露出をはっきり区別している。良子の下半身は裸であるが、侘助の体は全く露出されていない。良子がパンティーを踏みつけるショットにおいては、まるで侘助はズボンを全く脱いでいないかのように見える。このシーンの最後で、良子が性行為中のポーズのまま木にもたれ掛かっており、彼女の完全に裸の下半身が映し出されているが、その時侘助は、後ろを向いてズボンのボタンを閉めている。良子の裸体は、侘助の着衣した冷静で落ち着いたポーズと対照的であり、二人の性行為に対する異なった態度が反映されている（図10）。

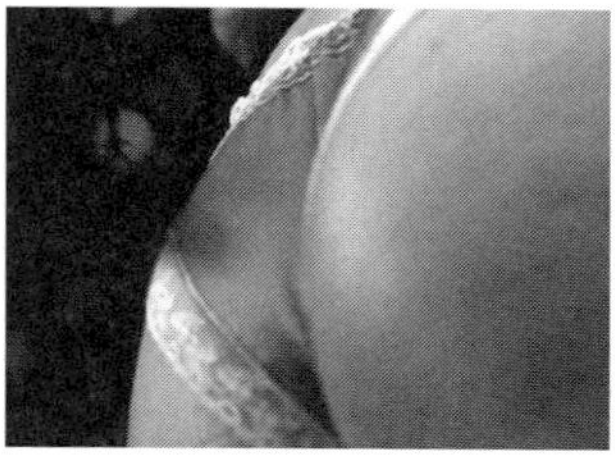

図7　青地に白いレースの縁取りの良子のパンティー（『お葬式』伊丹十三監督、伊丹プロダクション 1984）

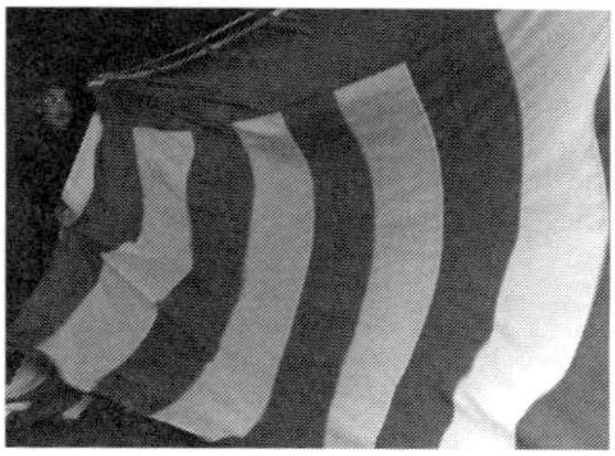

図8　良子のパンティーと全く同じ青と白の色合いをした、葬式に使われる縦縞の幕（同）

図9　良子は葬式の幕と同じ色合いのパンティーを左足で地面に踏みつける（同）

図 10　良子の淫靡な裸の下半身に対し、佗助は後ろ向きでズボンのボタンを閉めている（同）

図 11　憐れな佗助の白い下着姿に対し、着衣の良子は正面を向いて座り、笑っている（同）

伊丹はこの対比を強調するために、佗助と良子が落としたヘアピンを探すシーンを付け加えている。ヘアピンを見つけ、拾おうとした時に佗助は滑って転び、ズボンを泥だらけにしてしまう。佗助は蜜柑の貯蔵小屋の外でズボンを脱いで水で洗い、濡れたまままたそれを着る（図11）。このシーンで佗助は、白い下着を履いた下半身を画面に晒している。着衣した良子は正面を向いて座り、笑い転げており、前の（性行為の）シーンとは、対比的な構成を作り出している。この対比は単に造形的なものではなく、これもまた登場人物の性行為に対する対照的な態度を表現している。良子の裸体がエロティックで強い情欲の充足を表現しているのに対し、佗助の裸体は貧弱で非官能的であり、この性交が自らの意志に反して行なわれたという彼の感情が表れている。

このシーンは、葬式の青と白の幕と、足で踏み付けられた青と白の良子のパンティーの並置によって完成する。このエロティックなシーンの以前、家の中にいる会葬者たちの後ろに掛けられた青と白の幕は動いていないが（図12）、良子が佗助の注意を引くために青木と喧嘩を始めると、風で幕が揺れ動く（図13）。エロティックなシーンは良子がパンティーを脱いで地面に踏みつける象徴的な場面で始まり、佗助が蜜柑の貯蔵小屋の外でズボンを水で洗う場面で終る。正面を向いて座り、笑っている良子の後ろの貯蔵小屋の壁の青と白は、不思議なことに葬式の幕と良子のパンティーと全く同じ配色である（図14）。この場所は葬式と全く無関係だが、背景の貯蔵小屋の青と白の縞は、葬式の幕とパンティーの並置の効果を倍増させている。

『タンポポ』における若いカップルのエロティックな過程は、二つのシーンで対比されており、また身体の露出／非露出にも対比がある。最初のシーンで情婦は、体に巻いていた白いシーツを脱ぎ、白服の男を誘うような身振りをする。白服の男は、彼の白いステットソン（つば広のフェルト帽）を横に投げながらベッドに歩み寄る。しかし、次の卵の黄身を使った露骨に性的なシーンでは、卵の黄身が性交とオーガズムを象徴しており、二人は最後まで服を着たままである。着衣姿の二人と卵の黄身の象徴的な手法が美学的緊張を増強させている。

また、それに続く白服の男と貝を採る少女の出会いのシーンは、それ以前の二つのシーンとの間に並置をされている。この少女が海から上がってくる時、彼女のシャツは濡れて張り付き、これ見よがしに胸のふくらみを見せ付けている。それと対になる二つのうち一つ目のシーンでは情婦と白服の男のエロティックな絡みの前に、情婦の胸は完全に露出しており、二つ目のシーンでは完全に隠されている。白服の男と少女の禁じられた関係と、白服の男と情婦の直接的にエロティックな関係を対比すると、海のシーンでは白服の男と少女がどちらも白い被りものを被っているのに対し、情婦との最初の直接的なエロティックシーンは、白服の男が白い帽子を投げる場面から始まっている。主人公カップル、タンポポとゴローの場合では、どちらも身体を露出していない。その代わりに二人は脱いだ下着を通して性的に繋がっている。二人によるお互いの下着への一瞥と接触は、エロティッ

図 12　会葬者たちの後ろにある青と白の幕は動いていない（同）

図 13　良子が青木と喧嘩を始めると、会葬者たちの後ろの幕が揺れる（同）

図 14　貯蔵小屋の青と白の縞がある壁の前で良子が笑い、エロティックなシーンが完結する（同）

クな関係をもたらすかもしれない親密な一時を仄めかしている。風呂のシーンの最後で、ゴローは頭を上げ、壁を見る。カメラはそこに掛けられているタンポポのブラジャーにクローズアップする。カメラは同じように壁に掛けられている彼女のパンティーに焦点を当てる前に、ブラジャーの方に傾けられる。この傾斜のショットの間に音楽が流れ始め、音楽が佳境に向かうに従ってパンティーに焦点が当たることで、これらの衣類の持つ意味が強調され、このシーンのクライマックスへと向かっていく。次のショットでゴローは、タンポポの下着を見たことを恥じているかのごとく、頭を湯船の中に完全に沈める（図15）。タンポポは、ゴローの下着を見るだけでなく、ゴローの下着を見てしまった恥じらいと少しのためらいの後、それに触れている。タンポポは、元の夫の物であった清潔な下着を、閉まった風呂のドア前の籠の中に置き、ゴローの脱いだ下着を見て、少しためらった後、拾い上げ、籠の中には元夫の物であった清潔な下着と浴衣だけが残される（図16）。次のショットでは店のサインと寝室の電気が消え、二人が親密さを深める可能性を提示している。

　私が伊丹から貰い受けた写真の中の一枚には、ゴローが脱いだ服と下着を持っていくタンポポが写っている

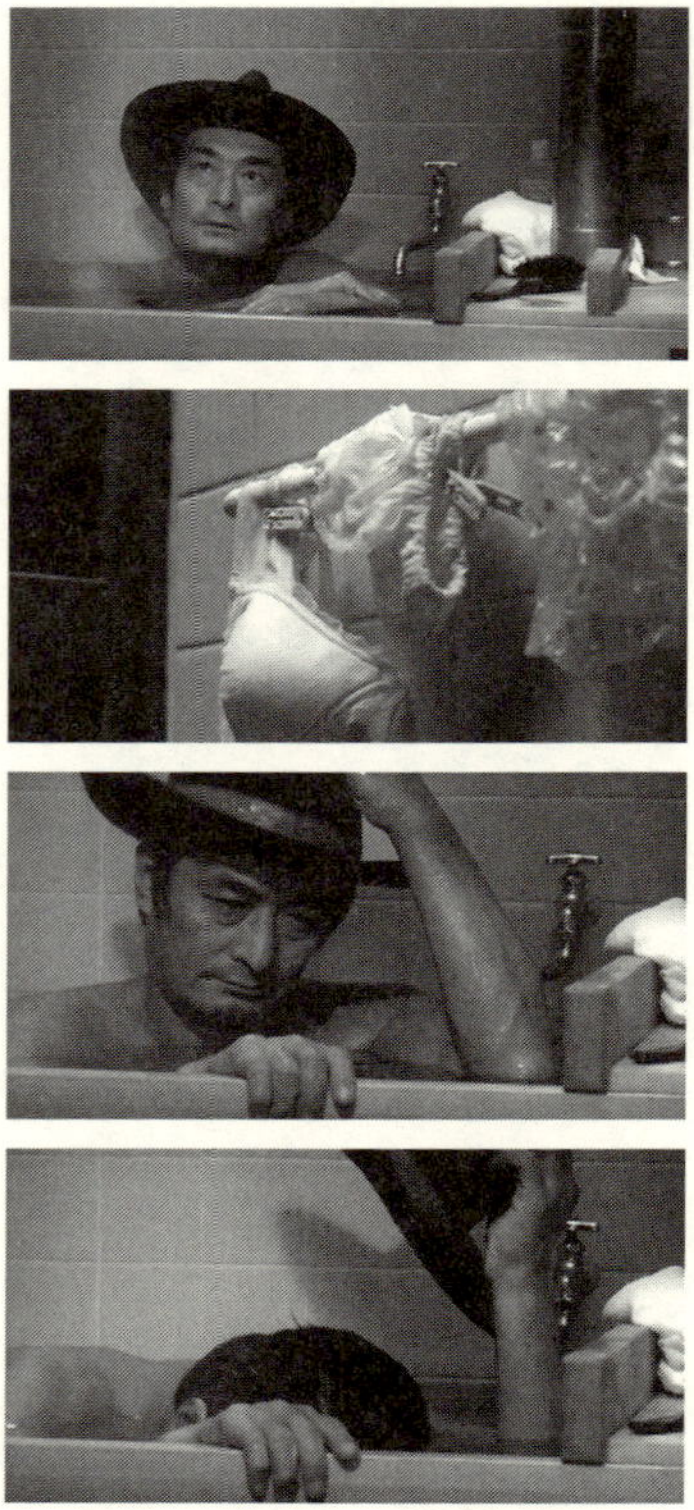

図15　ゴローはタンポポの下着を一瞥して、恥じているかのように頭を湯船の中に沈める（『タンポポ』）

（図17）。おそらくこの場面は、ゴローの服と下着が籠から取られるショットの次のショットだったかも知れないが、その前の下着への一瞥と接触の二つのシーンを並置するために、映画に入れるのをやめたと考えられる。その結果、この二つのシーンは、暗示的で極めて優雅なエロティックシーンとなっている。タンポポとゴローによるお互いの下着への一瞥と接触のシーンでは、音楽も使用されている。音楽は、ゴローによるタンポポのパンティーへの一瞥のショットでピークとなり、タンポポがゴローの下着と接触するショットでフェードアウトする。音楽により、これら二つのシーンが組み合わされ、並置されている。

『お葬式』と『タンポポ』のどちらの映画においても、伊丹は性行為の間の男の完全な裸体姿を映していない。しかしどちらの映画においても、受動的な姿勢の男は、性的行為の間に帽子を被っており、能動的な姿勢の男は被っていない。『お葬式』の詫助は性行為の間、帽子を被っていないのに対し、受動的な姿勢の青木は被っている。『タンポポ』の白服の男は、二つのエロティックなシーンの始まりで白い帽子を投げ、行為の間は帽子を被っていない。それと対照的に、ゴローは頭に濃い色の帽子を被ったまま、裸で風呂に入っている。更に彼は、頭

図16　タンポポはためらいながらゴローの履いていた下着を拾い上げ、籠の中には清潔な下着と浴衣だけが残される（同）

図 17　映画『タンポポ』に採用されなかったショット。タンポポはゴローが脱いだ下着と服を持っていく（スチール、伊丹十三事務所）

を洗い、髪を梳いた後にまた、帽子を被って湯船に浸かっている。観客はこの馬鹿げた映像を観て失笑する。タンポポとの親密さを増していく過程における帽子を被ったゴローのこのショットは、白い帽子を投げ、直ちにエロティックな行為に走る白服の男との対比が意図されている。

3　フェティッシュとしての身体部位

胸や尻といった一般的な女性の体の部分へのエロティックな属性に加え、特定の文明では、胸や尻以外の異なった体の部分にエロティックな影響力があるとされている。その最も ユニークな例として、中国文明の纏足《てんそく》について論じてみたい。過去中国では、女性の足を可能な限り小さくするべく、縛り、曲げ、酷く変形させていた。この習慣はおそらく一〇世紀始めから二〇世紀前半にかけて行なわれていたと思われる。この習慣には二つの相反する意味がある。当初纏足は、中国のエリートまた、富裕層間で、良家の娘における労働からの解放を象徴するため実行された。このような女性の社会的、経済的な魅力が、エリートの男たちにとっての性的な願望へと繋がったとも考えられる。一方、これは女性的な品行と考えられており、男は女を家に留まらせるためにこのような無慈悲なファッションを奨励した。通常男は纏足された足を見ようとしなかったため、纏足は常に小さなロータス・シュー（纏足靴）で隠されていた。男の纏足に対する象徴的でエロティックな幻想が、不気味な肉体の現実を受け入れられないために隠蔽されていたのだ。男にとって纏足とロータス・シューの機能の最高にエロティックな効果は、足を縛られた女の小さな歩幅とふらふらした頼りない足取りである。纏足が男の目から隠されているという事実そのものが性的な魅力なのである。この女性の足に対するエロティックな属性は、中国美術に多大な影響を与えている。中国のエロティックな板目木版画では、この小さなロータス・シューに納められた女性の足の魅力が明らかにされている。一八世紀の板目木版画に、男が女の背後で手にロータス・シューを持ちな

図18　18世紀の中国の版画。男が手にロータス・シューを持って女の背後に跪いている（Jean-Michel Beurdeley, *Chinese Erotic Art*, Chartwell Books, 1969）

図19　19世紀の中国の版画。男が服の上の性器に当たる部分にロータス・シューを置いている（*Ibid.*）

がら跪き、女が肩越しに男に振り向いているものがある（図18）。一九世紀の板目木版画には、更に性的な趣向の強いものがある。男は女の隣に座り、女のロータス・シューを自分の服の上の丁度性器に当たる部分に置いている。女は男の肩に手を置き、愛情を込めて見つめており、男に魅了されていることを示している（図19）。

　ロータス・シューのエロティックな属性は、中国の映画にも現れている。チャン・イーモウ監督の映画『赤いコーリャン』（原題：紅高粱、一九八七）は、一九二〇年代の農村が舞台である。映画の主役である九児《チウアル》（コン・リー）は、両親により年配の男との結婚を強いられた不憫な娘である。娘が結婚式へとモロコシ畑を通って運ばれる途中、拳銃を持ち、顔を覆った追いはぎに襲われる。追いはぎは運び屋の金を奪った後、輿の幕を上げ、九児の顔を隠していた赤いベールをはぎ取る。その後、中国女性の足の魅力に注目した一連のクローズアップが始まる。まずは追いはぎの視点からの九児の足のクローズアップ、次のクローズアップでは、追いはぎが九児の右足を持ち、自分の方へ引っ張っている。九児は下を向き、自分の足に目を落とした後、顔を上げて真っすぐに追いはぎを見つめ、微笑する（図20）。追いはぎはこれらのエロティックな状況に刺激され、畑で九児を強姦しようとするが、雇われた輿の運び屋に妨害され殺される。結婚式に行くために輿に戻る際、九児と運び屋は媚びるような微妙な視線を交わす。九児が輿の幕を下ろした後、運び屋が下のアングルの何かに気付く。運び屋が輿に近づくところから、二人が互いを欲し合っていることを表す一連のクローズアップが始まる。まず、九児が故意に幕の下からはみ出させたと思われる足のクローズアップが映し出される。その後運び屋の手が画面に映り、その足をしっかりと掴む。続いてヒロインの視点、輿の中からのクローズアップとなり、九児は、運び屋が掴んでいる足を輿の中へと引っ込める。九児は下を見下ろし、次のクローズアップでは運び屋の顔を見ている。その後、二人は互いに求め合っていることを表している。後に運び屋は九児を誘拐して思いを遂げ、それは映画の語り手（ボイス・オーバー）の父の誕生へと繋がっていく。

もう一つの例として、チン・シウトン監督、ツイ・ハーク製作の『チャイニーズ・ゴースト・ストーリー』

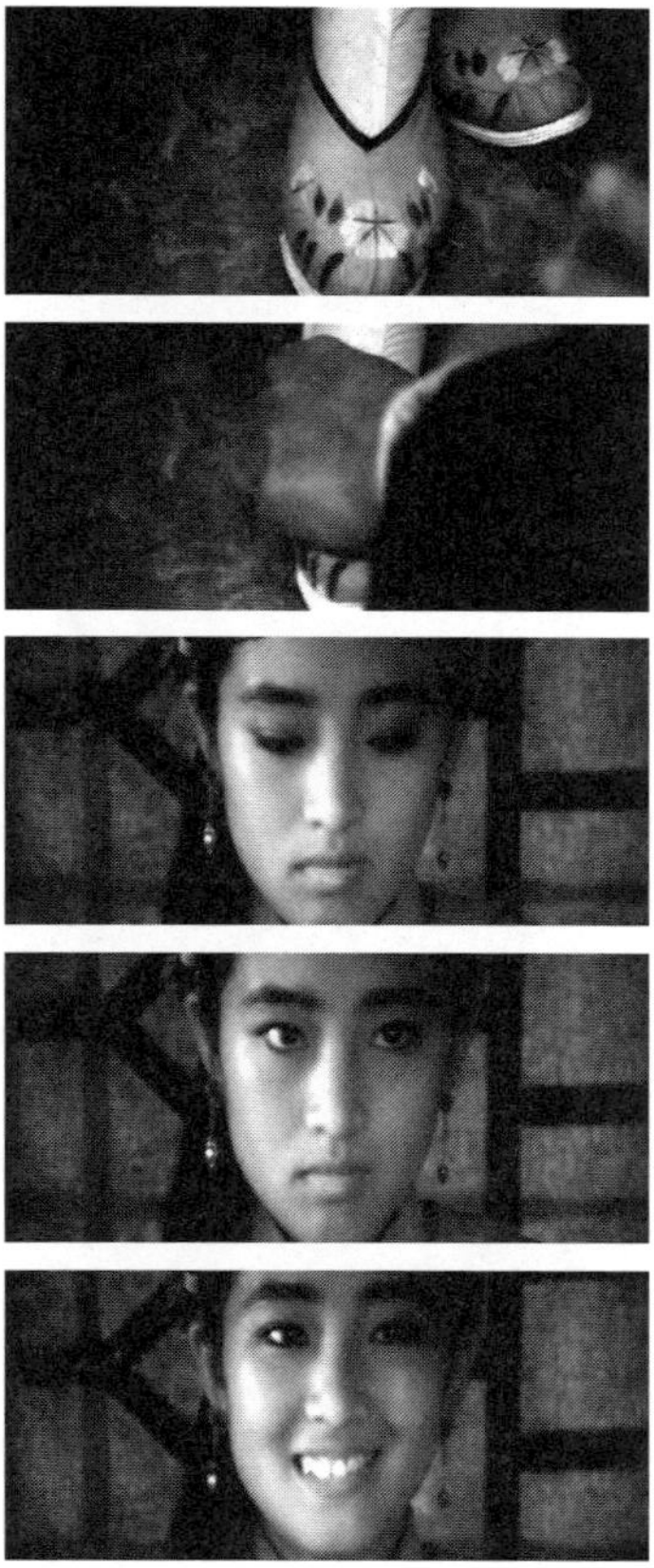

図20　追いはぎが九児の足を引っ張り、九児が追いはぎに微笑んだ、二人の遭遇場面（『赤いコーリャン』チャン・イーモウ監督、1987）

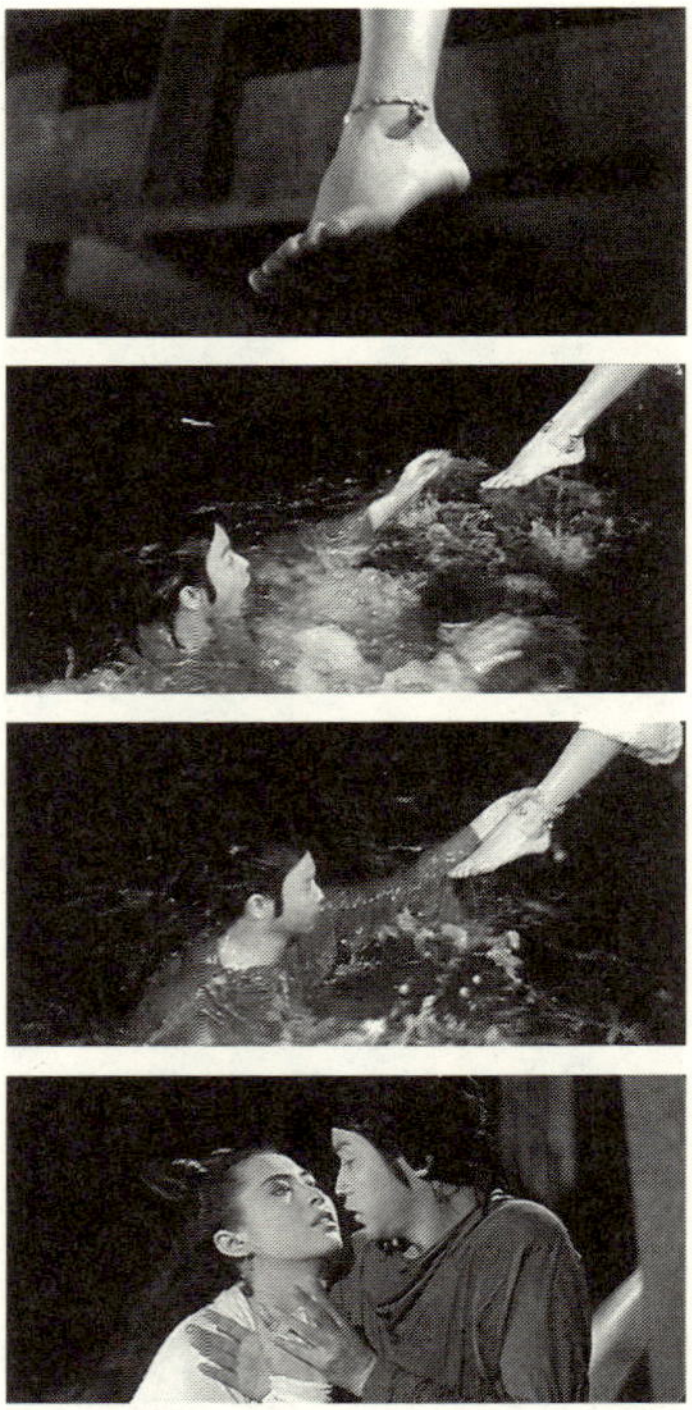

図21　ヒーローとヒロインが出会い恋に落ちる。女の素足が差し出され、それを掴む（『チャイニーズ・ゴースト・ストーリー』チン・シウトン監督、1987）

（原題：倩女幽魂、一九八七）がある。寧采臣《ニンツオイサン》（レスリー・チャン）は気弱な収税人で、仕事のため田舎に行くこととなる。ニンは一度、町外れの森のさびれた寺で宿を頼むこととなるが、その夜その寺で聶小倩《シッシウシン》（ジョイ・ウォン）という、若く美しい魅力的な娘と出会う。この娘の実の姿は幽霊である。二人の最初の出会いと恋に落ちる過程は、美しく繊細な女の足と関与している。ニンは美しい娘に気を取られ、池に落ちてしまう。その後、池で溺れたニンに娘が差し出した素足のクローズアップが映し出される。ニンは娘の素足を見て一瞬躊躇するが、やがてカメラから見える角度で娘の足を掴む。そして二人は急激に接近する（図21）。

こうした中国のものと比べると、日本における女性のエロティシズムの概念は大きく異なっている。伝統的に日本の女性は、胸に布を巻いて平らにし、髪の毛を纏め上げ上で留めることにより、うなじを強調する。また着物の襟の下げ方（うなじの見せ方）は、年齢、社会的地位によって差がある。未婚の若い女性は自身を魅力的に見せるために、着物の襟を下げ、うなじを長く見せる。うなじは、日本の伝統的な浮世絵や絵画において広く描かれている。版画においては、女性は大抵後ろ向きに描かれ、着物の後ろ側の襟は下げられており、女性の正面

図22　鏡を持ち、掌でうなじを押さえる女性を後ろから描いた歌川国芳の春画（1837、Richard Illing, *Japanese Erotic Art*, Gallery Books, 1983）

図23　喜多川歌麿の春画では、露台でカップルが性行為をしている。（1788、*Ibid.*）

にある鏡、または女性が手にしている鏡に、その顔が映し出されている。この最も有名で美しい例の一つに、歌川国芳（一七九八—一八六一）による『花以嘉多』の春画の口絵がある。この絵は、裸の背中を見せ、鏡を左手に持って座っている女性を描き、鏡に映った女性の顔と、彼女の背中とうなじを並置させている。彼女は右の掌でうなじを押さえ、見る人の注意をこの部分に持っていくことで、この絵のエロティックな印象を強調している（図22）。

　女性のうなじの絵は、春画の性交シーンにも見られる。喜多川歌麿（一七五三—一八〇六）の最も著名な美しい画集『歌まくら』の春画では、露台で男女が性行為をしている（図23）。女性は後ろから描き出され、相手を隠している。この絵における女体の最もエロティックな部分は、露出したうなじと足、そして裸の尻である。顔が殆ど隠された男性は、彼の頬を優しく愛撫する女性を一途に見つめている。彼の掌は彼女のうなじに置かれ、この部分のエロティックなインパクトを強めている。

　うなじのイメージは、日本の伝統絵画に限定されるものではなく、洋画にも見られる。岡田三郎助（一八六九—一九三九）による名画《あやめの衣》（図24）は、女性を後ろから描いたものである。女性の長い髪は纏めて上で結われ、着物の首回りを下げ、片方の肩を出すことにより全体を晒されたうなじは、格別なエロティシズムの感覚を作り上げている。岡田三郎助は、この絵のエロティックなインパクトを、別の日本的方法でも強調している。それは着物に描かれている菖蒲で、それはエロティックな女性のうなじと並置されている。菖蒲の開花時期は太陰暦の五月であり、五月五日が男児の日であることから、この花は男の性的特質と関連付けられ、男児が性的な状況で描写される際、菖蒲を持つか菖蒲の柄の服を着る［14］。

歌舞伎の女形は、うなじを見せるために、観客に背を向けるのが常である。女形がこのような背を向けた姿勢を取っている写真は数多く見られる。六代目尾上菊五郎が一九二五年に『鏡獅子』のお小姓弥生を演じた際、彼は着物の首周りを下げた後ろ姿で登場した。尾上菊五郎の着物の襟は、長い首を印象付けるために細長く引き下ろされており、姿勢もこれを強調する体勢がとられている（図25）。このような体勢は、恋人たちの親密な場面でも見られる。初代中村扇雀演じる勘平と、中村福太郎演じるお軽による『仮名手本忠臣蔵』（一九二一）では、男は正面を向き、女形はうなじが際立って見えるよう観客に背を向けている。お軽は床に座り、観客に背を向けて後ろにもたれることで、うなじの露出をより強調している（図26）。

もう一つのうなじを強調する手法が、女形と芸者の間で実践されている。彼らは通常、衣服や髷に覆われてい

図24 《あやめの衣》（1927）で岡田三郎助は、うなじを見せることによってエロティシズムの感覚を作り上げている（ポーラ美術館所蔵）

図25 『鏡獅子』（1925）のお小姓弥生を演じる女形、六代目尾上菊五郎（『演芸画法』1925年3月）

ない体の全ての部分、顔や手、耳などに白い化粧を施す。しかし、助手によって首に化粧を施される際、髪からうなじにかけての逆三角形の部分には化粧をせず、そのまま残す。体全体の白色と残された自然な肌の色の対比により、このエロティックな部分が強調されている。

『お葬式』と『タンポポ』におけるエロティックなシーンでは、男たちの体が隠されているのとは対照的に、女たちの体は露出している。どちらの映画でも、『お葬式』では尻、『タンポポ』では胸といったように、女性の体は西洋映画のエロティックなシーンのように露出されている。伊丹はまた、日本の文化において特別に性的な部分とされてきたうなじを写し、うなじのエロティックな効果に焦点を当てている。『お葬式』における、蜜柑畑に逃げ込んだ良子を侘助が追いかける場面では、侘助の視点から撮られた幾つかのショットで、後ろ姿の良子の頭とうなじに注目している（図27）。二人が止まると、伊丹は侘助の視点からショットを止め、侘助の後ろから良子の頭とうなじに焦点を当てる（図28）。

そして良子が侘助の方に向くと、今度は反対方向から撮影し、また彼女の後ろ姿の頭とうなじに焦点を当ている（図29）。これは『仮名手本忠臣蔵』の勘平とお軽の場面を連想させる。伊丹は、侘助が良子に車へ戻って東京に帰るよう説得する場面で、良子を正面から撮り、侘助は良子にキスをする前に、先の歌麿の浮世絵のように良子のうなじを愛撫している（図30）。

『お葬式』における、女性のうなじの最もエロティックで印象的な描写は、性行為の最中に愛人と妻のうなじを対比していることである。まず遊動円木に垂直に立ち、二本のロープを握って揺れている妻のうなじのクローズアップが映し出される。彼女のうなじは、喪服の（全

図26　初代中村扇雀の勘平と、中村福太郎のお軽、『仮名手本忠臣蔵』（1921）の親密な場面。女形のうなじが観客に示されている（『演芸画法』1922年1月）

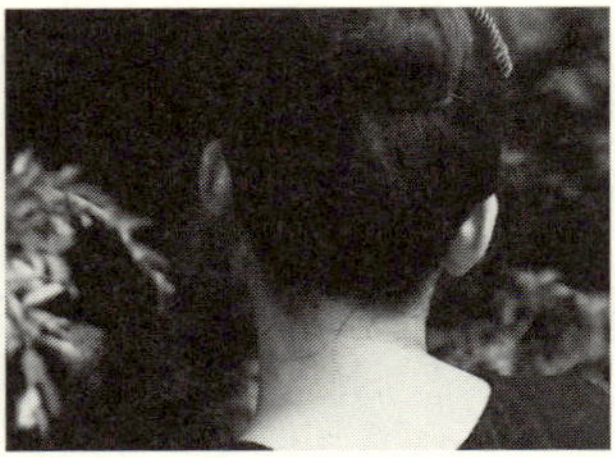

図27　侘助の視点から撮られたショット。後ろ姿の良子の頭とうなじに注目している（『お葬式』）

図28　良子と侘助が止まった後、侘助の後ろから良子の頭とうなじに焦点を当てたショット（同）

図29　良子が侘助の方に向くと、侘助は良子の後ろに回って彼女の頭とうなじを見る（同）

図30　最後のシーンで、侘助は良子のうなじを二度愛撫する（同）

図31　妻のうなじは喪服の直線的で高い襟により殆ど隠されている（同）

図32　侘助と良子の性行為の間、良子の露出したうなじが侘助の視点から撮られている（同）

く衣紋を抜いていない）直線的で高い襟により殆ど隠されている（図31）。次のショットでは、遊動円木が揺れ、その端がフレームを男根のように貫いている。その後、性行為中の良子の顔の表情を映した後、彼女のうなじにクローズアップし、まるで侘助の視線で良子を背後から見ているような感覚をもたらし、良子のアップにした髪と一番上のボタンが外れたドレスの首回りにより、伝統的な女性のエロティックな部分が晒し出されている（図32）。

それから伊丹はカメラを逆転し、良子の正面からの動きを映し出す。良子の足と靴、そしてその間に良子のパンティーが落ちているのが見える。この決定的な性行為の瞬間は、裏切られた妻のうなじのクローズアップのカットで締め括られている。喪服で隠された妻のうなじは、横方向に波のように揺れ、愛人の曝け出されたうなじは、恍惚状態で前後に動き、それらは対照的になっている。これらの対比したイメージは、エロティックなシーンに美学的な基盤を作り出している。

『タンポポ』でも女性のうなじは同様の意味を持っている。白服の男と情婦による最初のエロティックな熱狂が始まる前にも、情婦のうなじが強調されている。情婦はまず正面から映され、続いて後ろから白服の男を手招きする彼女の手のクローズアップになり、その後、情婦を後ろから抱擁する白服の男が映されている。しかし、情婦の下ろされた髪のせいで、うなじと肩は部分的に隠され、情婦の体のエロティックな部分の露出は最小限に留められている。

それとは対照的に、二番目のエロティックなシーンである卵の黄身を口から口へと移し合っている情婦のうなじのショットは、象徴的な挿入とオーガズムの「序章」になっている。このシーンは二人が正面を向き、情婦が画面の右奥で髪の毛を束ねているところから始まる。情婦は後ろを向き、髪の毛を束ねる動作を続ける。そして白服の男も後ろを向いて、情婦の髪の生え際から首のラインまで露になったうなじを見物人のように眺めながら近づいて彼女を抱きしめる（図33）。二人を正面から撮った次のショットでは、白服の男が情婦の首にキスをし、

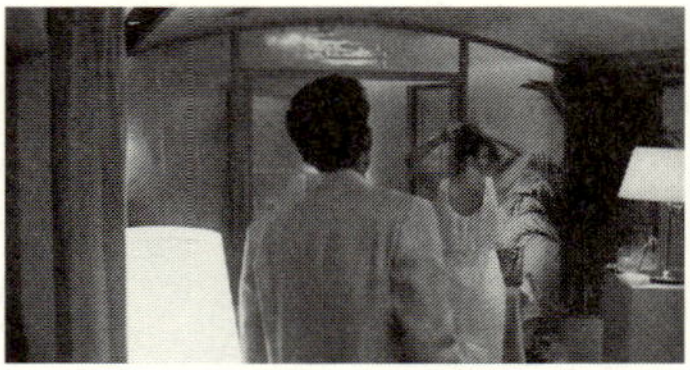

図33　白服の男は、情婦の髪の生え際から首のラインにかけて露になったうなじを見ている（『タンポポ』）

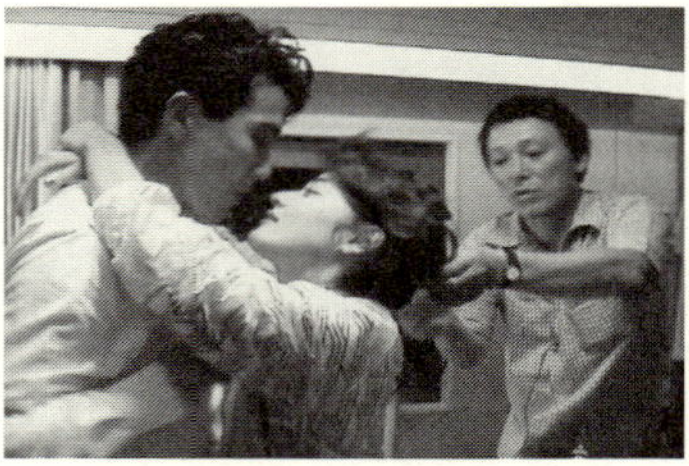

図34　伊丹はリハーサルの際、情婦の髪の毛をつかみ、彼女のうなじを露にした（『伊丹十三の「タンポポ」撮影日記』ジェネオン、1986）

卵を手に取って割り、性的挿入を象徴する行為を始める。この映画の最もエロティックなシーンは、伝統的な女性のうなじの露出によって示され、強調されている。カップルが卵の黄身を口から口へと移し合う場面のリハーサルの際、伊丹は自分の手で情婦の髪の毛をつかみ、彼女のうなじを露にして見せた（図34）[15]。

また伊丹は、『タンポポ』においても隠されたうなじとエロティックに露出されたうなじを対比している。タンポポがクローゼットを開け、新しい下着と浴衣をゴローのために出す際、彼女の髪がアップにまとめられているのを後ろから見ることができる。このときタンポポは浴衣を着ており、『お葬式』の妻も喪服を着ていた。浴衣の襟は、『お葬式』の裏切られた妻と同様にタンポポのうなじを隠している。この女性のうなじの隠蔽は、風呂でのゴローの帽子と対になっている。伊丹は、それぞれの映画の主要な女性登場人物二人のうなじの露出／隠蔽によって、エロティックな機能または、主役二人の性格的特徴を描写している。伊丹は女性のうなじをエロティックな要素として取り上げることについてこう説明している。

> 本人はほとんど無意識でやっていますね。やっぱり監督ってある程度ロジカルなのは脚本を書いている段階までで、その映画の中の無意識の部分っていうのも監督が背負って、それに対して責任を持つとしかいいようがないんですよね。〔中略〕僕の無意識の反映であって、その無意識は、僕が作り手として責任は持ちますとしか言いようがないわけですよ。だから、日本ではトラディショナルに女性のうなじが美しいとされてい

るのでそれを混ぜましたという、ロジカルな答えは何もないです。その時に、そういうふうに感じた。うなじなんかにこう、みかんの畑のまだらな陰が落ちていたら面白いだろうなと思って、その程度のことで撮っているわけですからね。あまり論理的な理由付けっていうのは、撮っている時に殆どないです。[16]

4 エロティックな象徴としての物体

生殖器を描写することが禁止されている社会では、規制を回避する方法の一つとして象徴物を使うことがある。生殖器と性交の描写がそれほど厳しく禁止されてなかった時代の春画にも、誇張された、または写実的な生殖器と、象徴的な大小の物体を組み合わせて性交が描写されていた[17]。現在の日本で人気のある漫画では、生殖器の描写は厳しく禁止されているが、伝統的春画と同じように様々な大きさの物体が、作品中で生殖器の象徴として使われている。フレデリック・ショットはこうした漫画の側面について以下のように述べている。

エロティックな漫画だけに限らず、日本の漫画の通例として最も独特なのは、象徴の使用である。現実的な生殖器を描けないため、漫画家は代わりに、亀の頭や日本のナス、チタンロケットなど男性器的な形の物質や、巻貝やハマグリ、ゆりなど女性器的な形の物質を描いて、エロティシズムを喜劇的に描写している。[18]

この純粋で芸術的な借用は日本伝統演劇において発展してきたものだが、日本伝統演劇では小道具が必ずしも模倣のために使われるとは限らない。小道具は、非常に演劇的で特別な方法として使用されるか、あるいは異なる意味を伝えるために使用される。美学的緊張は、小道具の実際の性質と新しい指示対象との間に作られ、観客の想像力を活性化させる。それは歌舞伎では「立ち回り」に表明されている。『義経千本桜』では、小金吾が追っ手に蜘蛛の巣に見立てた縄の中心に追い込まれる（その後、小金吾は縄で縛られ殺される）。『新薄雪物語』では、追っ手が開いた傘を車輪のように回しながら敵に近づく。

伊丹は物語の内容に沿ったそれぞれの物体を使用して生殖器を表すことにより、美的な緊張を作り出している。彼は物体の持つ視覚的な性的メタファーを用いて、観客の想像力を活性化することで規制を回避する。こういった象徴的物質の大きさとその活性化の度合いは、それぞれのシーンの持つ意味合いとその他の要素をもとに選ばれている。伊丹は『お葬式』で、車と遊動円木という巨大な性器の象徴的物体を、性交を現実的に描写する目的で並置している。一方、『タンポポ』では、実際的な性行為は描写されないため、小さな象徴的な物体が使われている。

『お葬式』では、性行為の行われる蜜柑畑の近くにはいるが、その行為に関与しない二人の登場人物が、女性または男性器を象徴する物体に乗っている。侘助と良子の性交の間、青木は家の前に停められた黒くて大きい旧型の車の中で座っている（図35）。これは伊丹の所有する車で、彼がこの車を選んだ理由は、「平凡で現代的な車より性的含意があるから」である[19]。一方、千鶴子は夫と愛人のセックスの前と最中に、家の一部であり家と家族の内側の世界を反映する物体である遊動円木に垂直に立っている。彼女がブランコを漕いでいる時のカメラの角度によって、遊動円木に明確な男性器的含意が与えられている。不義のセックスシーンの前に、伊丹は、車と遊動円木を性的イメージとして少しずつ組み入れている。車の突き出たボンネットと二つの大きな丸いヘッドランプは、男性器を含意しており、青木が性交シーンの間中動かず座っている運転席の開いた丸いコンパートメントは、女性器の隠喩となっているのである。伊丹は車を正面から撮影した後に、千鶴子が遊動円木を漕いでいるカットを挿入しているが、その際、遊動円木の動きよりも千鶴子の動きを強調している。

伊丹は性的クライマックスの間、車と遊動円木のシーンの切り替えと実際の性的行為を並置させることにより、これら二つの物体に性的な意味を与えている。伊丹は車の中の動きのない青木を横から撮影し、良子の声が彼女の性的興奮を表している間、青木は上げた頭を後ろに傾けるという浮世絵で描かれるような性的快感を表す恥じらう女性のポーズを取っている（図36）。そしてゆっくりと頭を前に戻し、前方斜め上を見る。その時横から見える車は性交中の女性を寓意している。その後千鶴子にクロスカッティングし、左右に揺れる彼女の顔を写し、後ろから彼女の頭、うなじ、肩の中間をクローズアップしている。その後カメラに向かって前後に揺れる遊動円木を写し、遊動円木の先がレンズに向かってくる動きがフレーム全体を埋める（図37）。そして侘助に後ろから挿入される良子のローアングルショットのクロスカッティングが続く（図38）。

このモンタージュは、遊動円木が後ろから彼女に挿入しているように見せ、遊動円木は侘助の陰茎の巨大な象徴として機能している。著者が伊丹にこの編集の意図について尋ねた際、彼は次のように答えた。

> 撮ってる時はそれはあまり意識しませんでしたね。でも編集の時にこっち向きに撮るよう、いれてるときに編集者が非常にそういうことを言ってましたね。僕は特にそれをそんなに意識したわけでもないです。[20]

図35　突き出たボンネットと二つの大きな丸いヘッドランプが男性器を暗示する（『お葬式』）

図36　青木は上げた頭を後ろに傾け、性的快感を表現する女性のようなポーズを取っている（同）

交互に挿入されている千鶴子と青木のシーンの短いクロスカッティングもまた、性行為の終りを映している。前後左右に揺れる妻の頭の映像は、彼女がゆっくり左右に揺れるロングショットで終わっている。青木は、前と同じように車に座り体を動かさずに頭を上げ後ろに傾ける。そして頭をやや下げながらゆっくりと前に戻し、最後にまたゆっくりと頭を前に落とす。これも

図38　侘助に後ろから挿入される良子のローアングルショット（同）

図39　セックスシーンの終わりに、青木は頭をやや下げながら前に戻した後、前に落とす（同）

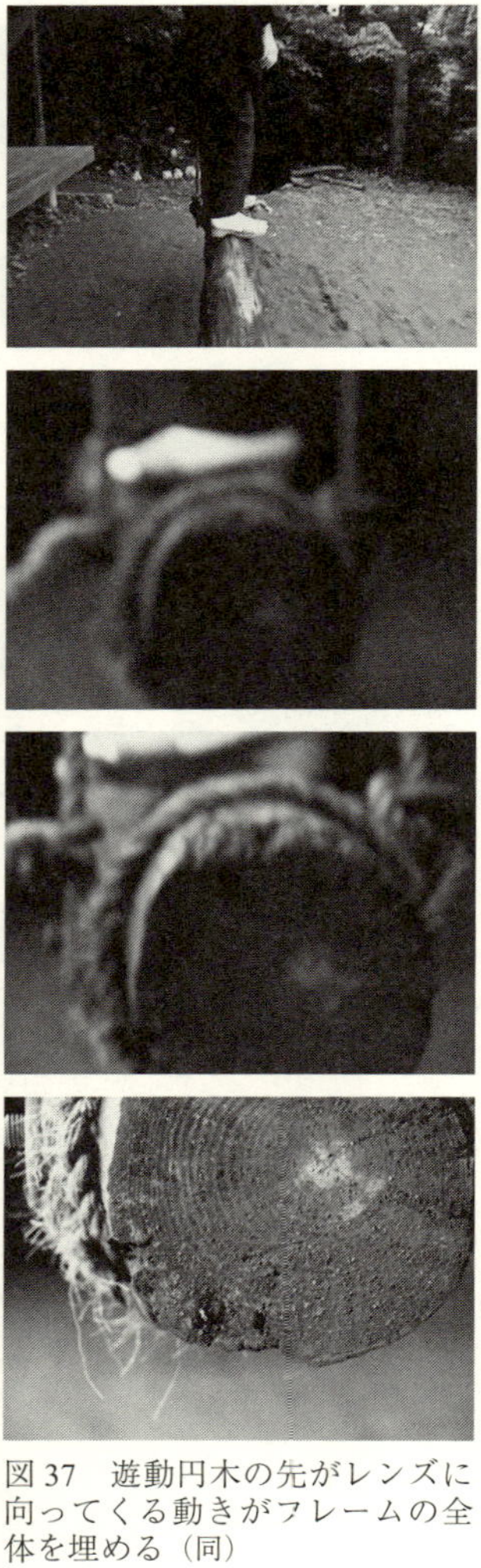

図37　遊動円木の先がレンズに向ってくる動きがフレームの全体を埋める（同）

セックスシーンの終わりの象徴となっている（図39）。

伊丹は、性行為の最中に比喩的関係にある二組の男女を交互に映し出し、夫の不義な性的行為を裏切られた妻に反映させ、夫の愛人の性的行為を青木に反映させ、青木を「良子の連れ」として認識させて、この性行為に極めて皮肉な側面を加えている。また、伊丹は女性を能動的に男性器の象徴である遊動円木に乗せ、男性を受動的に女性器の象徴である自動車に乗せ、対立のバランスを取っている。まず男性的、そして女性的な意味を持つ車に乗って動かない青木のショットは、実際の性交シーンの音声と裏切られた妻のシーンにおける象徴化された性交の音声とに聴覚的な繋がりを与えている。青木には、良子の喘ぎ声と遊動円木のロープの軋む音が聞こえている。

乗り物に性的な意味を象徴させる手法は漫画の中にも見受けられる。にわのまことのアクション漫画「BOMBER GIRL」では、セクシーで暴力的なボンバーガールが、男性器的なイメージを表す直立したポーズを取り、巨大なバイクに乗っている（図40）。この話の最後でにわのは、バイクのゴムタイヤの形を毛に覆われたような形に変更している（図41）。この陰毛の視覚的「暗示」は、ライダーのポーズと巧みな操縦により男性器的含

図40　ボンバーガールは、男性器的な含意の直立したポーズを取って巨大なバイクに乗っている（にわのまこと「BOMBER GIRL」『週刊少年ジャンプ』1994年7月）

図41　ボンバーガールが乗っている男根を思わせるバイクのゴムタイヤは、エピソードの最後で、エロティックな含意を誇張する毛に覆われたかのようなタイヤに変わっている（同）

図42　ケン月影『盗賊同心色狼狩り』（1981）のコマ。性器を象徴する水平に揺れる棒と静的な丸い鐘（Frederik L. Schodt, *Manga! Manga! The World of Japanese Comics*, Kodansha International, 1983）

意を与えられることにより完結している。こうした漫画における性器の象徴的な描き方は、伊丹の映画に見られるものと同じ手法であると考えられる。

『お葬式』における水平に揺れる遊動円木と性行為の並置は、象徴的なレイプシーンを含むケン月影の漫画『盗賊同心色狼狩り』（一九八一）における並置と似通っている。左右の台形に二分された右側のコマには、骨盤を持ち上げられ足が開かれた（性器は法に触れるため描かれていない）裸体の女性が描かれており、女性の体は後ろに仰け反り、頭はコマから飛び出している。寺の大きな梵鐘に向かって巨大な撞木が女性の上で水平に動く様が描かれ、「ズーン」という文字により、勢いよく鐘にぶつかる撞木の物理的な音の描写のみならず、女性の心理表現としての効果をも生み出している。左のコマは垂直に三つの台形に分けられ、その一番上で女性の顔がクローズアップされ、「あっ」という音声表現が挿入されている。真ん中のコマでは、スカートと足がクローズアップされ、男性器的な意味が付加された撞木のもたらす音、「ズーン」が再び書かれ、一番下のコマでは、女性の別のアングルの顔がクローズアップされている（図42）。静止した丸い梵鐘は女性器を象徴しており、鐘を突く撞木は巨大な男根である。性行為は、これらの象徴的な物質と女性の官能的な表情と身体の組み合わせで表現されている。撞木が鐘を突く男性的な音もまた、女性の写実的な声と並置されている。かつて男性により使用された漢字に由来する（角張った）片仮名で書かれた「ズーン」の男性音と、かつて女性によって使用された（丸みを帯びた）平仮名で書かれた「あっ」の女性音、これらの対照的な音が視覚的に強調されている。月影はまた、左中間のコマにおいてスカートから出ている足を見せ、右のコマにおいて裸体を強調し、女性の身体の露出／非露出の対比を表している。四つの台形のコマが形作る一つの基本的なフレームは、『お葬式』におけるセックスシーンの視聴覚の要素と類似した性的なメタファーを構成している。

『タンポポ』では、食物が若いカップルの性的関係の骨子として、また生殖器と挿入の象徴として使用されている。伊丹は食物の小道具を、白服の男と彼の情婦による二つの主なエロティックシーンで使用している。一つ目のシーンでは、白服の男とその情婦の前戯を二人の肉体的接触と幾つかの食物を用いて描いている。白服の男は食物を情婦の性感帯に置き、舐めたり吸ったりして官能的熱狂を繰り広げる。最終的に二人の口が重なり、舌が触れ合うまで、情婦は積極的で活動的に振る舞っている。このシーンのクライマックスでは、静的な食物に代わって、「動的」な食物が情婦の身体の上で象徴的に描写されている。それは白服の男が胸を露にした情婦の前で、ガラスのボウルにウィスキーを注ぐことから始まる。空の丸いボウルは女性の性器を表し、ボトルから液体を注ぐ行為は、男性の性的な行為を表しており、肉体関係を象徴している。タイモン・スクリーチによる春画における椀の象徴的機能の分析に、「全ての種類のボウルは絵画の性的魅力を増加させ、ボウルの形は膣（女性器）を彷彿とさせる」[21]という言葉があるように、『タンポポ』におけるエビは、膣（女性器）を象徴するボウルに入れられる。男性が生きたエビを紹興酒が入ったボウルに入れ、女性がくねらしている腹の上に置く。動的な食物に変化したエビは、ボウルの中で活発に動き回り、伊丹の脚本の中の言葉を借りれば「踊ろうとする」[22]。そして情婦は快感に声を上げて笑う。

女性の生殖器と腹の上の間で行なわれるエビの踊りは、葛飾北斎が一八二〇年頃に描いた大変有名な春画《蛸と海女》を思い出させる（図43）。この性的な木版画では、二匹の蛸が海の中で海女と性行為をしている。右手の大きな蛸がクンニリングスをすると同時に、触手で彼女の他の体の部分をまさぐっており、左手の小さな蛸は、彼女の口を吸い、触手で彼女の頭と首をまさぐっている。蛸の「脅威的でない」触手の上に置かれた彼女の手のポジションは、後ろ向きに傾けられた頭のポジションと共に、彼女の性的快感の印象を強化している。

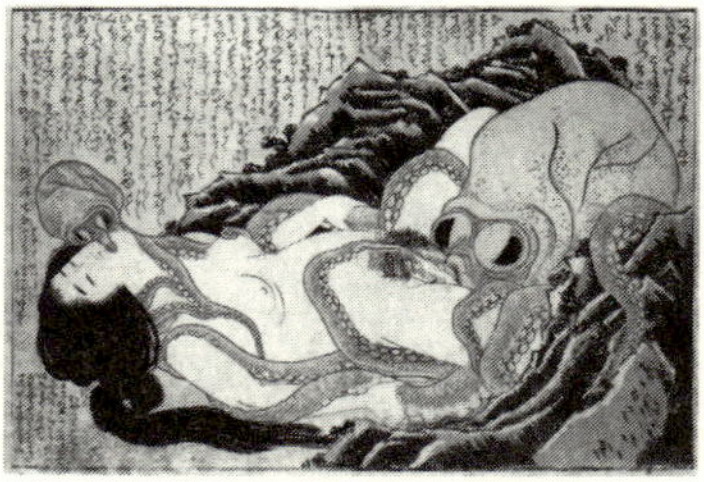

図 43　海女と蛸の性的遭遇を描いた春画（葛飾北斎《蛸と海女》1820 年頃）

図 44　空山基による、北斎の春画の現代版（『Sorayama Call in Beauties』美術出版社、1997）

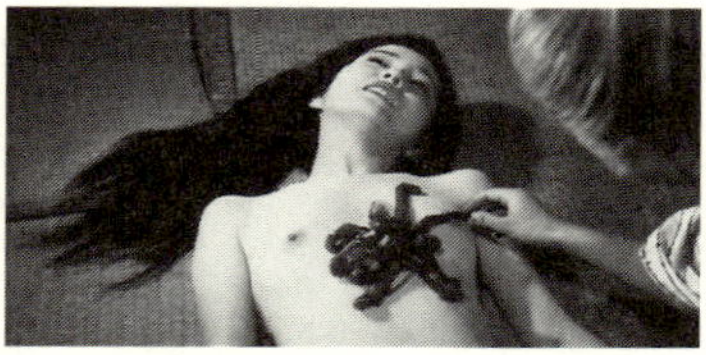

図 45　北斎の回想シーンは、女性の胸に生きたタコを置くことで始まる（『北斎漫画』新藤兼人監督、松竹、1981）

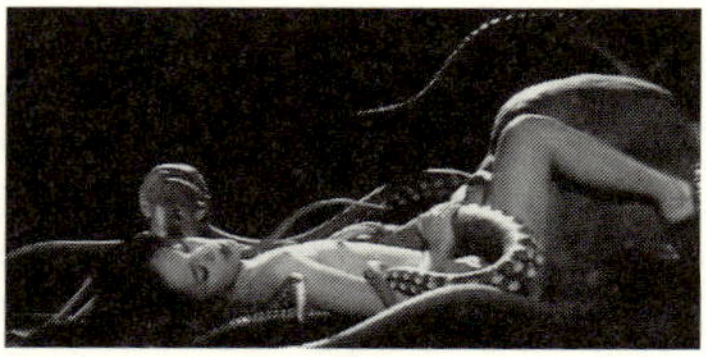

図 46　北斎の木版画に類似した二匹の巨大なタコと女性の性行為（同）

この木版画が描かれてから、同じイメージが様々な日本の美術に登場するようになった。空山基の現代春画は、このイメージを現代的に再生している（図44）。また、新藤兼人の映画『北斎漫画』（一九八一）では、北斎の生涯と創作活動を取り上げ、この木版画の創作で映画を完結させている。北斎は、この木版画の創作のために若い女性をモデルとして雇い、生きたタコを彼女の裸体の上に置いて、性的快感を与えた（図45）。その後、新藤は小さなタコを、北斎の木版画に登場するタコと類似した二匹の人工的な巨大なタコに置き換え、若い女性と性行為をさせている（図46）。葛飾北斎の春画、およびこの作品の影響を受けた様々な芸術作品と比較してみると、伊丹による『タンポポ』のエビの場面には、他の作品には無い象徴的な意味が含まれている。伊丹による『タンポポ』のクライマックスシーンでは、男性器の象徴であるエビが女性器の象徴であるボウルの中で動くという形で性的な行為を象徴している。

『タンポポ』の二つ目のエロティックシーンでは、エロティシズムはより強調され、クライマックスを迎える。白服の男は生卵を割って黄身を口に入れ、それを情婦の口に移す（図47）。お互いにそれを何度も繰り返し（図48）、情婦は喘ぎ声を漏らす。最後に情婦は気を失い、オーガズムを迎えたかのように黄身を噛み、粘着性のある黄身が彼女の口角からこぼれ落ちて白い服に垂れる。情婦は頭を後ろに傾けて性的快感の姿勢を取り、オーガズムの瞬間を完結させる（図49）。

伊丹はこのシーンを「食べ物ポルノ」と名付け[23]、このアイデアについてこう説明した。

ある日突然思いついて、そういうことができるかなっていうので、自分でボールの中に卵の黄身を入れて、飲んだり出したりして、何回やってもちゃんとできるものだから、ああこれはできると思って、それで脚本に書き込んだんですけれども。で、実際に撮った時は、更に小道具の人が、ヨード卵かな、ヨードを添加した卵があって、それはすごく強いんです。ほんと壊すほうが大変なぐらい良く持ちましたね。[24]

若いカップルのエロティックなシーンの後、漸くタンポポとゴローの親密さが表現される。ここでは性的クラ

図47　白服の男は生卵の黄身を情婦の口に移す（『タンポポ』）

図48　情婦は黄身を白服の男の口に移す（同）

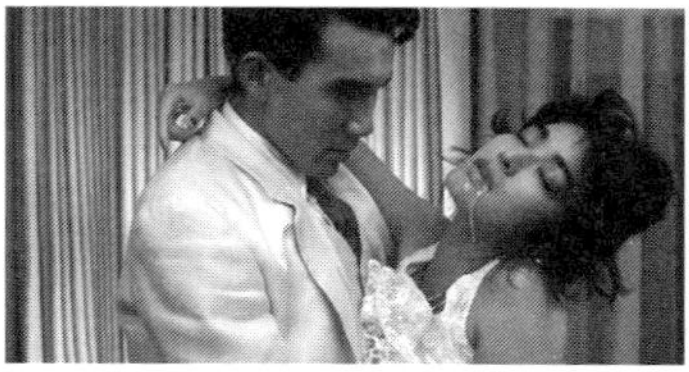

図49　オーガズムの瞬間、情婦は頭を後ろに傾ける（同）

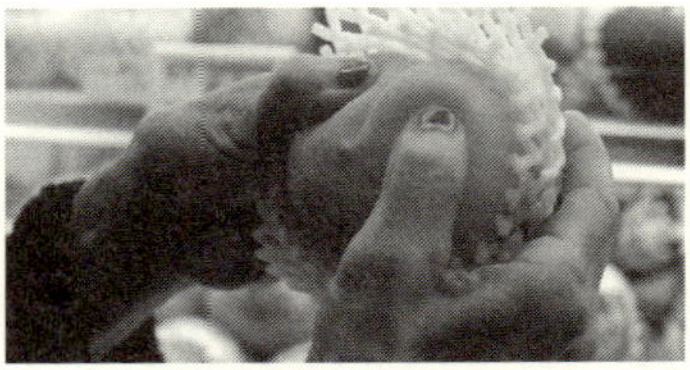

図50　男性器を象徴する桃が、何度も強く敏速に潰される（同）

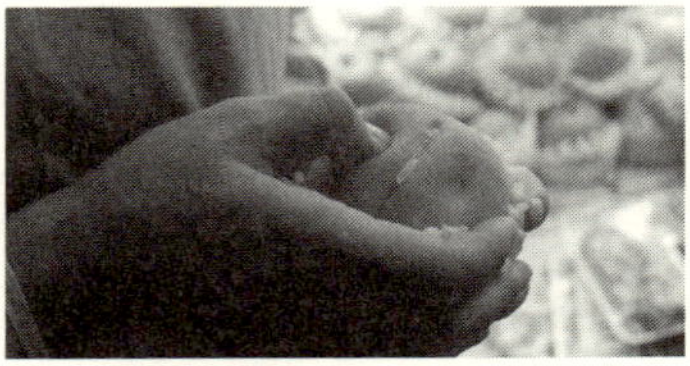

図51　桃が潰されるクローズアップは、女性器を象徴している（同）

イマックスを表現するための食物がそのシーンの最中ではなく、その後のシーンに使われている。二人の親密さが表現され、タンポポの部屋の明かりが消されたその時、年配の女性（原泉）がタンポポの家の前を通って買い物に行く。その年配の女性は店に入り、店内で熟した桃を取り、それを何度も潰す。その後、彼女はチーズ売り場に行き、カマンベールチーズを潰す。お菓子を潰している時に彼女は店長に捕まり、叩かれる。この桃を潰すシーンは、その前のシーンのエロティシズムの欠落を補っているのである。

桃のショットの撮影方法とその果物の潰され方を通して、伊丹の意図が明確に表されている。元のシナリオでは、年配の女性はまずチーズを潰し、そのあとアボカドや他の物を潰すことになっていた。しかし伊丹は、桃を潰した後にカマンベールを潰すようにシナリオを変更し[25]、潰される食物の順番と撮影方法により桃の存在を強調した。年配の女性が桃を潰すミディアム・ショットの後に、画面一杯にこの大きく熟した果物のクローズアップを映し、桃を潰した人物と切り離している。白い網に包まれている桃の形は、男性器を象徴しており、射精を比喩する果汁が飛び出すまで、その割れ目に沿って何度も強く敏速に潰されている（図50）。

次のショットで年配の女性は、店のマネージャーに後を付けられていることに気付き、桃を置いて逃げる。店のマネージャーは桃を手に取り、割れ目が強調されるような角度で握る。その次のショットは桃が優しく潰されるクローズアップである。その果汁は割れ目に滴り落ち、桃に女性器を象徴させている（図51）。この二つのクローズアップは、果物のエロティックな効果を強調し、クローズアップで映されていない他の潰された食物との相違を示している。

このシーンに登場する他の食物とは異なり、桃だけが日本の文化において性と関連している。伊丹にとって「桃は若い娘です」という［26］。タンポポの寝室から電気が消えたシーンのすぐ後にこの桃のシーンが配置されているのは偶然ではない。人類学者の大貫恵美子によると、「桃は日本の文化において外陰の象徴であり、繁栄と繁殖の象徴である」［27］。この桃のシーンは性的行為を象徴的に描き出し、すぐ前のシーンの結末を想像させている。男性、女性両方の性器を比喩しているこの桃は、その前のシーンの不足を補い、完結させているのである。

　性器の象徴的代替物としての果物と野菜は、漫画の世界では極めて一般的である。中野ゆうの『種付け小僧』（一九八〇）第五話の表紙では、僧が四つん這いになった裸の女の尻の上に胡座をかいている。僧もまた裸であるが、彼の勃起した性器は小さな布で隠されている。僧は左手に桃を、隠された陰茎亀頭の隣に持ち、桃の突起は上を向いている。女は茄子を彼女の露わな左胸の前に持っており、それは男性器を象徴している（図52）。

　絵の桃と茄子は単に生殖器を示唆しているだけでなく、僧と女の性的交渉が禁じられたことであることをも暗示している。そういった意味においても、この絵における食物の機能は、『タンポポ』における大人と子供の禁じられた性的関係の描写に類似している。

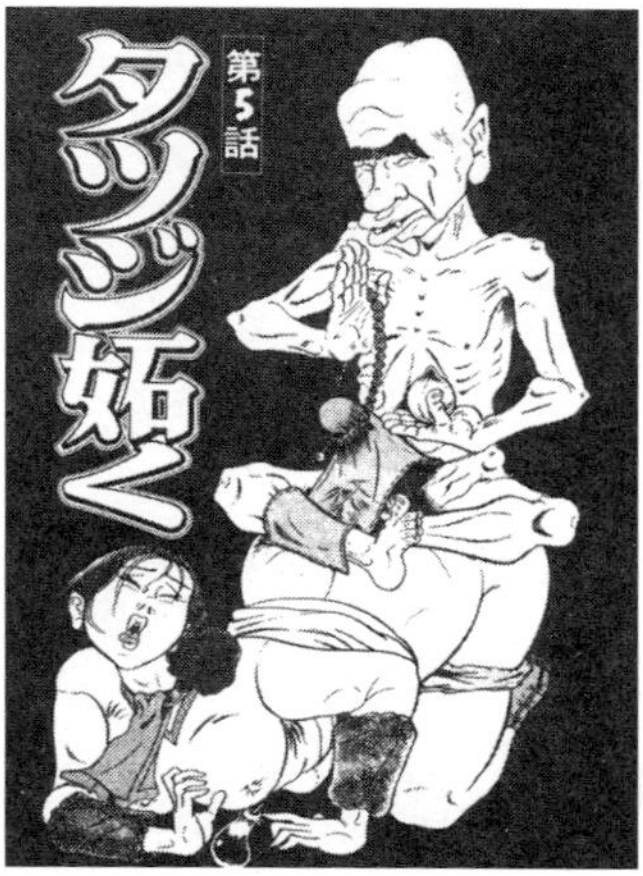

図52　中野ゆう『種付け小僧』（1980）第5話の表紙。身体の性的な部分と並置された桃と茄子は、僧とその女のエロティックな関係を強調している（*Manga! Manga! The World of Japanese Comics*）

　『タンポポ』では、若いカップルの赤裸々でエロティックなシーンと熟年カップルの控えめで親密なシーンの間に、もう二つの生殖器を象徴した食物が登場している。どちらのシーンも屋外（海辺と公園）で、この二つのシーンは連続している。海辺のシーンは卵の黄身のシーンの後に来る。少女（洞口依子）が海から上がってくると、白服の男は何か取れたかと聞く。少

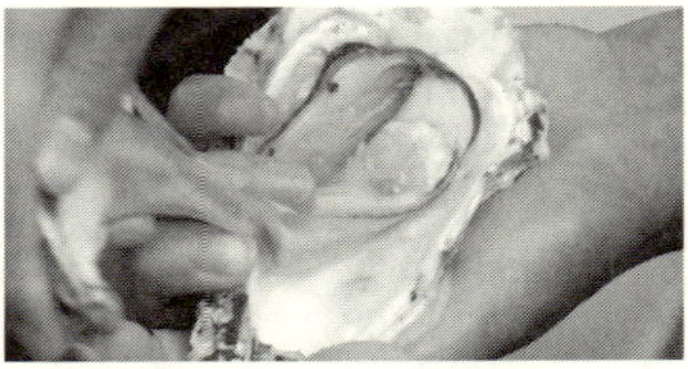

図53　開けられたカキの割れ目が外陰部を象徴する(『タンポポ』)

図54　少女は白服の男にカキの中身を自分の掌から直接与える(同)

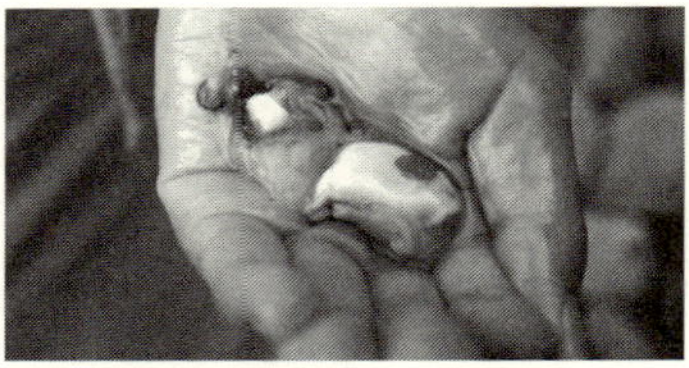

図55　白服の男の血が一滴垂れるカキのクローズアップが、少女の処女喪失を暗示している(同)

女はカキが取れたと答え、白服の男はそれを見せてくれと言う。少女はカキを一つ見せ、彼が売って欲しいと言ったので、ナイフでカキを開ける。真ん中に割れ目のあるその中身の色と形は、明確に外陰部を象徴している(図53)。白服の男はカキを食べようとして上唇を切り、血が出る。少女はカキを取り、中身と外殻を分けて自分の掌に置き、男に自分の掌から直接カキの中身を食べさせる(図54)。男がカキを吸い込むと、少女は掌に快感を覚え、「くすぐったい」と言う。男は立ち上がり、カキのクローズアップに彼の血が一滴垂れる(図55)。それは少女の処女喪失を暗喩している。男はその一滴の血と一緒にカキを淫らに飲み込む。少女は彼を見上げ、彼の上唇の血に気付き、開いた貝の殻を持ったままその血と傷口を舐め、男の口に性的に舌を入れる。二人はそれぞれの手を相手の肩に置いて抱き合う。この少女との性的な邂逅は、女性の性器を象徴するカキを中心にして展開されている。

　少女が大人の男を象徴的に誘惑する海のシーンとは対照的に、公園のシーンでは大人の男(藤田敏八)が象徴的に小さな男の子を誘惑している。このシーンにおけるアイスクリームとニンジンは、男性器を象徴している。

白服の男と少女に続くシーンで、一人の男が電車に乗っている。その男は歯医者の帰りに、柔らかいソフトクリームを買う。ピンクのソフトクリームの色と形は男性器を思わせる。男の子は公園で男がソフトクリームを食べているのを目撃する。その男の子は、首に紐で小さなニンジン（小さなペニスを思わせる）をメッセージと一緒に吊り下げている。男はその男の子に近寄り、小さな生殖器の象徴を触り（図56）、それを横に退けて「この子の母より」と書かれたメッセージを読む。そのメッセージには、その男の子が食べることを許されているのは自然の健康的な食べ物だけであり、砂糖、ケーキなどは食べることが禁止されていると書かれている。男は男の子が当然食べることを禁止されているアイスクリームを欲しいかどうかを聞いてみる。カメラは男の子の拳に向かって斜めにおろし、何も言わず、掌を開いたりぎゅっと握りしめたりを繰り返し、アイスクリームに対する欲望を表している様子を映している。男はアイスクリームがおいしいことを男の子に説明し、男の子にアイスクリームを与える（図57）。

次のショットでは、大きなアイスクリームと小さなニンジンが相対的に生殖器の象徴として並置されている

図56　男は男の子の首に掛かっている小さな生殖器の象徴を触る（同）

図57　男は男性器の象徴であるアイスクリームを、男の子に与える（同）

図58　大きなコーンと小さなニンジンは、相対的な生殖器の象徴として並置されている（同）

図59　アイスクリームが男の子の顔に付き、性的隠喩を表している（同）

（図58）。結局、男の子はアイスクリームを受け取り食べる。伊丹は、男の子がアイスクリームを食べている間にも、大きなアイスクリームを握る男の子の小さな手と彼の首に掛けられた小さなニンジンを並置している。そしてアイスクリームが男の子の顔に付くことで性的隠喩を表している（図59）。少女と白服の男による象徴から現実の性的行為へ移るシーンに比べ、おそらく大人の子供に対する同性愛的接触がタブーであることから、この男と男の子の間には現実的な肉体的接触は描かれていない。

アイスクリームやカキといった柔らかい食物を食べることとセックスの関係について伊丹はこう説明している。

これもだから、セックスといえばセックスなんですけれどね。触覚というふうに僕は考えたんですけれど。あれもこう、舌だとか唇とか、やわらかいもので包み込まれるよう、そういうこと自体が全部セックスなわけですから。もともとのコンセプトというのが、人間ていうのは食べることとセックスっていうものが同じことであるというところから始まるわけですね。〔中略〕おっぱいを吸っている赤ちゃんっていうのが、栄養と同時に愛情を摂取しているわけで、そういうふうに、食べることと、性的な欲望を満たすということは、同じものなわけですね。人間の初期にあっては。それがだんだん、人間が成長していくに従って二つの別なカテゴリーに分かれていくわけで、つまり大元ではひとつなわけです。だからまあ人間はキスするわけですから、じゃなきゃキスなんて何の意味もないわけで。そういうふうな、食べることとセックスっていうのは不可分に結びついていて、特に日本人の場合ってのはきっちりわかれないままで、分化しないままになってる度合が強いかもしれないと思う。[28]

まとめ――衣装と物体の象徴

以上の分析で明らかになったように、伊丹による『お葬式』と『タンポポ』におけるエロティシズムの概念は、伝統的そして近代的な日本芸術に見られるエロティシズムの概念と類似している。伊丹はこの二つの物語において、対照的な登場人物とその行動を同じシーンまたは別のシーンに並置している。『お葬式』では、性的行為の関与者と非関与者を並置し、関与者の行動を非関与者に反映することで、アイロニカルなメッセージを作り上げている。『タンポポ』では、二組のカップルを並置し、成熟と若さ、控えめさと赤裸々さなどを対比することにより、主人公カップルの内向的な親密さと、もう一組のカップルの外向的なエロティシズムを明白に示している。また美学的には、この二つの映画の登場人物の服装に視覚的な陰／陽の対比（黒／白、露出／隠蔽）を反映させている。伊丹は写実と象徴の並置、また異なったレベルの象徴の並置により、美学的緊張を作り上げている。また、セックスとエロティシズムの領域における禁じられた対象や行為を描くために、伝統的な春画や近代的な漫画に使用されているものと同様のまたは類似した様々な大きさの象徴的物質を採用している。それらの物質は、象徴的意味を持つものとして日本の伝統演劇でも使用されている。伊丹によるこの二つの映画のエロティックなシーンは、日本の文化的シンクレティズム（混合主義）によって創造されているのである。

［1］伊丹十三、著者とのインタビュー（東京：一九九四年三月二日）。

［2］Jeffrey Sipe, "Death & Taxes: A Profile of Juzo Itami," *Sight and Sound* 58, no. 3, Summer 1989, p. 186.

［3］例として、品田雄吉「お葬式――監督第一作とは思えない新鮮で快い驚きを携えて」（『キネマ旬報』一九八四年一一月下旬号〔898号〕、六五頁）と、Ray Sawhill, "The Funeral" ([a review], *Film Quarterly* 41, no. 3, Spring 1988, pp. 38-39)。

[4] 伊丹、著者とのインタビュー。

[5] "Eat! Eat! It is Mother's Last Meal': Verina Glaessner talks about sex, food and death with Juzo Itami and Nobuko Mioyamoto," *Monthly Film Bulletin 55*, no. 651, April 1988, p. 102.

[6] 伊丹、著者とのインタビュー。

[7] 伊丹十三『タンポポ――ラーメンウエスタンだ!』脚本、一九八五年、未公刊、日本大学芸術学部映画学科資料室。

[8] "Eat! Eat! It is Mother's Last Meal'," p. 102.

[9] 太田省吾「水の駅」『劇の希望』ちくま書房、一九八八年、九九―一〇三頁。

[10] 同書、一〇八―一一三頁。

[11] 伊丹、著者とのインタビュー。

[12] 伊丹十三『お葬式日記』文藝春秋、一九八五年、九四頁。

[13] 同書、七八頁。

[14] Timon Screech, *Sex and the Floating World: Erotic Images in Japan, 1700-1820*, Honolulu: University of Hawaii Press, 1999, p. 149.

[15] 『伊丹十三の「タンポポ」撮影日記』企画・ナレーション=伊丹十三、構成・演出=浦谷年良、ジェネオン、一九八六年。

[16] 伊丹、著者とのインタビュー。

[17] 春画においての象徴の例については、Timon Screech, *Sex and the Floating World*, pp. 129-92.

[18] Frederik L. Schodt, *Manga! Manga!: The World of Japanese Comics*, Tokyo: Kodansha International, 1983, p. 135.

[19] 伊丹、著者とのインタビュー。

[20] 同前。

[21] Timon Screech, *Sex and the Floating World*, p. 186.

[22] 伊丹『タンポポ――ラーメンウエスタンだ!』三三頁。

[23] 『伊丹十三の「タンポポ」撮影日記』。

[24] 伊丹、著者とのインタビュー。

[25] 伊丹『タンポポ――ラーメンウエスタンだ!』八六頁。

［26］伊丹、著者とのインタビュー。
［27］Emiko Ohnuki-Tierney, "The Ambivalent Self of the Contemporary Japanese," *Cultural Anthropology* 5, no. 2, May 1990, p. 201.
［28］伊丹、著者とのインタビュー。

著者と伊丹十三監督（ホテルオークラにて、1994）

[II] 要因と象徴としての自然

Ⅰ部では多彩な自然要素の表現を扱い、日本映画において様々な形の自然要素が織り成す様について検討した。黒澤明の映画『夢』においては、狐、桃畑、富士山といった自然の存在物が主要な役割を担っている。人間が主な登場人物であるエピソードにおいても、極めて表現性豊かな動物（犬とカラス）の出現が夢の始まりや終わりを表している。また、雨、雪、火山灰、川といった自然要素が特定の夢を展開させ、終結させてもいる。第四章で検証した『藪の中の黒猫』と『鬼婆』においても、物語は竹とススキに覆われていた。『藪の中の黒猫』の主役は、動物（猫）の化身であり、『鬼婆』では二つの自然物、穴と木の幹が重要な象徴的役割を果たしている。『乱』の楓の方の性格描写は、狐と蛇の二匹の動物の性質に基づき、言語的、視覚的に表現されている。『蜘蛛巣城』の殺人場面では、血痕が能の空間に有する松の木と竹のイメージに置き換えられ、馬の駆ける様子が主人の死を表している。一方『乱』では、首を斬られた死体を花束で覆うことにより、死の場面に高潔な印象を与えている。また、『お葬式』における性的な場面は、蜜柑畑で展開され、『タンポポ』では、動物（エビと牡蠣）、果物と野菜（桃と人参）が生殖器の隠喩的代用物として組み込まれている。私は、このような日本文化と日本映画における自然との普遍的な結びつきは、日本文化の根源である神道がもたらしたものではないかと考える。神道は日本におけるアニミズム的宗教であり、山や木、滝といったあらゆる自然物を神聖視する考えを持っている。

映画における印象的で傑出した自然要素の融合は、日本映画の時代劇と現代劇における最も伝統的で特徴的な側面の一つであり、それは、他のどの国の映画とも一線を画しているものである。日本映画には、自然要素を物語の動機として用いる幾つかの方法がある。一つ目は、単一の自然要素に焦点を当て、それを何通りかの異なるやり方で一つの映画の中に用いる方法。二つ目は、一つの自然要素が正反対の自然要素に移行し、その相反する自然要素を物語の展開に用いる方法。三つ目は、一つまたは複数の自然要素を、性的な場面や死の場面といった特定の場面にのみ用いる方法である。四つ目は、特定の劇的なメッセージを伝えるために複数の自然要素を一つの連続映写に用いる方法である。

第六章　一つの自然要素の展開

日本の伝統演劇における特に顕著な自然要素の使用例は、能舞台の空間において不変の背景として用いられている樹木とその背景絵である。能舞台へと繋がる橋掛りの前と後ろには、本物の真っすぐな五本の若松が配置されている。そして舞台の背景である鏡板には、捻じ曲がった松の老木が描かれ、舞台の横側の脇鏡板には竹が描かれている。これらの構成要素は長寿、祝賀、そして力強さを象徴している。これらの能舞台における特別な要素は、現代的な場面にも応用されている。一九九〇年代にＮＨＫ総合テレビで放送されていた、日本全国を巡るバラエティー番組『ふるさと愉快亭　小朝が参りました』の中の「小朝の面白対談」というコーナーでは、一〇〇歳の高齢者が収録会場に招かれていた。この番組では、進行者が高齢者を舞台に招く際に、通常のテレビ収録の舞台背景として使用されている特別な意味のない屏風を（図1）、老松が描かれた能舞台の鏡板に酷似した大きな屏風に差し替え（図2）、日本における長寿の象徴である松を、このコーナーに登場する老人の背景としている。そこには、日本における象徴としての松の木の伝統的な意味はもとより、能舞台における特定のイメージも内包されていた。

図1　『ふるさと愉快亭　小朝が参りました』の背景に使用された、通常時の屏風（ＮＨＫ総合テレビ、1994-1998）

図2　「小朝の面白対談」の背景に使用されている、古い松の木の描かれた大きな屏風（同）

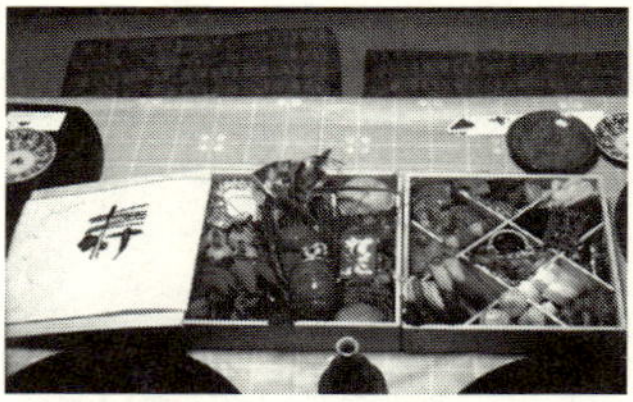

図3　御節料理の詰められた重箱。左側に置かれているのはその蓋（撮影著者、1994）

図4　重箱の蓋に「寿」の形をした松竹梅が描かれている（同）

このような自然物の使用によって、象徴するものと象徴されるもの、また記号表現（文字や音声）と記号内容（イメージや概念）を表すもの、そして表されるものの並置は、虚と実の概念を具体化する役割を果たしている。これは日本の文化と習慣の様々な場面に広く一般化しており、時には同じ、または類似した要素が、全く異なった形を取って現れることもある。たとえば、新年の御節料理の重箱の蓋に、松竹梅の絵が組み合わされたものが描かれていた（図3）。冬場にも緑を保つ松としなやかな竹、そして雪の中に花を咲かせる梅は、極寒期における樹木の力強さを表し、慶事の象徴として機能している。これは記号表現であり、虚の概念にあたり、この図案を注視してみると、これらの特別な自然物の配置が漢字の「寿」（図4）を構成していることが分かる。これは記号内容であり、実の概念にあたり、この二つの作用によって更なる祝賀の意味が込められているのである。この「寿」の漢字は、お屠蘇や箸といった重箱以外のアイテムの包みにも使われている。

　このような箱の内容物と外側の包みに描かれた象徴の並置は、日本伝統において極めて特徴的なものである。日本映画の中にもこれと類似したストラテジーが反映されている。

1　人間関係を反映する小石——滝田洋二郎『おくりびと』

映画における最も基本的な自然物の使用方法は、ある一つの自然要素に絞って焦点を当てるという方法である。その自然要素は、記号表現（文字や音声）の類似物として、または物語における実際の演劇的活性剤として用いられる。滝田洋二郎の『おくりびと』（二〇〇八）の終盤では、小石が人間関係を表現しており、それは観客をある特定の感情へと導く活性剤としての重要な役割を果たしている。この映画の主人公、小林大悟（本木雅弘）は東京でチェロ奏者として働いていたが、オーケストラが解散したため職を失い、山形県酒田市の実家に妻の美香（広末涼子）と共に帰郷する。大悟の母は二年前に亡くなったが、大悟の生まれ育った家はまだ残っていた。大悟の父は彼が幼かった頃に母を捨て、失踪している。実家に戻った大悟は、経済的な必要性にかられて納棺師として働き始める。大悟は妻や友達に、この仕事を始めた事を隠していた。ある夜、大悟はチェロが弾きたくなり、子供のころ使っていた小さなチェロを取り出す。チェロを鞄から取り出す際、鞄の中からスコアに包まれた何かを発見する。スコアから出てきたのは大きな石であった。大悟は父が好んでいた曲を弾き始め、場面は彼の子供時代へと移る。最初の場面は、彼が両親の前でチェロを弾いているところで、次に両親と共に銭湯へ行く場面に移り、その後彼と彼の父親（峰岸徹）が川岸で小石を探している姿を母が愛しそうに見つめている場面へと移る。この子供時代の回想は、子供だった大悟と彼の父親が互いに石を交換する場面で終わる。大悟は父親に小さな石を渡し、父はそれよりも大きな石を渡す（それがその楽譜に包まれていた石である）。カメラは大悟の小さな両手の上の大きな石と、父の大きな手の上の小さな石をクローズアップで写している（図5）。大悟は父親に向かって微笑むが父の顔はない。それは彼が父の顔を思い出せないためである。その後、場面は先ほどのチェロを演奏する大悟へと戻る。

図5　大悟の小さな両手の大きな石と父親の大きな手の小さな石のクローズアップが、彼らの関係を示している（『おくりびと』滝田洋二郎監督、2008）

この大きな石と小さな石は、本作において最も重要な自然要素となる。二つの石はこの場面から物語の終盤に至るまでの間、主人公と家族のコミュニケーションと関係性を表すのみならず、映画の終盤を締めくくる物語の仲介物としての役割も果たしている。後の場面で大悟は、父親から貰った石を玩びながら妻に自分の父について話し、父には会いたくないと言う。そしてもし会うことがあれば殴ると言い、石を机の上に落とす。大悟はこの自然要素を用いて父親に対する強い拒絶を表しているのである。美香は、大悟の父が好きだったというレコードをかける。美香は先ほど大悟が投げた石を拾って二人の間の机の上に置き、大悟の父親のレコードが、大悟が石を投げ捨てたように捨てられたりせず、よく手入れされていたことから、大悟の母親は大悟の父親を亡くなるまでずっと愛していたのだろうと大悟に告げる。美香は大悟が父から貰った時と同じように、両手で石を包みながら言葉を締めくくる。この時点の美香は、石の由来を何も知らないにもかかわらず、父から贈られたこの石を大事に扱っている。石は既に、映画の登場人物それぞれの異なった態度を象徴する役割を果たしているのである。

時は流れて大悟は仕事にも慣れ、ある時遺族から感謝される経験をする。夫の仕事を知った美香は、そんな気持ちの悪い仕事はやめてほしいと頼むが大悟に拒まれたため、彼のもとを離れ、更に大悟の幼なじみである山下までもが彼を避けるようになる。物語の転機は、美香が戻り、妊娠を告げた時に訪れる。美香が再度仕事をやめるよう迫ると、大悟のもとに一本の電話がかかり、山下の母ツヤ子が亡くなったとの知らせを受ける。大悟がツヤ子の遺体の身支度をする様子を目の当たりにした美香と山下は、大悟と彼の職業への態度を改め、彼が執り行った葬儀に心を動かされる。その次の場面は、大悟が美香への気持ちを小さな石によって表現する、夫婦間の無言のコミュニケーションの本質に触れる場面である。大悟と美香は川岸に降り、大悟は小石を探して拾う。彼はそれを両手で持ち、石に自分の内なる思いと決意を込める。そして美香のもとへ急ぎ、石を彼女の手の上に置く。大悟はそれを「石文」だと言い、こう説明する。

「昔さあ、人間が文字を知らなかったくらいの大昔ね、自分の気持ちに似た石を探して相手に送ったんだって。もらったほうはその石の感触や重さから相手の心を読み解く。例えばつるつるのときは心の平穏を想像し、ごつごつのときは相手のことを心配したりね。」

この説明を聞いた美香は石を両手に持ち、自分の思いを込める。美香は大悟に感謝し、この話は誰から聞いたのかと尋ねる。大悟は父からだと答え、美香は家にある大きな石も父からの物であることを理解する。大悟は、父と毎年石を送り合うことを約束していたが、結局、父から貰ったのはその大きな石一つだけであったと話す。大悟は石を拾い上げ、「酷い父親」と言って川へ投げる。ここでもまた、石が登場人物の感情を表すのに用いられている。画面は別々な方向から川を静かに見つめる二人の後ろ姿をロングショットで映し出し、大悟の傷ついた感情の余韻を残している。しかし映画の終わりに大悟が石に対して抱く感情は全く違ったものとなる。このシーンは、この映画の終盤の衝撃的な感動への準備として非常に巧みに構成されているといえよう。

『おくりびと』の主題を設定した放送作家の小山薫堂は、向田邦子のエッセイで「石文」について読んだという。そこには「昔は石文というものがあったらしい。」と書かれていた[1]。小山はこのアイディアを大変気に入り、この映画に採用することにした。彼は映画のコンテクストにおけるこの自然要素の趣旨についてこうコメントしている。

それで今回父と息子の繋がりのエピソードとして使用しました。現代社会は携帯電話のメールなどで簡単に自分の思いを相手に伝えられるから、送る側も受け取る側もわかりやすいことしか伝えない。簡単なだけに人と人との繋がりが希薄になっているような気がするんです。だからコミュニケーションが困難な方法なら人との結び付きは逆に強くなるんではないか、そう思っていたので石文というツールをこの題材、エピソードの中で構築してみたんです。[2]

図6　『仮名手本忠臣蔵』で新事実が発覚した後、勘平演じる十五代目市村羽座衛門が、彼の名前が含まれた連判状を見る（『演芸画法』1918年12月）

石文による最も意味深い場面は、映画の終盤に訪れる。滝田は石文を、通常は自然の要素が使われない歌舞伎や文楽と同様の劇の様式を表す手段として利用している。その様式とは、登場人物の行為の予想外の行動により、登場人物はもとより、観客が仰天するような反転の事実を明らかにするというものである。このどんでん返しの様式は、物語の最も重要な局面となり、観客に大きな感動を与える［3］。

この良い例のひとつが歌舞伎『仮名手本忠臣蔵』に登場する勘平の切腹の場面である。この劇の五段目「山崎街道鉄砲渡しの場」で斧定九郎は、勘平の義父である与市兵衛を刀で斬り付けて殺し、金を略奪する。その後定九郎は暗闇で勘平に猪と間違えられて銃で撃たれる。六段目「勘平切腹の場」で勘平は、暗闇で殺した定九郎が義父の財布を持っていたため、義父を殺してしまったと勘違いする。勘平は義母おかやと塩冶判官の侍であった二人の浪人に義父殺しを告発される。勘平はそのような状況に耐えきれず、自ら刀を抜き切腹する。勘平は命が尽きる間際、義母と二人の浪人に暗闇での出来事を話し、登場人物全員が勘平を義父殺しの犯人と確信したが、浪人の一人である弥五郎は部屋の後方の衝立ての側に横たえられた義父与市兵衛の死体を調べ、その疵が鉄砲の疵ではなく、刀疵であることを発見する。この新事実の発覚により、勘平が殺したのは義父ではなく、義父を殺した犯人であり、勘平が仇討ちを果たしていたことが判明する。またこの新事実の発覚により四人の登場人物の態度は一転する。おかやは義理の息子を告発し、結果的に死なせてしまった事を後悔する。二人の浪人は勘平の体を助け起こし、彼の名前が記された敵討ち連判状を見せ（図6）、勘平は自身の血でそれに著名し、息絶える。連判状に血判をし、義父を殺したと考えていた勘平は義父の仇討ちを果たし、先とは全く反対の心境でこの世を去ることとなった。

『仮名手本忠臣蔵』における複雑な新事実の解明に言葉（会話）が使用されているのに対し、『おくりびと』では遺体が手に握っていた自然の小さな物体が言葉を使わずに登場人物と観客の心情を一転させる。つまり、ここで滝田は言葉の代わりに小さな石を用い、劇的で衝撃的な感動をもたらしているのだ。『おくりびと』の終盤、美香と大悟は彼の父が亡くなったという知らせを受ける。当初、大悟は父に会いに行くことを拒否するが、美香に説得され、彼女と共に高価な棺を持って父が住んでいるという粗末な家へ向かう。そこで大悟は父の最後の数年間の様子を知ることとなる。大悟は、父の遺体を手荒に扱った二人の男性を追い払い、父の体を清めて身支度を施す。そこで彼は、父が何かを強く握りしめながら死んでいることに気づく。父の右手を開いてみると小さな石が父の体に落ちる。大悟が小石を拾う際、小石を落とし硬直した父の手と、小石を持った大悟の手が並置されている（図7）。

これは大悟が子供時代に父に送った石文である。父がその小石を数珠のように死の間際にあっても握りしめていたことから、それが彼にとって最も大切な物であったことが分かる。小石は今まで登場人物と観客が大悟の父

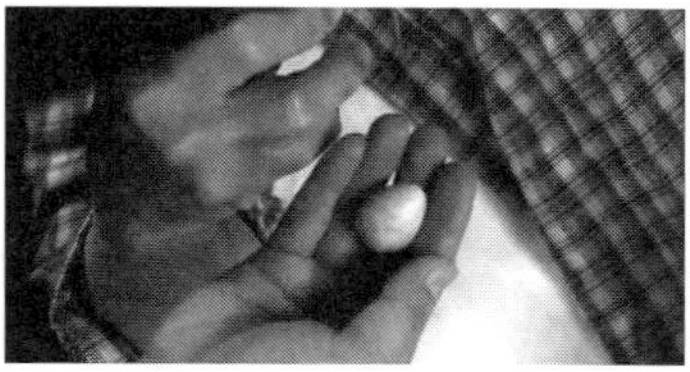

図7　小石を落とし硬直した父の手が、小石を持つ大悟の手の横に並置される（『おくりびと』）

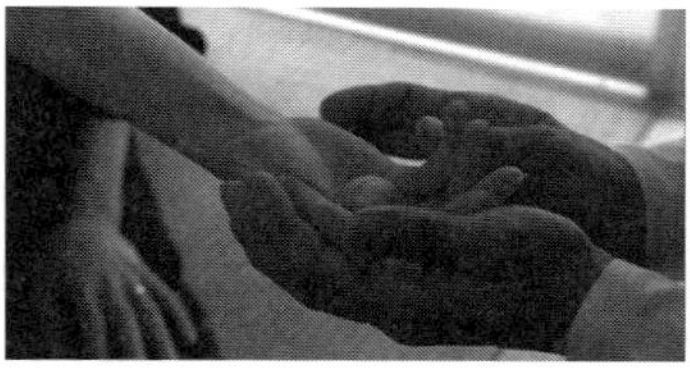

図8　大悟は石文を持つ妻の手を両手で包み込む（同）

図9　大悟は美香の妊娠した腹に石を持った手を優しく当てる（同）

親に抱いていたイメージを、根底からひっくり返す手段として使われている。大悟が妻に小石を渡すと、主題曲が流れ始めこの場面を強調している。大悟は父の顔に触れ、洗浄してひげを剃る。大悟が愛しみを込めて父の顔に触れる際、子供時代の彼が父の前でチェロを弾く場面、川岸で石を交換する場面、そして子供時代の彼が父に向かって笑いかける場面の記憶が呼び起こされる。この場面では、前回の回想より父の顔が鮮明になっている。大悟は涙を流しながら更に愛しみを込めて父の顔に触れ、ただ「親父、親父だ」と言い、同じように涙を流している妻を見る。美香が大悟に手のひらの小石を差し出すと、大悟は両手で彼女の手を包み込み（図8）、優しく美香の大きくなったお腹に当て産まれてくる子供との交流を図る（図9）。ここで三世代に渡る精神的な交流がもたらされる。亡くなったばかりの祖父からの石文が、父を通して産まれてくる子供に伝えられる。映画はこのラストショットの悲哀、憐憫、希望と共に完結する。滝田は小石によって感情、人間関係、状況の全てを表現し、言葉を無用の物としている。この自然要素こそがこの作品の要となっているのである。

2　象徴としての植物——成瀬巳喜男『山の音』と『夫婦』

『おくりびと』における小石は、映画全体を通して不変の存在であった。それに対し、自然の一つの要素をある状態から他の対照的な状態へと変化させ、その二つの対照的な状態を同時に並置することで、自然要素をより能動的に機能させる手法もある。樹木は記号表現（文字や音声）として機能し、登場人物が体験する物語の過程を反映し、具体化する。日本の映画監督は、葉の繁った樹木と葉の落ちた樹木などという、時の推移に伴う必然的変化によってもたらされる樹木の多様な姿を連続的に採用する。成瀬巳喜男は『山の音』（一九五四）と『夫婦』（一九五三）において、この樹木の対照的な変化を採用している。どちらの映画でも、ヒロインの中絶に関係した出産・繁栄から虚無・衰亡への変化とその並置を示すために用いられている。

『山の音』に登場する子供のいない若い女性・菊子（原節子）は、夫である尾形修一に邪険にされ捨てられる。この映画は、捨てられた菊子と義父・尾形信吾（山村聰）の複雑で親密な関係を描いている。菊子は夫の子を身ごもるが、彼女は誰にも告げずに中絶する決意をする。菊子は義父と共に、彼らの住む鎌倉から病院のある東京へと旅立つ。菊子の旅の真の目的は中絶だが、義父には友達の見舞いに行くと偽っている。菊子の旅の本質である繁栄から衰亡への移行は、旅先で通り過ぎる風景の樹木によって表されている。成瀬は、信吾が先に家の玄関を出て菊子を待つまでの間、玄関の後ろに生い茂った樹木の様子を強調している（図10）。また、歩き始めた菊子が紅葉の美しさを口にすることで、樹木に言語による修飾を加えている。その後カメラは樹木が生い茂る方向に向かって歩く二人の後ろ姿を捉え、観客は二人の前に広がる緑や紅葉の豊かな樹木を目の当たりにする。電車の場面では、走る電車の中から彼らの目線で映されたまばらな木々の風景が見える。多種多様な樹木は、菊子と信吾の会話の間にも電車の窓枠を通した背景として現れ（図11）、樹木の存在とその累積的な意味合いを観客に強く意識させている。信吾は、新婚夫婦の親夫婦との同居は結婚生活の障害となるので、自分と妻は菊子夫婦と別居することを菊子に提案する。菊子は義父と別離するという提案に沈痛な面持ちになり、顔を電車の窓の外に背ける。

図10　菊子と信吾が、緑の生い茂った樹木を背景に自宅を出る（『山の音』成瀬巳喜男監督、東宝、1954）

図11　菊子と信吾が東京の病院へと向かう旅の車窓には、多種多様な樹木が見える（同）

電車の場面は、菊子が沈痛な面持ちで窓を眺めるショットから、駅から病院へと向かうタクシーのフロントガラス越しに見える落葉した背の高い並木の映像へのディゾルブで締め括られる。その冒頭のショットは哀愁と不毛さを表し

図12　タクシーの前方の窓から見える、落葉した並木。哀しさと不毛さを示している（同）

図13　梢が刈り込まれ、落葉した並木。哀愁と不毛さが強まり頂点に達する（同）

ている（図12）。次の二人が静かに哀しげに座っている映像は、タクシーが目的地である病院に着く映像に続く。背景はまた落葉した並木であるが、今回の並木は、梢が刈り込まれたような形をしており、哀愁と虚無、そして土地の不毛さが頂点に達している。これらの樹木を背景に、菊子は信吾と別れてタクシーを降り、病院に向かう（図13）。樹木が枯れた哀しげな形状に移り変わることで、真に愛する人のお腹の子との別れが表現されている。

菊子と信吾が東京へ向かう電車に乗るシーンは、この映画の原作である川端康成の小説「山の音」には存在しない。その代わり小説には、菊子の夫で信吾の息子である修一が東京へ向かう電車に乗るシーンが存在する。川端はこの章の比較的始めから、巧みな自然要素の描写によって中絶や別離の動機を描き出している。

> ところが、いく年も見て通りながら、その森に、二本の松を発見したのは、最近のことだった。
> 二本の松だけが高くぬきんでている。その二本の松は抱き合おうとするかのように、上身をおたがいに傾け合っている。梢は今にも抱き合いそうに近づいている。
> その森で二本の松だけが高いのだから、いやでも目につくはずだが、信吾は今まで気がつかなかった。しかし一度気がついてからは、必ず二本の松が真先に目につく。
> 今朝は吹き降りのなかに、二本の松が薄く見える。［4］

この松の描写の後信吾は修一に菊子の具合について尋ね、そこで修一は信吾に菊子の中絶について告白した。高く突出し、抱擁するような二本の松の木の描写は、本来長寿をイメージさせる松の木が雨の中で薄く見えることによって、後の中絶による命の喪失を読者に予見させている。映画『山の音』において成瀬は、菊子が中絶のために東京に向かう新しいシーンを挿入し、その背景を緑や紅葉の豊かな樹木から落葉した並木に移行させるという、原作に類似した表現を用いている。それは原作の薄く見える松の木と同じ動機で中絶を象徴している。

『夫婦』は仲原伊作（上原謙）とその妻・菊子（杉葉子）の複雑な結婚生活を描いた映画である。複雑さの原因の一つは、同じアパートに住む夫の同僚であり男やもめの武村良太（三國連太郎）である。夫は武村が妻に関心を寄せているのに嫉妬し、妻はそんな夫が昔に比べ魅力的でなくなったと感じ、互いの苛立ちは最高潮に達する。この状況を打開するために菊子は新しい住居を見つけて移り住む。その後菊子の妊娠が発覚し、夫にそのことを告げるが、つかの間の喜びの後、伊作は自分たちが子供を育てる余裕がないことから、菊子に子供の堕胎を要求する。伊作が家の中で自分の決断を告げ、菊子がそれに異議を唱えたその後、戸外にいる二人の場面に変わる。菊子は画面右側のベンチに座り、伊作は画面左側の菊子の正面に立つ。二人の背景の樹木は、夫婦それぞれの妊娠に対する意思を表している。菊子の背景は葉の生い茂った木々と低い茂みに囲まれ、土地が肥沃であるといった印象や、種が繁栄しているという印象を与える。一方夫の背景の木々は完全に葉が落ち、堕胎を要求するという正反対の態度がそこに示されている（図14）。この場所は後に伊作が菊子を連れて行く病院の近くに位置しており、菊

図14　葉の生い茂った木々と茂みは妻の肥沃さを示し、落葉した木々は夫の正反対の態度を示している（『夫婦』成瀬巳喜男監督、東宝、1953）

図15　妻の出産を容認した夫は、葉の生い茂った木々と茂みを背景に共にベンチに座る（同）

子は病院から逃げ出し、葉の生い茂った木々と茂みの前のベンチに座り、妻を追いかけてきた伊作が菊子の横に座る。葉の生い茂った木々と茂みに囲まれた二人の姿をミディアムショットで強調している（図15）。

伊作がこの樹木の背景に加わることで、出産を容認し、産まれた子供を養育するという彼の新たな決意と態度を反映させる。伊作は家に帰ることを提案し、二人は立ち上がって落葉した並木を通り、葉の生い茂った木々が背景となっている、小さな子供たちが遊ぶ小さな公園に向かう。成瀬はここで記号表現である木々と茂み、そして記号内容である子供たちを重ねている。この自然のシンボルに映画の問題解決を象徴させ、エンディングとしたのである。成瀬はこの二つの映画に、同じメッセージを表明する類似した用法を用いている。このことは、彼が、自然の持つ本質的な機能を最大限に認識することによって自分自身の美学を作り上げていることを示している。


［1］「小山薫堂（脚本）インタビュー」『「おくりびと」オフィシャル・メモリアルブック』ゴマブックス、二〇〇九年、七一頁。

［2］同前。

［3］この劇的な工夫は特に古代ギリシャ悲劇に存在する。「認知」と称され、主人公がある登場人物の性格や自分の苦境の本質を認識することで、状況の突然の逆転がなされる。

［4］川端康成『山の音』岩波文庫、一九八八年、一九九頁。

第七章　自然要素の正反対への移行

成瀬巳喜男の映画では、ある自然要素が正反対の状態へ変化し、二つの対照的な状態が並置されることにより、結果的には登場人物の態度や状況が記号表現として反映されているだけである。しかしこれから述べるような映画では、対照的な自然要素の変化が登場人物の行動を感化し、効果的に物語の進行に影響をもたらすという展開を持つ場合もある。その場合、映し出される自然物は非常に能動的に物語の展開に影響することになる。黒澤明の時代劇映画『隠し砦の三悪人』（一九五八）と柳町光男の現代劇映画『火まつり』（一九八五）における火とそれにともなう祭儀は、物語を終幕へと導く最も重要な役割を担っている。どちらの映画においても、火は火まつりの儀式に関連した形で登場し、その出現は極めて印象的で祝賀の意味合いを持っている。どちらの監督も、火を登場させる前にそれとは正反対の要素である水を出現させ、この相反する二つの要素を全く異なる含意と登場方法、効果で用いており、そして各場面に帰結をもたらす際にも、こうした二つの相反する要素が特徴的なありかたで使用されている。

1　水から火への必然的移行の後の熱狂――黒澤明『隠し砦の三悪人』

『隠し砦の三悪人』は山名家と秋月家の合戦の後、戦国時代の秋月家の領土を回復させるべく、秋月家の武将・真壁六郎太（三船敏郎）が、秋月家の雪姫（上原美佐）を家財と共に同盟国の早川領へ送り届ける話である。この映画は、それ以前の黒澤作品『虎の尾を踏む男達』（一九四五）の別バージョンと考えられ、能『安宅』と歌舞伎『勧進帳』が基となっている。基となる能、歌舞伎そして映画でも、武蔵坊弁慶率いる家来たちが安宅の関で富樫とその家来と対決する。武蔵坊弁慶と源義経の家来たちは山伏に変装し、主君である義経を守護する。義経の異母兄である源頼朝は、義経の背信を疑い、彼の殺害を企んでいる。富樫らに自分たちを本物の山伏だと思わせるため、弁慶は白紙の巻物をあたかも勧進帳であるかのように読みあげ、山伏に成りすます。富樫らは弁慶らの通過を認めるが、富樫の家来の一人が、強力の一人が義経に似ていることに気付いてしまう。義経のために命を捧げる覚悟の家来たちと、富樫主従との直接対決を避けようと、弁慶は予想外の行動に出る。何と弁慶は、義経を単なる下僕だと示すために打擲して見せ、必要ならば死ぬまで叩くと揚言するのである。能と歌舞伎においては、義経一行を通過させた富樫らが彼らを本物の山伏と信じたかどうかはっきりとは示されず、富樫らは義経に気付いていながら、弁慶の並外れた行動を見て心を動かされたため見逃したのかもしれない、と解釈させる。しかし黒澤の『虎の尾を踏む男達』においては、富樫だけでなく家来の一人も弁慶らの素性に気付いており、彼らを見逃す事で自らの主君への忠誠に背く意思を明確に示している。『隠し砦の三悪人』では、弁慶の役柄は秋月家の武将・真壁六郎太、強力に扮した義経の役柄は啞に扮した秋月家の雪姫、富樫の役柄は山名の侍大将・田所兵衛（藤田進）となっている。『虎の尾を踏む男達』に登場した、榎本健一演じる滑稽な強力は、『隠し砦の三悪人』では強欲な百姓の太平（千秋実）と又七（藤原釜足）の二役に分けられている。この二人は六郎太と雪姫の仲間に加わり、後に村の娘も加わる。

『隠し砦の三悪人』では、『安宅』『勧進帳』『虎の尾を踏む男達』で弁慶が一人で演じた宗教的なパフォーマンスの代わりとして、登場人物たちのパフォーマンスが火祭りの場面で行われる。黒澤は火を、反対の自然要素である水を介して登場させている。旅の途中、雨が三日間降り続き、一行はやむを得ず山の斜面の窪みで雨宿りをする。六郎太は金を運ぶ方法を見付けるためその場を後にする。残った太平と又七は大勢の人の掛け声を耳にし、火祭りの参加者たちが大量の薪を積んだ台車を運んで行くのを目にする。秋月家の金は似たような薪に隠されているため、二人の百姓はこの行進に加わり、追っ手から逃れようとする。しかし、祭の庭である神社境内に到着した強欲な百姓たちは、他の参加者のように薪を火に投げ入れる事を拒否したため、彼らを捕えようと探している山名の兵に疑われてしまう。実はこの山名の兵士たちは、六郎太と雪姫らが金を薪に隠したのを知っており、六郎太らがこの祭りの参加者のふりをする可能性があるとして、この祭りを見張るよう派遣されていたのであった。そんな絶体絶命の状況に六郎太が戻り、火祭りに参加している百姓たちを見つける。六郎太は百姓たちの薪を乗せた台車を引いて来て、金が隠された薪を火の中へ放る。そして百姓たちと村娘、雪姫を火祭りの踊りへ誘う。この火祭りへの虚偽の参加は、山名の兵士たちから雪姫と六郎太の素性を隠すためのものである。これは、『安宅』と『勧進帳』そして『虎の尾を踏む男達』で弁慶の行った策略に似通っている。祭りの参加者たちは焚き火の周りを踊りながら歌う。

「人の命は　火と燃やせ／虫の命は　火に捨てよ／思い思えば　闇の夜や／浮世は夢よ　ただ狂え」

この歌は単純な振りの踊りと共に歌われる。歌い終わると活気のある動きで焚き火に近づき、焚き火の周りを高速で回りながら、西村雄一郎が定義するところの「ヤーヤーヤーヤ！」という、熱狂的で野性味ある掛け声をかけ[1]、火祭りに恍惚感をもたらす（図1）。火祭りにおける登場人物たちの振る舞いは様々である。二人の百姓は惨めな様子で踊っているが、六郎太は本物の参加者と同様に踊り、雪姫は熱狂的に踊り、この自然の祭りを真に満喫している（図2）。この場面においては、雪姫が六郎太に代わって物語の導き手となり、火まつりと一同との邂逅も彼女がたぐりよせたかのように描かれている。映画のこの場面は、伝統演劇『勧進帳』の、弁慶が白紙の勧進帳を読み上げる場面に対応するものであるが（図3）、本来の『勧進帳』では弁慶（映画では六郎太）

が担うはずの物語の役どころを逆転させて、義経ならぬ雪姫が担うものへとその構造を改変している。

素性を隠すために弁慶が行った勧進帳の奉読は一度は富樫を納得させるものの、次の場面で義経の素性が暴露されそうになるという新たな危機へと展開するのであるが、雪姫による火まつりの火とその祭礼の再現は、これと同じような曲折を経て、物語を終幕へと導くことになる。映画の終盤、加担者の六郎太に続いて雪姫、村娘（樋口年子）が敵に捕われる。田所兵衛という山名の侍大将が捕らえた三人の素性を暴くために三つの柱に縄で縛り付けられた三人のいる部屋に入る。六郎太と雪姫は兵衛との問答の末、雪姫は自らの素性を明かし、また、以前六郎太に打ち負かされたことで兵衛が主君に処罰として顔に傷を付けられた一件をなじる。雪姫は死ぬ覚悟を決め、城に住んでいた頃には知らなかった庶民の生活に触れることのできたこの数日間がいかに楽しかったかを語り、六郎太に感謝の意を述べ、「殊に、あの祭は面白かった」と言う。更に正面へと顔を向け、「あの歌もよい！」と言い、火祭りの歌を歌う。

図1　火祭りの参加者が恍惚状態となって火の周りで踊る（『隠し砦の三悪人』黒澤明監督、東宝、1958）

図2　火祭りの虚偽の参加者である雪姫は、大きなふりで熱狂的に火の周りを踊る（同）

図3　九代目市川團十郎演じる弁慶が、勧進帳を読み上げるふりをする様子（『勧進帳』1899、早稲田大学演劇博物館所蔵）

「人の命は　火と燃やせ／虫の命は　火に捨てよ／思い思えば　闇の夜や／浮世は夢よ……」

雪姫は火祭りの時とは違う、能の謡に似た歌い方をし、正面を向いていることが更に高雅な印象を与えている。火祭りに参加していた際は唖に扮していたため、歌は歌わず、踊りを通してのみの参加であった。現在は縛られて動けないため、歌を通して火祭りを再現して見せ、その火祭りの感覚は他の登場人物の心を動かす。村娘は頭を下げて泣き出す。六郎太は雪姫から視線を逸し、正面へと向いて頭を下げる。シナリオには「六郎太も男泣きに泣いている」と書かれている［2］。カメラに背を向け右手に槍を持って立っている兵衛は、徐々に頭を下げ、雪姫の反対の方向へ顔を背ける（図4）。そして場面は黒くフェードアウトする。雪姫は兵衛に火祭りの感覚を共感させることに成功したのである。

図4　六郎太と村娘と共に縛られた雪姫が、兵衛の前で火祭りの歌を歌う。兵衛は頭を下げ、反対の方向へ顔を背ける（『隠し砦の三悪人』）

次のシーンでは、雪姫と六郎太は二頭の馬に乗せられ、村娘は徒歩で処刑場に連行されている。雪姫と六郎太は、同盟国の早川領へと続く門を見つめ、兵衛は二人の視線を追い、その先の門を見る。シナリオには、その後の兵衛の態度がこう記されている。

田所兵衛が槍を片手に、これまでの陰鬱をフッ飛ばすように笑っている。
「ワッハッハッワッハッハッ……人の命は火と燃やせ、か……ようし！……燃やすぞッ！！」［3］

しかし黒澤は撮影中にこのありきたりな設定を変更し、田所兵衛に雪姫の歌った

図5　田所兵衛は火祭りの歌を民謡風に歌う。（上）歌い、（中上）掛け声と共に槍を出す。（中下）再び歌い、（下）再び掛け声と共に槍を出す（同）

歌を民謡風に歌わせることにした。兵衛は、門の先にある自由に思いを馳せる雪姫と六郎太の視線を追い、立ち上がり、槍を右手に持って背を向け、雪姫が火祭りの歌を歌った際と同じ姿勢をとる。階段を上り始めた兵衛は、にこりともせず、歌の冒頭の歌詞「人の命は火と燃やせ」とそれに続く「か……ようし！！……」という自然発生的な掛け声を掛ける代わりに、「人の命は」と歌い始める（図5上）。そして正面を向き、恍惚状態の「エイー！」という掛け声と共に槍を突き出す（図5中上）。その後正面の階段を下って「火と燃やせ」と歌い（図5中下）、また恍惚状態の「ヤー！」という掛け声と共に槍を押し出す（図5下）。最期に「ようし！！……燃やすぞッ！！」と叫ぶ。

先ほどの雪姫の歌が高雅な印象を与えた一方、兵衛の歌は野性味ある掛け声と火祭りにおける恍惚状態の動作を繰り返し、火祭りのパフォーマンスを、簡素でありながら、武士的な要素を交えたバージョンで実演している。そして、兵衛は火祭りの本質に触れ、それが物語を終結へと導いていく。兵衛は、雪姫、六郎太、村娘を助けるために、自身の兵と戦い、雪姫らに今までの仕打ちを詫び、早川領で雪姫らに加わるため、同じ門から逃亡する。この映画では、田所兵衛が火祭りという自然要素による祭儀の熱狂と人間性の開放を体験することにより、『虎の尾を踏む男達』や、『安宅』『勧進帳』よりも更に明確なかたちで忠義に背くことになった。

2 水から火への対照的な移行とその後の激情——柳町光男『火まつり』

柳町光男の『火まつり』は、熊野市二木島に住む木こり、達男（北大路欣也）の人生行路である。達男は、先祖代々の土地に海中公園を建設する計画に反対する。仕事や女遊びなどの彼の人生の遍歴を辿り、映画の最後に達男は二人の幼い息子を含めた家族を殺し、自らも拳銃自殺する。これら一連の出来事は客観的な形で表現され、語りによる解説はない。この映画の結末は、一九八〇年に熊野で実際に起こった事件と類似している。柳町光男は長部日出雄との対談でこの映画に不可欠な四つのシーンについて語っている。

僕らとしては、山場としてここだけは失敗しないようにしようと、スタッフと確認したのは、雨の日に船を出して、後ろが山で鳥居がある神社に向かって素っ裸になる、これを同一カットで、切返しじゃなくて、入れ込んで撮る、しかも、雨を降らして。このシーンと、おっしゃった山のシーン、それから火まつり、ラストの事件と、大きくいえば、この四つを節にしようということはありましたね。それがちゃんと撮れれば、ある意味では、それ以外に敢えて、分りやすく説明する必要はないという気持ちだったことは確かですね。
［4］

これらの四つのシーンは、達男が対照的な二つの自然要素と遭遇するシーンである。一つ目と二つ目のシーン

図6　達男が正面を凝視する（『火まつり』柳町光男監督、西武セゾングループ＝シネセゾン＝プロダクション群狼、1985）

図7　その後神社の鳥居を見つめる全裸の達男が現れる（同）

は水、三つ目のシーンは火と遭遇し、四つ目のシーンは、それまでの三つのシーンにおける自然との遭遇による因果関係を映し出している。柳町は、主人公と対照的な要素（水と火）との遭遇を対照的に描出している。

一つ目の遭遇で達男は、聖域とされ立ち入りが禁じられた入江に停泊した船に友人たちと立っている。達男は服を脱ぎ、褌一枚になる。友人たちは、飛び込むか押されるかして海に入り、達男は一人船に残って、雨の中微笑みながら友人らを見ている様子がクローズアップで写される。音楽は達男の視線が端から前へと移る間のこの場面を強調している（図6）。その後、カメラはパンして達男の視線に切り替わり、山の木々、神社の鳥居を映し出し、パンの最後には全裸で鳥居を見つめる達男の後ろ姿が現れる（図7）。

オリジナルのシナリオによると、このシーン（73）は神社の鳥居を写し、鳥居の方向に船が走る場面から始まることになっているが［5］、実際の映画にはそのようなシーンは登場しない。観客は不意に現れる鳥居と、それに続いて登場する全裸の達男に驚かされる。パンの始まりでは、達男がまだ褌を付けているかのように思わせ、途中の褌を取る動作を編集で省いているのである。人々が雨の中を走るショットのインターカットの後、また雨の中の達男を正面からクローズアップしたショットが入り、船の前進と共に達男が接近したような印象を与えている。続いて、また後ろからのロングショットで達男が鳥居に近づいて行く様子を写す。友人が彼を呼ぶと達男は水の中へと飛び込んで消える。このショットの編集は、先の夜の船の上で、達男の元恋人である基視子（太地喜和子）が足を左右に開いて座り、その前に達男が裸で立っている姿を後ろから捉えたシーンを思い起こさせ、まるで達男がこの宗教的空間の入口としての鳥居と性的交渉を持ったかのような印象を与えている。人間の女性が女性的意味を持つ鳥居と入れ替わり、それは達男と神そのものとの性交を意味するということになる。柳町と人類学者・小松和彦の対談で小松は、基視子の宗教的特徴を認め、基視子の名前が神話の登場人物卑弥呼に似ているのはそのためだと説明している［6］。柳町はこの連続シーンの編集を変更し、シナリオに書かれているシーンを撮らず、雨とそれを穏やかに受け止める達男の存在を強調している。シナリオでは、達男の雨との遭遇の続きとして、走る人々の三つのシーンを挿入することになっていたが［7］、その代わりに二つの短いシーンを達男の雨との遭遇へのインターカットとして挿入している。その後、シーンは雨の中の達男と鳥居に戻る。達男は船の走行によって鳥居へと前進し、水の中に飛び込んで消える。達男の友人は水面にいるが、達男は水面へ上がってこない。達男の裸体が完全に水に飲み込まれ、包み込まれる様子が映される。次に続く複数の男女が雨の中を様々な方向から走ってくるインターカットは、達男の水との遭遇を完結させている。達男と水との遭遇における二つの主なパートの間に挿入されている、雨の中を重そうなレインコートを着て走る人々の短いインターカットは、この映画の物語には直接関係ない。しかし、重そうなレインコートを着て走る人々に対し、静謐をたたえる彫像の如く裸体を晒した達男の神聖で性的な水との交流は、極めて効果的に並置されている。

二つ目の水との遭遇は、この映画におけるもう一つの自然の実在物である森の中で起こる。森は最初に水と遭遇した際の目的地であり、達男が凝視した対象物でもある。達男が森で木を切っていると激しく雨が降り出す。他の木こりは皆その場を離れ、達男だけが巨木の側に残される。一つ目の水との遭遇のときの鳥居に代わり、今回は巨木の幹が登場している。柳町は前回と同様、達男が水という自然要素と遭遇する前に人間との親密な、あるいはエロティックな邂逅を先行させ、水という自然要素との遭遇と並置させている。今回その役目は良太（中本良太）という登場人物が担っている。達男を崇拝している一九歳の木こりの良太は、ひとり達男と共に巨木の側に残っている。良太は達男にその場を離れようと言うが、達男は雨はすぐに上がると言って従わない。寒くなった良太は幹の前にいる達男に近づき、彼の胸に体を預け、達男は良太を片手で抱きしめる。この二度目の水との遭遇における達男と良太の親密な触れ合いは、それと並置される巨木の幹への触れ合いへと繋がっていく。良太は先の鳥居との遭遇における基視子のように、この巨木の幹の対となる人間の役割を果たしている。良太は達男の胸から離れ、達男は巨大な幹を抱きしめる。先の鳥居の女性的含意に代わり、今回の巨木は男性的な含意を示している。達男の上げた両手と頭がクローズアップされ、手が幹を叩き、雨が顔を打つ姿が映し出される。反対方向からのロングショットが、達男と巨木との持続的で特異な肉体的交流を映し続ける。やがて雨は止み、達男による山の神との接触と交流は完遂される。映画評論家の佐藤忠男はその接触を達男と山の女神との交流と解釈している。

> 山にいる神と交信できる男である。彼によれば山の神は女神であり、彼はこの女神と性交することもできるのである。[8]

雨が止むと、達男は片手を木から離す。低い茂みにそよ風が吹き始め、達男が木から離れ、他の木こりたちが向かった方向へ歩き出すと、強い風が吹き荒れる。木が達男の目の前に倒れ、達男は神から何か違うことをするよう指示されたのだと理解する。達男は向きを変え、風下の方向へ山を下り、清らかな渓流にたどり着く。渓流の流れる様子とその印象は雨と対照的である。達男は跪き、両手を地面に付けて水を飲む。これまでの体の感覚を通した水との接触に代わり、この自然要素を自分自身の中へと取り込んでいる。この水との遭遇は、顔を水に付けて飲んでいる達男のクローズアップで締め括られ（図8）、次のショットでは、そよ風に吹かれていた梢が落ち着きを取り戻す。達男は巨木への抱擁で雨を止めたのと同様に、水を飲むことでそよ風を止めたのである。

その後、シナリオに書かれた「葉の水滴」のインターカットの代わりに〔9〕、達男はシナリオに登場しない大きな滝の前を通り過ぎる（図9）。達男は滝の前を通り過ぎ、曲がり角へと消え、その直後に火まつりの準備のカットが入る。追加された壮大な水の表示は、この映画における水との遭遇を完結させ、水と正反対の要素である火とその祭礼へと移行させる役割を果たしている。

三つ目のシーンは、神倉山で行われる火まつりで松明と遭遇するシーンである。火との遭遇は、水との遭遇と完全に対照的である。水との遭遇での達男は、終始落ち着き、比較的他の人々から孤立した状態で水に体が触れることを許容している。火まつりにおける達男は、男の集団の一人と化し、他の人々と同様に火と遭遇する。火まつりは、悪霊を追い払い、精神を統一させる清めの儀式である。参加者は皆、激しい熱気と押し合いへし合いする人々の荒々しい力に身を晒され、自衛と決戦の覚悟を強いられる。この火まつりは、シナリオにおいても映画においても二つの連続シーンに分けられている。そして二つの連続シーンの間に、基視子と彼女に金を貸した山川の兄さんのシーンが入っている。その際基視子は、達男は二木島では思うがままに振る舞うことができ、誰にも彼を止められないと語り、この言葉により観客は今後の展開への心の準備をする。シナリオによると最初のシーン（102）のロケーションは夜の新宮の町である。白装束に身を包み、松明を持った男たちが歩き回り、お互いに松明を打ち合い「頼むぞ」と声を掛け合う。達男と良太もこの中に混じっている〔10〕。しかし柳町は、一つ目のシーンのロケーションと内容を変更し、変更後のシーンは、神倉山にある神社の聖域を示す注連縄のショットから始まり、その後カメラは下に傾き、白装束に身を

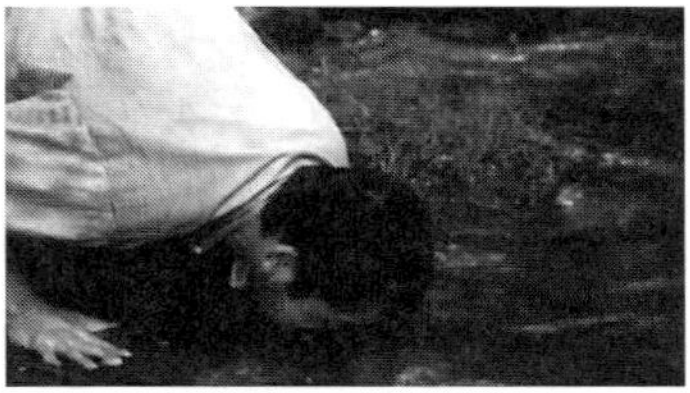

図8　達男は顔を水に付けて飲み、水との遭遇を締め括る（同）

図9　達男は大きな滝の前を通る。それは壮大な水の表示であり、水から火への転換点でもある（同）

図10　達男が松明でかかしに火を付け、火まつりの最後を締め括る（同）

包み火の付いていない松明を持った人々が鳥居を通って山を下るのを写している。人々は、反対方向に山を登って行く人々と互いに松明をぶつけ合い、このシーンはシナリオに書かれていたシーンよりも更に強烈な、火まつりの導入となる恍惚状態の雰囲気を作り出している。柳町は、このシーン〔102〕の終わりにかけて早くも火の要素を登場させている。群衆の中の達男と良太を写す代わりに、山の斜面に座る二人の背中をクローズアップで写している。達男は煙草を吸い、良太にも煙草の箱を差し出して喫煙を勧めるシーンへと変更した。良太は煙草を一本取り、達男がそれにライターで火をつける。そのライターの炎により、達男は火との遭遇の場面における始まりの炎を表示しているのである。このシーンは、人々が火の付いていない松明を持ち、恍惚状態で山を登る場面で締め括られる。煙草のシーンの火の要素は、このシーン（シナリオではシーン104、元のシナリオのシーン〔103〕は削除されている）を効果的に始めている。次のシーンでは、暗闇に大きな炎が浮かびあがり、手前に近づいて来るにつれ、それがカメラに向かって走ってくる男の手にした松明の炎であることが分かる。人々がその男に「嘘の火じゃ」「ニセじゃ」と叫び、襲いかかる。達男は立ち上がって男に近づき、猛烈な勢いで殴り始める。友人の一人が達男を止めにかかると、達男は火まつりが男たちのためのものであることを主張し、「ケンカじゃない、神さんのふりをするふらちな奴を、どついただけじゃ」と付け加える。達男は自らが神の使者のように感じている。達男はつかの間座って地面を松明の木で叩いた後、飛び上がって乱闘の輪に加わり、道に立ち塞がるものを蹴散らしながら山を登る。このシーンは、あたかも達男が暴力的に人々を殴ることにより火が出現したかのように編集されている。達男のカットから、鳥居を通るメインの大松明のカットに移り、その後、鳥居の前の木製の門が閉まり大松明を隠している。人々は松明に火を灯し始め、達男も松明に火を灯し、かかしにも火を付ける（図10）。以前の水との遭遇の二箇所で音楽がかけられたのと同様に、ここでも周りの炎が大きくなるにつれ、音楽がかかり、この瞬間が強調されている。

辺りは火の海に変わる。斜めに傾くパンが火に包まれた山の斜面を映し出し、人々は松明と共に神社を後にし、鳥居と門を通って我先にと山を下って行く。達男と火の祭儀との遭遇は、極めてエネルギッシュかつ暴力的であり、先の水との宗教的な遭遇とは正反対である。水との遭遇での達男は受動的であり、水を受け止め、水を飲むことで体に取り込み、遭遇の最後を締め括った。しかし火との遭遇は、達男の中の抑えきれない感情の爆発という、水の場合とは全く対照的な結果となってしまう。四つ目のシーンでは、達男が家族を殺し銃で自殺するという、極めてショッキングな展開となる。水と火で対照的に形成された、相反する自然要素との遭遇が、観客をこの重要なシーンへと導いていくのである。

黒澤は『隠し砦の三悪人』において、まず雨と雨に対する人々の受動的な姿を示し、その後の火まつりにおける火の出現を筋立て展開上の必然として見せている。それに比べ柳町は、前半の水との遭遇を非常に繊細に展開させ、最後の火との遭遇を対照的なものとして際立たせている。


［1］西村雄一郎『黒澤明 音と映像』立風書房、一九九〇年、一七三頁。

［2］菊島隆三・小国英雄・橋本忍・黒澤明「隠し砦の三悪人」『全集黒澤明 第四巻』岩波書店、一九八八年、二六五頁。

［3］同書、二六六頁。

［4］柳町光男・長部日出雄「『火まつり』対談」『キネマ旬報』一九八五年五月下旬号（910号）、七六頁。

［5］中上健次『火まつり 第二稿』「火まつり」をつくる会、一九八三年、七八頁。

［6］柳町光男・小松和彦「対談——他界と現世との交通」『火まつり』山口昌男編、東京リブロポート、一九八五年、六三―六四頁。

［7］中上『火まつり 第二稿』七九―八〇頁。

［8］佐藤忠男「映画と民間信仰の自然観 第8回」『月刊総評』一九八五年八月、八八頁。

［9］中上『火まつり 第二稿』一一二頁。

［10］同書、一一八頁。

第八章　多様な自然要素による一つのテーマの展開

物語の主題が一つの自然要素（二つの対照的な局面を持つ、または対照的な二つの要素が組み合わされた）によって構成される手法に対し、複数の自然要素で構成される手法もある。先に論じたように日本映画におけるエロティシズムと死の場面は、極めて美学的に創造されている。伊丹十三と黒澤明は、物語のメッセージを伝えるために性的な行為や死にまつわる構成要素の様々な並置的手法を用いている。また他の映画監督は、エロティシズムや死の場面を描く際に自然要素を広範囲に渡って織り交ぜ、陰陽の対極となる自然要素を表現の手段として並置している。また、記号表現としての自然要素（虚）と実際の性的な行為や死（実）の間に虚実の美学的緊張を作り出し、そうすることで対極の表現を調和的に創造している。

1　エロティックな場面における自然要素の織り合わせ――『雨月物語』『羅生門』『砂の女』『楢山節考』

歌舞伎の舞台における、愛、親密さ、エロティシズムの表現方法の一つには、劇の特色となる自然要素を織り交ぜる方法がある。『雪の道成寺』という歌舞伎舞踊は、名高い「道成寺物」の別バージョンである。「道成寺物」は、清姫による安珍という僧侶に対する嫉妬と欲望についての物語である。清姫は逃げ回る安珍を追って道成寺に入り、蛇に姿を変え寺の鐘に巻き付いて安珍を焼き殺す。歌舞伎において最も著名で特徴的な『京鹿子娘道成寺』は、能の『道成寺』を翻案したものである。『道成寺』では、清姫と安珍という名前は登場せず、紀伊

図1　歌舞伎舞踊『雪の道成寺』は、安珍（尾上松緑）に対する清姫（尾上梅幸）の嫉妬の情が雪によって浄化されるロマンティックな作品である（『幕間』1952年2月）

の国真名子の庄司の娘と若い山伏とされる。ふたりは既に亡く、劇は蛇体に変じたかつての娘の怨霊、または化身とされる白拍子（名前はない）が中心となっている。歌舞伎舞踊『雪の道成寺』においても主人公は、白拍子花子という、一七九三年に四代目岩井半四郎が名乗って以来、歌舞伎道成寺もののヒロインに共通の名前を名乗る。この舞踊における最も重要な変化・特徴は、『京鹿子娘道成寺』では桜が咲き乱れる春であったのに対し、『雪の道成寺』では雪の降る冬になっていることである。この正反対の自然要素（春と冬）は物語を全く異なった展開へ導く。道成寺は、温暖で滅多に雪の降らない紀伊という地域に位置していながら、その日は珍しく雪が積もっていた。そこに放浪者のような若き修験者が寺を訪れ、一夜の宿を頼む。寺の僧は若き修験者に、雪が降るとこの寺の鐘には清姫の怨霊が取り憑き、ぎこちなく、物悲しく響くために、寺の僧らは清姫のために念仏を唱えるのだと説明する。若き修験者は、自分も清姫の怨霊を静めるために念仏を唱えたいと申し出る。寺の僧らは去り、若き修験者は一人小さな炎で体を温める。突如、炎は黒く巨大化し清姫の怨霊が下に置かれた鐘の手前に現れる。清姫の怨霊は、安珍と同じ年頃の千人の若い旅人が彼女の供養のために念仏を唱えた時、自らの怨念から自由になれるのだと言う。そして彼こそがその千人目だと告げ、念仏を唱えてくれるよう頼む。清姫の怨霊は、若き修験者がまるで愛しい安珍であるかのように共に舞い始め、この情熱的な舞踊は、春から夏、夏から秋、そして冬と四季を一順するまで続く。最後のシーンで清姫の怨霊の衣装は変化する。下に着ていた蛇の鱗のような繊細な三角模様の着物の右袖を引き抜き、同じように豪華な三角模様の帯を解き、解いた帯を蛇がくねるように波状に動かし、清姫の怨霊は鐘の向こうへと消える。若き修験者は意識を失って倒れる。寺の僧らが戻り、若き修験者を介抱し正気付かせる。若き修験者が鐘の方を向き、念仏を唱えると鐘はひとりでに浮かび上がり、鐘楼に戻る。清姫の怨霊が雪を連想させる白一色の着物を纏った純潔な少女の姿で花道に登場し、彼女の魂が救われたことを示す。清姫の愛と情熱を浄化するために用いられた純白の雪は、清姫の怨念の消滅を美化しているだけでなく、救済の要因ともなっている。雪という自然要素の採用により、安珍に対する清姫の嫉妬の情を描く「道成寺物」の特徴的なおどろおどろしい恐怖のテーマは、全く異なるロマンティックなものに改作されている(図1)。

肥沃から不毛への恋――溝口健二『雨月物語』

溝口健二は彼の映画『雨月物語』(一九五三)の若狭(京マチ子)という役に二つの対照的な特徴を持たせている。その特徴とは、『雪の道成寺』の嘆き悲しむ清姫の怨霊と、歌舞伎『京鹿子娘道成寺』の「道成寺物」に登場する恐ろしい怨霊に由来している。溝口は映画の性的な場面に、自然環境における肥沃から不毛への変化と、それを強調する更なる自然要素の組み合わせを用い、一つの特徴から正反対の特徴への移行を表している。それにより、若狭という役の本質的特徴を変えずに、それでいて二つの対照的な特徴をも同時に持たせている。映画『雨月物語』における、源十郎(森雅之)と若狭の関係とは、生者の男性と、前世で得られなかった恋人を探しにこの世に戻ってきた女性の幽霊との邂逅である。溝口はそのことを考慮し、先に述べた歌舞伎の「道成寺物」における二つの異なるバージョンの精髄を基調とした上に、能における基本的な二種類のヒロインを組み合わせている。若狭は、能の五番立てのうちの三番目物(鬘物)を構成する女性の霊の溝口流の再生である。三番目物は、失恋した女性の霊の物語という側面を持つ場合があり、彼女の霊は後場に生前の姿で登場する。若狭の霊は、愛する人の拒絶を静かに受け入れ、報われなかった自分の魂のために念仏を唱えて救済してくれるよう源十郎に頼む。これは『雪の道成寺』の清姫の状況と類似している。二人の女性、若狭と清姫の共通点は、彼女たちの最愛の人に対する利他的な献身である。能の『井筒』では、シテが前場で里の女として登場する（実は業平の妻の化身である）。在原業平の妻は生涯、夫である業平を愛した。業平は他の女性と浮気をしたが、妻の献身的な愛情に心うたれ、最終的に妻のもとへ戻った。『井筒』の後場では、業平の形見の直衣を身に付け、頭に初冠を被った妻の幽霊がシテとして登場する。妻の幽霊は、能の世界では舞の名手とされる業平をまねて優雅な女舞を舞う。

『雨月物語』の若狭は復讐に燃え、嫉妬に狂った女性の危険な側面も持ち合わせ、能の四番目物の個性的なサブカテゴリーを備えている。このサブカテゴリーでは拒絶された女性、死すべき運命の人間、また幽霊が、恐ろしい魔物として甦ってくる。能における悪魔的な女性の嫉妬は、最終的に僧や山伏の祈りによって鎮められる。これらの能は、鬼畜物と呼ばれる五番目物に似ているが、妖怪ではなく執念の霊鬼である点で四番目物に分類され、『道成寺』のように、ワキの所作に注目して「祈り物」とも分類される。前妻を捨てた男性を復讐に燃える鬼女から守るという状況は、能の『鉄輪《かなわ》』に見受けられる。『鉄輪』では、元の妻が後場で悪魔的な鬼女へと変容する。嫉妬に取り憑かれた女性を示す橋姫の面を着けた元の妻は、舞台上の小道具（作り物）で表現された元の夫と彼の現在の妻を殺そうとする。しかし、高名な陰陽師である安倍晴明の祈禱に阻止され、元の妻の企ては失敗する。女性的と悪魔的、このヒロインの対照的な特性は、源十郎との性的接触の前後における若狭にも見られる。『雨月物語』においては、老僧が源十郎に若狭のことを警告し、若狭の怨霊から源十郎を守るべく、彼の体に梵字を記している。このような若狭の性格を能の役と似た形で構成しようとする溝口の意向は、彼が本作の脚本家である依田義賢へ宛てた手紙からも読み取れる。

亡霊と恋愛の件名案有りませんか、小生も本でも調べますが（これも怪談芝居の方に何か有りそうです）。［1］

溝口はこの映画における源十郎と若狭のロマンティックな出逢いを、樹木の移り変わりを用いて構成している。樹木を介し、対照的な変化を創造したいという溝口の意向は、シナリオと実際の映画の入浴場面の違いを比べてみれば明らかである。映画に登場する幾つかの要素はシナリオには存在せず、それらはおそらく撮影中に溝口によって変更されたと考えられる。シナリオによると、この入浴場面は二つの連続したシーン（47と48）によって構成され、最初のシーンのロケーションは「岩風呂」であり、これについては実際の映画のシーンと大体同じである。

最初のシーンは、カメラが緑の茂った樹木から温泉へ左にパンするところから始まる。サウンドトラックには鳥の鳴き声が入り、背景の樹木に加え、温泉の湯、そこから立ちのぼる湯気、そして水の音が視覚的、聴覚的に大地の肥沃さ、豊かさの印象を強調している（図2）。

若狭は源十郎の背中を流し、源十郎に「でも、もうあなたは私のものになりました」と宣言する。シナリオには次のアクションがこう記されている。

図2　ラブシーンは緑の茂った樹木を背景に、湯気の立ちのぼる温泉から始まる（『雨月物語』溝口健二監督、大映、1953）

若狭は源十郎に湯をかけ、愛しくてならぬもののように、洗うでもなく、もむのでもなく、手の内に誘い込む、源十郎は目を閉じて、なすがままにまかせていたが、急に情熱の吹き上る顔で、湯を騒がせて身をひるがえし、若狭の両手をとり抱きよせる。若狭は嬌声をあげて、笑いくずれる。［2］

しかしこの後のシーンは、カメラがパンすると共に若狭は藪へ向かい、衣服を脱ぎ始めてフレームから外れる。若狭は画面に映っていないが、彼女が湯に入る音が聞こえ、カメラは湯の中で夢中になって若狭に近づこうとする源十郎を追う。直接的で肉体的な体の接触の代わりに、あらゆる自然要素がこのシーンのインパクトの増大に貢献し、二人の情交を予感させている。水の音と映像によるエンディングは、シナリオに書かれた出逢いの最初の部分から次の部分への移行にも関与している。ここでも二人の登場人物の出逢いに異なる意味を持たせるために自然要素が用いられているのだ。源十郎が若狭へ近づこうと画面右側へ動き、画面から外れると、カメラは左へパンして岩や石、温泉の周りを写し、更にパンとディゾルブを組み合わせて地面を乾いた土に変化させ、更に禅庭のような砂利に変化させる。そしてカメラを上に傾け、地面に生えている短い草を写している。これら地面の変化は全て一つの連続したパンで撮影されている。

二つ目のシーンとそのロケーションは、シナリオの記述によれば「庭」と呼ばれるところであり、男と女の情交のイメージを揺曳する。

48 庭

芒穂の一面に生えている庭の一部、芒の他には何も見えぬ草の上に、毛氈を敷き、酒肴を前に、源十郎が若狭を抱擁しようとしている。若狭は笑顔を動かして、源十郎の唇をさけている。

源十郎「たとえ、お前が、物の怪、魔性の者でも、かまわん……わしはもうお前をはなさぬ……こんな楽しさがこの世にあろうとは知らなんだ……」

若狭はすりぬけて、立ち上る、源十郎が襠をとらえると、衣だけを源十郎の手に残して、若狭はぬけて芒の中に逃げてゆく、源十郎は衣を捨てて追つてゆく、二人の姿はなく、芒ばかりで、そこに若狭の嬌声があがる。

右近が酒の瓶を持ってやってくる。若狭の嬌声を聞いて、満足そうに妖しく微笑。

毛氈の上は蟬の抜け殻のように、若狭の襠が落ちている。[3]

しかし溝口は、シナリオを大幅に変更し、異なった構成でこのシーンを撮影した。二つ目のシーンの新しいロケーションは、シナリオにも記されていた高く聳えるすすきの代わりに、一般的なラブシーンにおいて理想的な風景となりえる短い草が生えた湖畔となった。『雨月物語』の背景の二本の落葉樹は、貧弱で不毛な印象を与えている。これは能舞台の鏡板に描かれた長寿と慶事を示す、湾曲した古い松の木と対照的である。源十郎と若狭はこの枯れた木の前の敷物に座り、若狭が小鼓を打ち、かつて身を狂わせた愛の歌を謡う様子を描写することで能のパフォーマンスとの関係性を持たせている（図3）。この演出は『雨月物語』の美術担当・伊藤熹朔によるものであり、彼は日本の舞台美術の先駆者である。

　枯れて落葉した木々、謡と小鼓の演奏はシナリオに記されておらず、溝口がシーンの撮影中に追加したものである。源十郎は若狭に触れ、彼女が謡うのを邪魔しようとする。そして、ひょっとすると若狭は物の怪か魔性のものかもしれないと言いながら、若狭を捕えようとする。若狭は源十郎から逃れるかのように、二本の枯れた落葉樹へと後退する。その際、その二本の木が若狭の背景になり、彼女を人間ではない何ものかのように描写し、源十郎のせりふと暗合させている。

図3　二つ目のラブシーンの背景は、二本の枯れた落葉樹である。若狭がその前で小鼓を演奏し、謡うことで能との関係性を持たせている（同）

　このラブシーンにおいて、『道成寺』の蛇のような執念深く危険な清姫の怨念を、若狭の性格描写に付加するために溝口が用いているものがある。それは彼女のまとう衣装の模様である。若狭が立ち上がって落葉した木に向かう際、彼女の下半身を覆う着物が露出し、蛇の鱗形の模様を晒している。この鱗模様は、若狭の着物の袖の下部分にも入っている。若狭は後退しながら着物のこの部分を見せ、正体を現すかのごとく上衣も脱いで見せる（図4）。その時の若狭は、能『道成寺』のシテが後場に登場する際に見せる伝統的な型を連想させる。それは『能之図』と呼ばれる、江戸時代の能画に見える。『道成寺』では、蛇に姿を変えた恐ろしい怨霊が鐘の下から現れる（図5）。若狭の場面では、衣装の下半身の部分だけでなく、袖の一部分にもこの鱗の模様が入っており、蛇の印象を一層強めている。

その一方、次のシーンの自然物は、源十郎を生身の男性として特徴付けている。源十郎が更に若狭に触れようとすると、若狭は右に動き、若くて真っすぐ伸びた小さな松の木が鮮明に映される。この松の木は、能舞台へと繋がる橋掛りの前後に設置された松の木に類似しており、源十郎はこの木の前で転ぶ（図6）。

この松の木は、枯れて落葉した木々の意味合いとは対照的に、生命、長寿を意味する。源十郎は立ち上がろうとして、またこの松の木の前で転び、暫くそこに留まり、源十郎が松の木にイメージされる生身の人間であることを観客に連想させる。溝口はこの二種類の木を二人の登場人物の本質を象徴する物として採用している。その後、若狭は源十郎に近寄り、彼に覆い被さる。溝口は元のシナリオにあった幾つかの不要な動作を削除した。源十郎と若狭がすすきの中に消え戯れる場面と、二人に酒を運んで来た右近が、二人の戯れる様子を見て微笑む場面である［4］。若狭は意図的に冒頭のラブシーンの姿勢と正反対の姿勢を取っている。最初のラブシーンの瑞々

図4　若狭が晒す着物、鱗状の柄は蛇を連想させ、その背景には枯れて落葉した木がある（同）

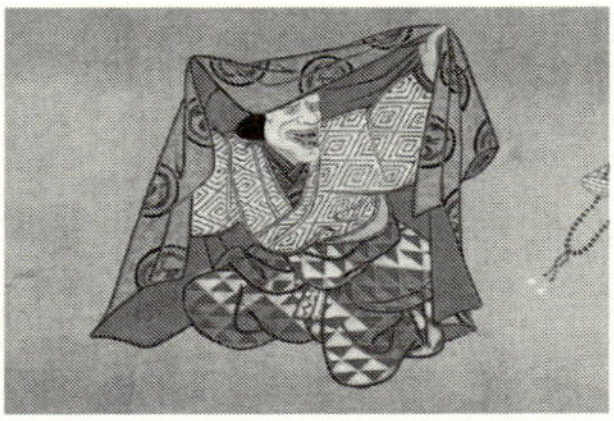

図5　能『道成寺』、着物の下半分に鱗状の模様を晒し、蛇を印象付ける（狩野柳雪『能之図（上）』部分、国立能楽堂所蔵）

図6　生命、長寿、存続を意味する若くて真っすぐに伸びた小さな松の木の前で源十郎が転ぶ（『雨月物語』）

図7　最初のラブシーン、瑞々しく潤った岩風呂で若狭が源十郎の体を洗う。二人とも左を向いている（同）

図8　二つ目のラブシーン、乾いた場所で若狭が源十郎に覆い被さり抱擁する。二人とも画面の右方向を向いている（同）

しく潤った岩風呂の場面では、二人とも画面の左方向を向き、若狭が源十郎の体を洗う（図7）。二つ目のラブシーンの乾いた場所では、能の舞台の構成要素である虚の特徴の影響を受け、二人とも画面の右方向を向き、若狭が源十郎に覆い被さって、見つめ合いながら抱擁する（図8）。後に老僧は、源十郎が幽霊との禁断の愛に溺れてしまったことに気付く。

この二人のエロティックな出逢いのシーンは、一切の写実的なエロティシズムが回避され、様々な自然要素を用いて形作られており、幽霊としての若狭の詩的な出現を演出することに対する溝口健二のこだわりが見て取れる。それは、溝口が脚本を担当した依田に宛てた手紙の断章からも読み取れる。

亡霊の出かたが現実的過ぎる様な感がします。前の六条の件は結構なのですが、ここは夢みたいな詩の中に人物を連れこんで出現させ得ないものでしょうか、如何でしょう。乞貴案（『溝口健二の人と芸術』二二二頁）

しかしどう処理しても此若狭の芝居は客観的なものが出過ぎる位い出ます。外の本流を流れる現実的な事件と水と油のおそれをさけ如何にとけ合わせるかです。（同、二二四頁）

「天地人」の表明――黒澤明『羅生門』

黒澤明の『羅生門』（一九五〇）では全ての登場人物が藪の中で起きた事件に関係しており、それぞれの視点で自身の話を語っている。黒澤は、多襄丸（三船敏郎）と武士の妻である真砂（京マチ子）の性的な遭遇を、多襄丸の立場から、最も重要で壮大な自然要素である太陽と大地を用いて表現している。この場面では、夫である金沢武弘（森雅之）が、多襄丸に縛り上げられているのを目撃した妻が、小刀で多襄丸に襲いかかる。二人は争い、多襄丸は小刀を持つ真砂の手を摑み口づけする。頭上の木々の葉に差し込む太陽のショットが（図9上）、多襄丸に口づけをされ、太陽を見上げる真砂のショットに切り替わる（図9中上）。

これらのショットが三度繰り返され、その後のクローズアップでは、妻が小刀を放し、諦めて多襄丸に暴行される様子を写している。佐藤忠男は、この映画における太陽光は、悪事と罪の象徴として用いられていると示唆し、妻は太陽を目にしたことで、無法者の欲望に屈したと主張している［5］。確かに、真砂が太陽を目にした後に体を許すのは事実だが、私はこの太陽は自然界の男性的な原理を象徴しているのではないかと分析する。太陽は自然界における最も重要で強力な「陽」の具象である。太陽はこのシーンで連続的に三度出現し、その度に真

図9　（上）妻と多襄丸の情欲的な出逢いの場面で、「男性」の象徴である太陽が挿入される。（中上）真砂が諦める。（中下）陰茎を象徴する小刀が「女性」である大地に挿入される。（下）妻の指が多襄丸の背中へとつたい彼に対する欲望を示す（『羅生門』黒澤明監督、大映、1950）

砂は降参して、手放した小刀が大地に突き刺さる（図9中下）。小刀は明らかに陰茎の象徴であり、男性の体の陽の要素を具体化しており、小刀の挿入は性交そのものを象徴している。そして、小刀が挿入されたのは、普遍的に女性を象徴する要素である大地である。『易経』によると、大地は陰の象徴である［6］。小刀が大地に挿入された直後、多襄丸の背中につたう真砂の手のクローズアップが映る。多襄丸の背中に張り付いたような指が真砂の性的な欲望を表している（図9下）。カメラは二人の顔を写すために横へ移動し、二人の顔が近づき口づけをするところを写している。

図10　生け花における「天地人」の三才型（© いけばな小原流）

黒澤は、この場面をモンタージュの手法で具体化しているが、このモンタージュは、生け花における伝統的原則である三才型が基となっている。三才型は、生け花における最も基本的は花型である。「才」には「働き」という意味があり、「三才」とは「天、地、人」という宇宙の三つの大きな働きのことである。人間は天地自然と対立し、征服する存在ではなく、天地自然に順応するべき存在だという思想である。この型には三つの要素、高いもの、低いもの、その中間のものが配置される。中央の背の高い花は天を表し、脇に配置された中ほどの長さの枝は人を表し、可能な限り水平な位置に配置された枝は大地を表し、人は天と地に囲まれている（図10）。

男性を象徴する太陽と女性を象徴する大地という二つの自然要素と、その中間に位置する男性の陰茎の象徴（小刀）、宇宙の男性要素と人間の男性の陰茎の象徴に対する人間の女性の反応によって、黒澤はこのエロティックな場面を、伝統的な天地人の原則に基づいた極めて個性的なモンタージュとして創造している。

砂と水の間――勅使河原宏『砂の女』

安部公房原作・脚本、勅使河原宏監督の映画『砂の女』（一九六四）は砂丘が舞台となっている。この映画の主人公は、砂丘に生息する昆虫の採集旅行をする、高校教師の仁木順平（岡田英次）である。ある日、最終バスを逃した順平は、若い未亡人（岸田今日子）が一人で暮らす砂採取場で一晩を過ごす。それ以来順平は、砂採取場に留まることとなり、際限のない砂採取作業の手伝いを強いられる。順平は逃走しようとするが失敗し、若い未亡人を人質にするが、村人から水を分けてもらうために彼女を解放せざるを得なくなる。そして順平はその若い未亡人の情夫となる。二人の情交には、この映画における最も重要な二つの自然要素が関わってくる。それは女と男を連想させる砂と水である。勅使河原はこの二人の情交を、様々な要素を含む二つの対照的な場面として構成している。

二人の最初の情交は、女性を特徴づける砂を介して展開する。このシーンは、逃走するための梯子を作り、壁を壊そうと叩いている順平を女が止めようとするところから始まる。喧嘩の最中、二人は倒れ込み砂を被る。順平は女の上に横たわっている事に気付き、服が乱れて剝き出しになった乳房に手を触れる。その瞬間二人は、渦を巻くような激しい呼吸をしながら、完全に静止している。この性的な遭遇における二人の常軌を逸した感情を表現するかのように、家の天井から大量の砂が雨のように二人の上に降り掛かる。二人は立ち上がり、女は土間の隅に行き、服にかかった砂を払い始め、順平も同じように服にかかった砂を払う。順平は間仕切りを通して女を眺め、近づいて尋ねる。「はらってあげようか……砂……」順平の提案は、砂を払うことであるが、二人はそれを性的な申し出として解釈しており、女は「でも、都会の女の人って……みんな、きれいなんでしょう？」と答える。順平はその返答の女らしさに即座に反応して、「下らん！」という。

順平は土間の隅に行き、タオルを受け取って彼女の体の砂を払い始める。伝統的に日本女性の最も官能的な部分とされるうなじから始まり、肩、脇へと移り徐々に彼女の服を脱がせていく。この行為の間には、順平の尻などを摑む女の手の動きのクローズアップが挿入されている。そして順平が女の足元にしゃがみ、彼女の下半身に触れる場面はフレームから外され、その代わりに女が首を後ろへ傾け高揚した表情のクローズアップを写すが、これは日本の伝統芸術における女性の性的なエクスタシーを示している。その後、今度は砂に押し込まれる女のつま先のクローズアップが映し出されるが（図11）、このつま先の形もまた、伝統的に日本女性の情交の際の絶頂の瞬間を表すものであり、鳥居清長の春画（一七八五頃）（図12）を始めとして多くの春画にも見受けられる。この映画ではこういった伝統的なつま先の表現が砂と巧みに組み合わされているのだ。

順平が女の膝と足の砂を払い終わると、二人は砂の上に横たわり、情熱的に交わる。情交のクライマックスは流れる砂のショットによって表現されている。画面の右上から、幾筋かの奇妙な細く長い砂の波が斜め左へと流れ落ち、それは挿入と射精を連想させている。

次のショットは、空を静かに飛ぶ一羽のカラスである。勅使河原は『砂の女』のシナリオ（一九六二）に変更を加えている。安部公房による本来のシナリオでは、背中が砂と汗にまみれた男と女が立っているシーンで締め括られることになっていた。シナリオでの次のシーン（39）には「飛ぶ鴉の群（夕）」という表題が付いており、このシーンの説明は「なきわめきながら飛んで行く鴉の群」である[7]。おそらく、元のシナリオでの情交のクライマックスは、空を飛ぶ数羽のカラスとその鳴き声による力強い自然のイメージであったのだろう。しかし勅使河原はそのわりに、重要な意味が付加され

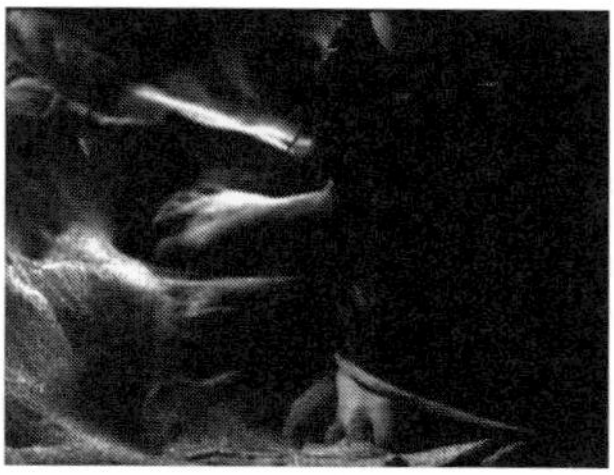

図11　砂に押し込まれる女のつま先のクローズアップ。女の性的なエクスタシーを示している（『砂の女』勅使河原宏監督、勅使河原プロダクション、1964）

図12　鳥居清長による春画の部分。女の性的なエクスタシーが、収縮したつま先によって表現されている（1785年頃、Tom and Mary Anne Evans, *Shunga: The Art of Love in Japan*, N.Y. and London, Peddington Press, 1979）

た自然要素を用いたシーンを導入している。互いの体の砂を払い落とすやいなや、二人は裸で砂の上に横たわり、交わり始める。クライマックスは同じく、流れる砂の性的なイメージによって構成されている。元のシナリオでの次のショット、鳴きながら飛ぶ数羽のカラスは、情交とそのクライマックスを表現するものであったが、変更された一羽のカラスが空を静かに飛ぶショットは、おそらく、情交の後の安らぎと満足感を表すものであろう。

二人の二回目の情交は、男に関係したもう一つの自然要素を用い、最初の情交と対照的に形作られている。情交の後、その自然の要素は物語の重要な鍵となる。最初の情交が自然発生的であったのに対し、二回目の情交は順平によって計画されたものである。それは順平が逃走するために、女に酒を勧めて眠らせようとするシーンから始まる。順平は女に自分の体を洗ってくれるよう頼み、女は沸騰した湯と冷たい水をかき混ぜて湯を準備する。この女による水との接触が重要な自然の要素のきっかけとなっている。次のショットではカメラに背を向け、たらいの中に裸で立つ順平が映る。最初のシーンでは激しく、そして主体的だった順平の代わりに、今度は女が主体的になっている。女は手に石けんを付け順平を洗い始める。先の情欲的なシーンで、順平が女のうなじから足にかけて乾いた砂を払い、服を脱がせたのに対し、女はまず足を洗い、徐々に上へと進み、順平の上半身に触れた瞬間に、彼女の性的な興奮が高まる。最初のシーンでは、立った状態で順平が後ろから女に触れるのに対し、ここでは女が順平に触れながら位置を代え、順平の前に立つ。女は彼の胸、肩、そして首に泡を付けることで自らの性的興奮を高めている。ここでシーンはカットされ、砂を吹き飛ばす風の短いショットが入る。このショットは流れる水を連想させ、情交が終ったことを伝えている。勅使河原はまた、元のシナリオに存在しないショットを撮影している［8］。このショットでは、この映画の主要な自然要素である砂が、もう一つの自然要素である水を伝達するために用いられており、水を使用した先ほどの性的なシーンがその転換点となっている。或る夜のこと、順平はカラスをメッセンジャーとして使うために捕まえようとして、湿気のある砂から水を引く方法を発見する。その出来事を境に、水の出現が頻繁なものとなる。順平は自分の発見した水を引く技術を完成させる作業に熱中し、ここでの生活に適応していく。順平自身の存在を証明する要素であり、不毛な砂地を肥沃なものとする水は、女が順平によって妊娠することでも、性や生命と強く結び付くその本質的要素を十分に顕現させている。女が妊娠したので診療のため病院へ行った後、順平は砂採取場から抜け出し、無限に広がる平和な水である海を眺める。そして砂採取場に戻った時、彼の造った貯水装置の中に沢山の水が溜まっているのを発見する。満足げに両手を水に浸しながら、順平は水面に写る像を見つめる。そして順平は上方に目をやり、崖の上に子供を見付ける。ここでの新たなイメージの登場によって、水の持つ意味が余すところなく我々に示し出される。映画の結末では、砂と枯渇の代わりに水と子供が描写されることによって、潤い、肥沃、そして彼らの生きる状況の容認が象徴的に表現されているのだ。

象徴としての植物と動物——今村昌平『楢山節考』

今村昌平の『楢山節考』（一九八三）は、厳しい自然に囲まれた僻地の農村での生活を描いている。この映画には、主人公であるおりん（坂本スミ子）の孫・けさ吉（倉崎青児）と隣人の娘・松やん（高田順子）とのラブシーンがある（シナリオではシーン21–25）［9］。この二人の愛情表現の連続シーンには、二つの自然要素が交互に織り込まれている。その自然要素とはつまり、山菜と動物であり、それぞれを情交の隠喩として用いることで、この物語を審美的に卓越したものとしている。ラブシーンの最中の台詞では、山菜が女性の陰毛の隠喩として登場している。この映画は一九八〇年代初頭、日本において女性の陰毛をメディアに晒すことが法律で規制されていた時代に製作されている。この規制は約一〇年後に緩和されたが、当時の芸術家は、この規制を回避するために、象徴的な方法で性的な描写を表現しようとしたのであろう。今村はシーン20で、主人公であるおりんとその息子の辰平（緒形拳）にこの映画の主題である、両親が七〇歳になったら楢山に捨てに行かねばならないという話を語らせ、視覚的に次に続くシーンの主題のための準備をさせている。おりんとその息子は、話をしながら山

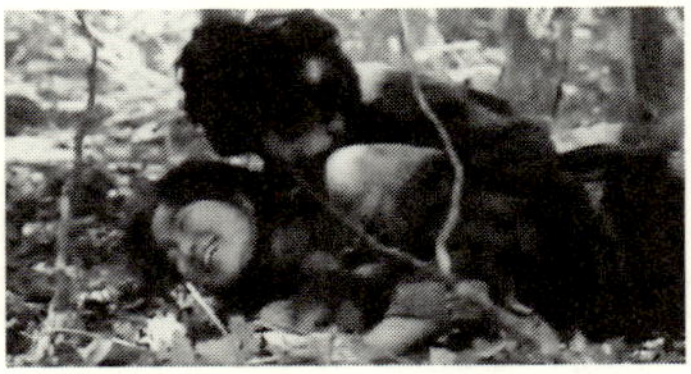

図13　けさ吉と松やんが共に地面の上を転がって交わる（『楢山節考』今村昌平監督、東映＝今村プロダクション 1983）

図14　二人の情交の類似物として、同じような位置と方向で交尾する二匹の蛇を写したショット（同）

菜採りに夢中になっており、観客はその自然の要素を視覚的に感じ取る。このシーンの最後のショットでは、おりんがカメラの前、画面中央の少し高い位置にある枝から山菜を採る様子を写し、おりんがその場を離れた後で画面は静止して、この自然物の視覚的なインパクトを完成させている。続くシーン21の始まりでは、女性の陰毛が言葉によって並置され、象徴されている。けさ吉は高い木の枝に座り、「ハァーセーおらの母ちゃん、納戸の隅で、下のお毛毛を三十三本揃えた」と自分の陰毛の数を数える母親についての歌を歌い、低い方の木の枝に座っている松やんのところに下り、笑っている松やんに聞く。「松やん、お前の毛は何本あるだ?」

性的な意味を持つこの歌も、映画の主題に関係している。歌のメロディーは映画の冒頭でけさ吉自身が歌った、親捨てのメロディーと同じである。けさ吉は、祖母のおりんには少なくとも三三本の歯があると言った後に、この歌を歌う。陰毛の本数と歯の本数が同じであるだけでなく、陰毛と歯の助数詞の「本」も共通している。松やんが笑いながら、知らないと言って木の枝から飛び降りると、けさ吉は松やんを追い、陰毛の数を数えるのを手伝ってやると言って松やんを地面へと押し倒し、交わり始める。二人は地面を転がり、松やんは抵抗しながらも実はそれを楽しんでいる（図13）。二人の興奮が高まった頃、今村は交尾する蛇のショットを挿入している（図14）。この蛇のショットは元のシナリオにはなかったが、けさ吉と松やんの位置と方向と、蛇の位置と方向とを並置させるために後で付け加えたものと思われる。

二匹の蛇は次第に激しく交わり、二匹とも上に直立して終結する。蛇の交尾シーンには、蛇の激しい動きと律

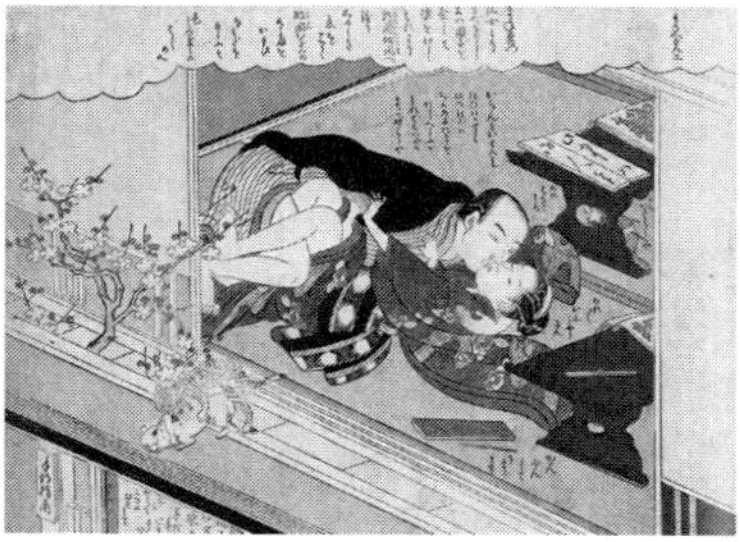

図 15　鈴木春信の春画では、男女が畳の部屋で交わり、敷居で二匹の猫が交尾する（1765、Timon Screech, *Sex and the Floating World: Erotic images in Japan, 1700-1820*. University of Hawaii Press, Honolulu,1999）

図 16　礒田湖龍斎の春画では、男女が交わりながら、目の前で交尾する二匹の犬を眺めている（1772、*Shunga: The Art of Love in Japan*）

動的に相関する、高揚したけさ吉と松やんの喘ぎ声が重ねられている。まるで同画面で同時に起こっているかのような人間の興奮による聴覚的な音声と、直立する動物による視覚的な動きは、効果的に人間と動物の近似性を明らかにしている。

今村の用いた人間と動物による情交の並列は、伝統的な春画においても描かれている。鈴木春信（一七二五―一七七〇）の組物『艶色真似ゑもん』の内の一図には、畳の部屋で一組の男女が交わり、襖の前の敷居で二匹の猫が交尾する様子が描かれている（図15）。この二人の男女は反対方向を向き、近くで交尾する猫を全く気にかけていないのに対し、礒田湖龍斎（一七三五―一七九〇）の春画では、縁側に腰掛けた男女が交わりながら目の前で行われている犬の交尾を眺めている（図16）。この男女と犬が同じ方向を向いていることから、この二つの行為の類似性が強調されている。これら二枚の春画に登場する交尾する動物の背景には草木が描かれ、自然との完全な調和を形作っており、それらは性交する人間と並置されている。

今村は部分的にこれらの春画に似通った要素を組み合わせている。けさ吉と松やんは、鈴木春信の春画の猫のように、交尾する蛇とは切り離されているが、二人は蛇と同じ方向を向き、同じ背景のもとに位置していることから、礒田湖龍斎による春画の犬のケースにも類似している。蛇の直立した動きのクライマックスの瞬間には松やんの喘ぎ声が聞こえ、視覚と聴覚による表現と自然の類似物を組み合わせている。ここで今村は新たなシーン(22)へとカットし、山菜と陰毛の類似性の表出に戻る。松やんの籠がひっくり返り、集めた山菜が泥の上に散らばる。落ちて散らばった山菜は、女性の陰毛を連想させ、松やんの「あのワラビが……」という呻き声と組み合わされている。次のショットでは、交わっている二人に戻る。けさ吉が、松やんの尻を裸にし、背後で、ワラビ、ウドブキ、コゴミ、タラの芽といった様々な山菜を取ってくることを約束しながら両手で松やんの乳首に触れる様子を映し出す。けさ吉は再度山菜を取ってくるという約束を繰り返し、その際のけさ吉の声は、性的な興奮がクライマックスに達している。ここでは山菜という自然物が、性的な行為の言語表現と結び付いている。続くシーンにおいても、山菜はけさ吉が歌うエロティックな歌の歌詞として、聴覚的表現で示されている。そして次に松やんは右手でけさ吉を抱きしめ、左手に山菜の束を持っており、象徴としての山菜を明示する。

今村は二人の性的興奮がクライマックスに達するシーンを、離れた場所からのミディアムショットで写している。視覚的なクライマックスは、けさ吉の下に横たわる松やんの、足を高く上げている姿勢で表現されている。このミディアムショットは二人に焦点を当てたところから始まるが、画面には二人の手前にある焦点の外れた木の枝に止まったセキレイが配置されている。松やんが足を高く上げ、視覚的に情交のクライマックスが表現される中、焦点は木の枝に止まったセキレイに移っていく。そして松やんの足が中ほどに差し掛かったところで、二人とセキレイの両方が焦点から外れる。この際のセキレイは結合した恋人たちの体を隠すためにやや左に配置されているが、焦点のずれた松やんのぴんと立った足が性的なクライマックスを表現している。今村はイザナギ・イザナミに男女の交わりを教えたという『古事記』神話以来の、初めての性行為の象徴としてセキレイを用いることにより、情交を結ぶ男女のクライマックスを洗練した表現で示して終結へと導き、続く水田の中で交尾する蛙のシーン(23)へのカットで締め括られる。サウンドトラックが交尾する蛙の鳴き声に変わり、視覚的にも聴覚的にも先の人間の情交と類似性を持たせており、こちらも春画における人間と動物の交わりの並列と類似している。山菜が女性の陰毛の象徴となり、動物が情交を結ぶ男女を装飾しているのだ。今村は情交を結ぶけさ吉と松やんと、植物と動物を並置することにより、性行為の描写に彩りを加えている。しかし今村による植物の採用は、春画における動物の単なる付加的な要素とは異なり、植物自体が記号表現そのものとなっている点に彼の独創性が見て取れよう。

2　死の場面への自然要素の織り込み――『楢山節考』『HANA-BI』

白雪と黒鴉――木下恵介『楢山節考』と今村昌平『楢山節考』

日本映画の死の場面において、自然要素は主に記号表現として、また時には具体的な物語の要因として織り込まれている。日本の映画監督は、ある時は主要とされる一つの要素を用い、あるいは複数の要素を同時に用いる手法をとる。映画『楢山節考』の二つのバージョンの監督である木下恵介（松竹、一九五八）と今村昌平（東映、一九八三）は、黒澤の『蜘蛛巣城』や『乱』と同様に、登場人物の忠実と不実というテーマに着目し、テーマに沿った対照的な死の場面を生み出している。『楢山節考』の主題は、世阿弥による能『姨捨』に登場している。『姨捨』は、旅人が秋の月を眺めに姨捨山を訪れ、そこで以前捨て置かれた老婆の亡魂の化身に遭遇する話である。女は一旦姿を消し、中入りのあと仏の恩恵を謡い、舞う老女の霊として再度登場する。『姨捨』における死の背景としての自然は、単に登場人物の死の象徴として表れているのみである。深沢七郎による原作「楢山節考」（一九五六）は、風俗習慣と民間伝承に基づく、よく知られた民俗的な物語である。木下恵介による『楢山節考』（一九五八）は、深沢七郎の小説が基となっており、有吉佐和子の脚色による歌舞伎版（一九五七）が大ヒットした一年後に製作された。木下による『楢山節考』には、象徴的な演劇要素が採用されている。それは言語による表現や謡など、歌舞伎と文楽の要素を採用した歌舞伎に影響されたものである。今村によるリメイクでは、自然との特別な繋がりによる視覚的要素を用いて農村の日常生活を写実的に描き出しており、死の場面は、映画のクライマックスを構成している。棄老とは、山奥の村で慢性的な食料不足のため、七〇歳に達した老人を息子や娘たちの手で楢山の頂上に捨て置かなければならないという大昔の掟である。映画の主人公である六九歳の年老いたおりんは、残される家族全員の仕事を段取りし、一途に山への死の旅の準備をしている。この村の掟へのおりんの穏やかな服従は、日本の愛すべき気丈な母親を賛美したものである。この映画の結末は、おりんの長男である辰平がおりんを背負い、愛する母を山の頂上の墓場に置き去りにするという、大きな苦痛を強いられる旅であり、この旅には、精神的のみならず、身体的な苦しみをも余儀なくされる。おりんと辰平は、口を訊いてはならないという掟を守って黙り通し、身振り手振りのみを使って会話する。村への帰り道、息子は村の男・忠やん（深水三章）とその年老いた父・又やん（辰巳柳太郎）に遭遇する。又やんは、山に捨て置かれることを拒否して息子と争っていた。この哀れな息子は、綱できつく縛った父親を引きずり、山の崖から投げ落とすまでの間、始終父親と争っていた。この二人のシーンを挿入したのは、間違いなく気丈な母とその息子の棄老の旅との対比を意図してのことであろう。女である母に対し、男である父、また背負われている母に対し、引きずられている父、沈黙を守った母に対し、大声で反抗した父、山の頂上に彫刻のように座った母に対し、山の崖をぞっとするような早さで死へと転がり落ちた父など、全ての構成要素が対比するように構成されている。

おりんと又やん、二人の対照的な登場人物は、原作の小説「楢山節考」に既に存在する。木下と今村のどちらの作品も、山の頂上で彫刻のように座すおりんと、深い谷底へと転がり落ちる又やんを並置している。この二作の対照的な死の場面における空間的な広がりは、今村版ではより顕著に表れている。今村は、転がり落ちる又やんの姿を、最初は高い位置、次に崖の中ほどの低い位置からパンショットで精密に撮影している。ショットは、又やんの体がカメラに向かって転落するところから始まり、又やんの体が谷底に消えるまで続く、非常に写実的で印象深い方法で撮影されている。一方木下は、又やんが崖から消えるところだけを写し、実際に転がり落ちる様子は見せていない。また木下版では、又やんの落下後、辰平と忠やんが争い、忠やんも父と同じように崖から落ちてしまうため、おりんとその息子との死の場面との対比は弱まっている。

どちらの監督も雪を用いておりんと又やんの死の場面の対比を強調しているが、原作の小説と映画では出来事の順序が異なっている[10]。原作では、辰平が母親を山に残して山を下る途中に雪が降り始め、母親のもとに戻る。深沢はその場面をこう描写している。

> そこには目の前におりんが坐っている。背から頭に筵を負うようにして雪を防いでいるが、前髪にも、胸にも、膝にも雪が積っている。白狐のように一点を見つめながら念仏を称えていた。[11]

辰平は母親と雪が降ったことを喜び合った後、母と最後のお別れをする。その後の帰路で辰平は又やんの死を目撃し、この二つの死のシーンが締め括られる。それに対し、木下と今村の映画では、辰平は母親を山の頂上に残して山を下り、又やんの死を目撃し、その後雪が降り始める。そこで辰平が母親のもとに戻ることで、雪の中に静かに座っている崇高な登場人物の最後の出現へと導いている。この原作からの変更は、自然要素の使用に関わっており大変重要である。おそらくこの変更を最初に行ったのは有吉佐和子であろう。有吉は、原作の小説を歌舞伎の舞台作品『楢山節考』向けに脚色し、一九五七年に歌舞伎座で公演を行った。この歌舞伎版では、辰平が母親と別れ、又やんが崖から谷底へと転がり落ちるのを目撃し、その後雪が降り始める。そこで辰平は母親のもとへ戻り、雪が自分を母親のもとへ導いたのだと繰り返し訴える[12]。一年後の一九五八年には、深沢自身がこの雪のタイミングの変更を採用して自身の小説を脚色し、戯曲として発表した[13]。この降雪のタイミングの変更は、木下と今村の映画における二つの死の場面にも有意義な対比をもたらしている。木下版では、又やん落下後の辰平と忠やんの争いの間、無数のカラスが山の上を飛び回る様子が映し出されている。忠やんが転がり落ちた直後、鳴き声だけを残してカラスは姿を消し、空には雪が降り始める。こうして木下は自然要素の移り変わりを詩的な方法で強調している。辰平はカメラに背を向け、忠やんが転がり落ちた崖を眺め、後ろを振り返ってカメラに顔を向け、降り始めた雪を眺める。サウンドトラックは、カラスのはっきりとしたリアルな鳴き声から、雪とそれに対する辰平の心情が反映された三味線の音楽になり、この変化は極めて印象的で意味深いものとなっている。雪は早くも降り積もり、辰平が山の頂上の母親のもとに着いた頃には画面全体が白くなっている。黒いカラスが舞い上がることで又やんの体が転げ落ちるのを示した後、降り積もった白い雪の中に座り、掌を合わせ祈りのポーズを取っているおりんが示される。おりんの間近に迫った死は賛美され、おりんは山の神と化したかのようである。ここには、山に捨て置かれる際に雪が降るのは幸福だとする村人たちの考え方も反映している。今村は黒いカラスから白い雪への変容を、おりんと又やんの対照的な死の場面の重要な特徴として用いているが、それらの幾つかの要素は木下のものと異なっている。先に述べたように、今村は又やんが崖から転げ落ちる様子を非常に写実的な方法で撮影している。その後、谷底から黒いカラスが舞い上がり、父を投げ落とした忠やんの顔に向かって飛んで来る。忠やんは驚いて逃げ去り、辰平は又やんが投げ落とされた場所の谷底を見下ろす。その瞬間、下から舞い上がった黒いカラスの代わりに、上から降ってくる白い雪を発見し、母親のもとへと走り始める。上へ舞い上がる黒いカラスと下に降ってくる軽やかな白い雪という対比された自然要素は、おりんと又やんの死の場面への移行を構成している。木下の映画に登場する、辰平と忠やんとの争いともう一つの死（忠やん）は、今村版には登場しない。しかしどちらの作品も、それぞれの方法で黒いカラスと白い雪を用い、結末の対照的な死の場面を特徴付けている。

今村版における、自然要素によって具体化される対照的な死の場面の構成は、山の上の二つの死の場面に限られたものではない。山の下においても、対比的な二つの死の場面が用意されており、この映画における自然を介した二つの死の対比的な扱いにもう一つの局面を与えている。これは木下の映画には存在していない。今村の映画の冒頭では、冬の終わりに口減らしのために捨てられた、生まれて間もない赤子が溶けた雪の下から見つかるという情景が加えられている（図17）。

映画の半ばでは、畑の作物を盗んだ雨屋の家族が捕まり、網で大きな穴へと引き摺られ、生きたまま埋められる。無実の赤子と犯罪者である雨屋の家族の死の場面には対比的な要素がある。死んだ裸の赤子は雪の下から曝け出され、生きている雨屋の家族は土に覆われている。また白く濡れた雪に対し、土は黒く乾いている。更に、無垢の赤子の露出は短時間であったのに対し、犯罪者である家族は、縛られ埋められる様子が長時間に渡って詳細に映されている。この二つのシーンには、映画の結末のおりんと又やんの死の場面に類似した要素と対比的な二つの要素がある。社会の秩序を乱した雨屋の家族と又やんは、同じように縛られ死へと投げ落とされる。おりんと赤子はどちらも生きたまま白い雪に埋められるが、これらのシーンは意図的に、雪の対照的な状態の組み合わせで作品の始まりと終わりに配置されている。映画の冒頭で、雪解けの汚れた雪に投げ込まれ、生きるチャンスを与えられなかった裸の赤子は、結末における、おりんのシーンと並置されているのである。詩的で崇高な印象を与える年老いたおりんは、山の頂上に背筋を伸ばして真っすぐに座り、清らかな白い雪が降り積もる中、穏やかに人生の幕を閉じる（図18）。

おりんの最期の場面のインパクトは、赤子の死体のシーンによって結果的に高められている。今村は対比的な自然要素を用い、自然から発生し自然と結び付きのある死のシーンを対照的に構成している。

図17　冬の終わりの溶けた雪の下から、生まれて間もない赤子が見つかる。この赤子はおりんと並置されている（『楢山節考』今村昌平監督）

図18　冬の初めの白く美しい雪が降り積もる山の頂上で、背筋を伸ばし、真っすぐに座っているおりん（同）

雪と光——北野武『HANA-BI』

北野武は、映画『HANA-BI』（一九九七）の結末で、死の場面において、雪と、対照的な暖かいイメージを用いている。この作品で雪が与える印象は、『楢山節考』とは正反対のものである。この映画の主役、不実で暴力的な刑事・西佳敬（ビートたけし）は、パートナーの堀部泰助（大杉漣）が酷い事件に遭い、車椅子生活を余儀なくされたことから自らも刑事の職を退く。退職後の西は、白血病の妻（岸本加世子）の看病に努める。西は妻の治療費のためにやくざに借金をし、それが悲劇的な結末を招くこととなる。西は返済を迫るやくざを殺し、妻の命を奪い、自殺を図る。

結末の場面では、西が、妻の念願であった雪の降る場所を一緒に訪れている。宿泊先の旅館に着いた後、外の冷たい雪のショットは、堀部の絵のショットへとディゾルブされる。堀部は事故の後遺症のリハビリのために絵を描いていた。映画に登場する堀部の絵は、超現実的で美しい[14]。カメラは背景を黒にして、「雪」は白、「光」は黄色といった二つの対照的な自然の要素を映し出し始める（図19上）。その後カメラは下に傾き、背景は白となり（図19中上）、ズームアウトして赤い「自決」という二文字を大きく映し出す（図19中下）。カメラは更にズームアウトし、絵の全体が映し出される。対比的な上の黒い部分と「自決」と書かれた下の白い部分（白で小さく書かれた「雪」とその上に黄色で書かれた「光」の文字は見えない）が画面に映っている（図19下）。

この映画において最も重要で意味深いと考えられるこの絵は、結末の死の場面を象徴し、概念化させており、絵を通して自然と死が結ばれている。この絵について質問された北野は、こう答えている。

あそこは絵を写真にかけたんだけど、撮ってプリントして、それに絵具をかけたんだけど、何枚やってもうまくいかなかった。もう写真が残ってないって言うから「じゃあ、本物を持ってこい」って。そしたらうまくいっちゃった（笑）[15]

この絵のショットは、二つの死の場面における対照的な自然要素、「雪」と「光」を含み、映画終盤の死の場面のきっかけとなっている。またそれらは、背景が黒と白という対照的な方法で表されている。

一つ目の死の場面は、西と彼の妻が滞在する旅館に借金の取り立てに来たやくざの殺害である。西は非常に大胆で残虐なやり方でやくざを殺害する。旅館の外に出た西は、彼を探しに来たやくざのメンバーから拳銃を奪い取り、白い車の中にいたやくざの幹部と仲間を撃ち殺す。その後西は旅館に戻り、先に拳銃を奪ったやくざを探し、逃げるやくざを撃つ。これらの殺人は、積雪とその寒気、夜陰が背景となっている。回転するカメラが車の中のやくざを殺した後に白い車を上から捉えた映像が雪の印象を強める。後の現場検証で、西の元同僚が車のドアの一つを開くと、殺害されたやくざの一人がドアから外に転げ落ち、この死の場面の衝撃は完成される。その後、他の同僚が姿を現し、カメラは殺されたやくざの血で汚れた顔を鮮明に映し出す。周囲の雪には血痕が落ちており（図20）、カメラは、死体から車、そして車の中の死体へとパンする。この死の場面の衝撃は、白く冷たい

図19（上から下に向かって）カメラは「雪」と「光」の文字を写し、その後下へ傾き、背景が黒から白へと変わり、大きく赤く書かれた「自決」の二文字を写し、ズームアウトして絵全体を写す（『HANA-BI』北野武監督、オフィス北野、1997）

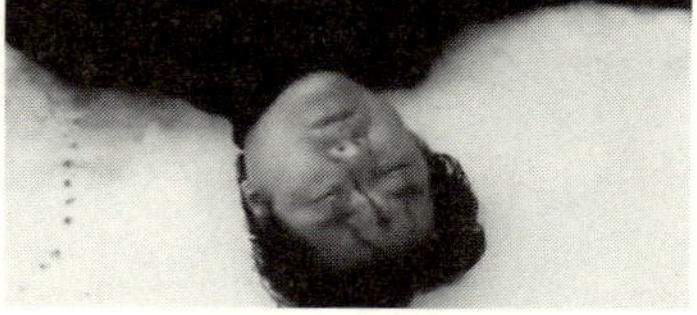

図20　殺害され血で汚れたやくざの顔。血痕の付いた白い雪に囲まれている（同）

雪を背景に対比する、視覚的な殺害場面とその流血の帰結によって作り出されている。「冷たい」やくざの殺害から「暖かい」西とその妻の自殺への移行は、残ったやくざのメンバーを殺す最後のショットで行われる。西は逃げるやくざに拳銃の狙いを定める。西が引き金を引くと、先に死の場面のオープニングとして挿入された赤い大きな「自決」の二文字と、その周りに赤い絵の具が飛び散った絵のカットが挿入される。次のショットでは、堀部が空の赤い絵の具の容器を持っている姿が映し出される。西はやくざの最後のメンバーを撃つと拳銃を下げる。このモンタージュは、最後のやくざの殺害と共に、次に起こる自殺のテーマを示している。シナリオによると次は、旅館の西の部屋に親子の人形が残されていると記述されているインターカットである[16]。この親子の人形は、三角達磨という起き上がり小坊師の一つで、昔から七転び八起きを祈願した縁起物である。この短い三角達磨のショットは、父、母、子の連想を呼び起こし、子供のいない夫婦が凧を揚げる少女を眺める最後の場面へと導く役割を果たしている。同時にこの三角達磨は、病気や災いなどからの回復を祈願し、次の自殺の場面に慈愛の要素を付け加えている。

北野は、自殺のシーンを含む映画の結末部分のシナリオを二つに分け、一つ目は「曇天の海」、二つ目は「晴天の海」と名付けている[17]。この対照的な自然現象による意図的な分割は、自殺のシーンの背景となる暖かな美しい景色への準備となり、二つの死の場面の対比を強調している。最初のシーンのどんよりした曇り空は、西と彼を追って来た元同僚・中村（寺島進）と工藤（逸見太郎）の邂逅を包み込んでいる。二人を目撃した西は、二発の弾を銃に込めて対面し、一見二人の元同僚を撃つのではと思わせるが、西は中村に少し時間をくれるよう頼む。中村は返事こそしないが同意の意思を示し、中村が顔を下に向けるクローズアップと、同じように顔を下に向ける西のクローズアップを写している。その後、西が中村を真っすぐに見ることで、この二人が状況を分かち合っていることが示されている。西は自分が犯してしまった罪と、妻の死期が近いことを考えると、妻と共に自殺するより道はないと理解する。中村は西の意思を察知し、その意思を尊重する。一つ目のシーンを締め括る西の顔のクローズアップの背後には、灰色がかった空が写っている。終幕のシーン「晴天の海」の最初のショットには、凧を揚げながら浜辺を走る少女が写る。この二つのシーンは、時と場所も一連のロングショットであるが、そこには薄い灰色から青へと変わる不自然な空の色の変化が見られる。そして今まで聞こえなかった波の音が聞こえ始め、それに続くサウンドトラックが快活なものへと変化する。これに続く幾つかのショットでは、西とその妻が先の冷たく暗い自然要素とは対照的な自然要素を体感する様子を見せている。二人は暖かく明るい緑に包まれた自然の中で今までも、そしてこれからも持つことのない子供を眺めている。カメラは緑を背景に遊ぶ少女を見つめる西と妻を、ミディアムクローズアップで写している。遊ぶ少女の映像の後は、緑と砂浜の暖かい砂、そして穏やかな海を写し、その後少女のいる海のショットと少女のいない海のショットが挿入される。妻は西に、「有難う、ごめんね」と二人でこの美しい景色を見ることが出来たことの礼を言う。抱き合った二人の背景には緑が見え、横からのショットでは二人の背景は海になっている。そして、最終場面の背後からのロングショットは全ての自然の構成要素を映し出している。その後カメラは海にパンして海が画面全体を覆い、突然銃声が鳴り響き、サウンドトラックが止まり、完全なる静寂の中で二発目の銃声が響き渡る（図21）。

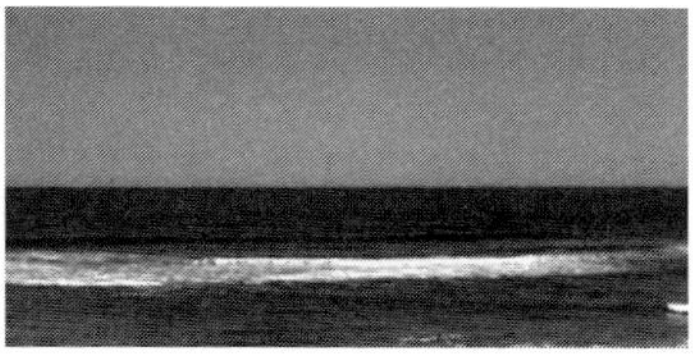
図21　西とその妻の自殺は暖かく美しい海で表される（同）

　そして次には海を背景にした女の子のミディアムショットへと戻り、また波の音が聞こえ始める。少女は先ほどまで二人がいた方向を眺める。これが映画の最後のショットである。この自殺は伝統的な心中の再現であり、その自然要素の洗練された描写には、北野の卓越した独創性が遺憾なく発揮されている。やくざの流血をともなう殺害とその後の場面は画面に映し出したのに対し、二人の自殺の場面は映さず、この二つの死の場面に対比を作り出している。その対比は、殺害されたやくざの背景となった雪に対する、自殺の背景となった穏やかな海であり、双方とも自然要素によって表現されている。雪と海水は同じ物質から出来た異なった状態であり、これらの死の場面の相反する意味を表現する。これは伝統的なテーマと概念を用いながら、現代の美学を構成した革新的な例であるといえよう。


［1］依田義賢『溝口建二の人と芸術』田畑書店、一九七〇年、二二二頁。

［2］川口松太郎・依田義賢「雨月物語」『年鑑代表シナリオ集　1953年版』三笠書房、一九五四年、一一五頁。

［3］同書、一一六―一一六頁。

［4］同書、一一六頁。

［5］佐藤忠男『黒澤明の世界』朝日文庫、一九八六年、一八八―一八九頁。

［6］Chan Wing-tsit, trans. and comp. *A Source Book on Chinese Philosophy*. N.J.: Princeton University Press, 1963, p. 265; James Legge, trans. I-Ching: Book of Changes. New York and London: Bantam Books, 1964, pp. 348-349.

［7］安部公房「砂の女」『年鑑代表シナリオ集　1964年版』ダヴィッド社、一九六五年、一九頁。

［8］同書、二二頁。

［9］今村昌平「楢山節考」『キネマ旬報』一九八三年五月上旬号（859号）、五八頁。

［10］深沢七郎『楢山節考』新潮文庫、一九六四年、八八―九二頁。

［11］同書、八九頁。

［12］有吉佐和子脚色『楢山節考　台本』松竹、一九五七年、六七―七八頁。

［13］深沢七郎「楢山節考戯曲」『婦人公論』499号、一九五八年一〇月、二六一―二六二頁。

［14］実際にはこれらの絵は北野自身によって、一九九四年に起きたバイク事故からの回復中に描かれた。彼はこの事故で顔の左半分が麻痺した。

［15］北野武（インタビュー）「『HANA-BI』のなかの「便所の落書き」」『芸術新潮』48巻12号、一九九七年一二月、八六頁。

［16］北野武「HANA-BI」『シナリオ』595号、一九九八年二月、三一頁。

［17］同前。

第九章　一つのシークエンスにおける多様な自然要素の織り合わせ

日本映画における自然の活用は、万葉集や古今集、俳諧などの文学や伝統演劇を規範としている。伝統演劇における自然は、聴覚的、視覚的に重要な象徴として、様々な方法で物語に織り込まれている。日本のどの演劇のジャンルも独自の方法で自然を用いている。能において自然は、言語と限定された視覚のイメージを通して表現され、歌舞伎においては、舞台装置や様々な音声を介し、特定の自然の要素を表現している。

能『清経』のクセの段の場面は、記号表現、または具体的な劇的要素として、様々な自然要素が精巧に散りばめられている特徴的な例である［1］。この能では、平清経の霊が彼の妻の夢に現れ、平家の軍は宇佐の八幡宮の近辺である九州の北東地方からも退却せざるを得なくなったため、自決を決意したことを伝える。神に助言を求めたが、もはや一門には希望がないとの神託により、清経は自死による極楽往生を決意する。『源平盛衰記』や八坂本系『平家物語』などに記されているように、清経は西方浄土への往生を願って、念仏を唱え、船上から入水する。このクセの部分で、清経は様々な方法で自然の要素を織り交ぜている。それは二つの異なった自然のイメージ（鮮やかな春の花と秋の紅葉）を通して、平家の栄華を極めた時代と没落した時代を対比的に示すことから始まっている。

「保元の春の花、寿永の英気の紅葉とて、散りぢりになり浮かむ。一葉の船なれや。」――秋の葉のイメージと戦場における具体的な要素である船とを結び付けている。

「柳が浦の秋風の、追ひ手顔なる後の波、白鷺の群れ居る松見れば。源氏の旗を靡かす、多勢かと肝を消す。」

――実在の自然の要素である海の波と白鷺に類似性を持たせている。この自然の要素・白鷺は、敵の旗のように見え、味方に恐怖を抱かせる。

「あぢきなや、とても消ゆべき露の身を。なほ置き顔に浮き草の、波に誘はれ、舟に漂ひていつまでか。憂き目を水鳥の、沈み果てんと思ひ切り。」――自らの人生を露の雫に喩えている。一門が運命を託した船を、側に浮かんでいる浮草の不安定さに喩えている。この状況の清経なりの解決策である身投げの行為は、水鳥の行動を通して表現されている。

「人には言はで岩代の、待つことありや暁の、月に嘯く気色にて、舟の舳板に立ち上がり。」――清経は主題を秋の月と夜明けの空という自然要素との遭遇へと切り替える。

「よし人はなにとも、海松海布を眼の夜の空、西に傾く月を見れば、いざやわれも連れんと。」――清経は、西方の空に沈んでいく月を見上げ、自らも月を追って西方浄土への旅立ちを決意したとして、己の進むべき道と、この自然の月の運行を同一視する。これは日本における極楽往生を希求する者の常套的な表現の類型に従った描写でもある。

「南無阿弥陀仏　弥陀如来　迎えさせ給へと舟よりかつぱと落ち汐の、底の水屑と沈み行く、憂き身の果てぞ悲しき。」――弥陀の名号を唱えた後、清経は入水し、海という自然要素と一体化する。

このように、能では一つの段の中に数多くの自然要素が織り込まれている。劇的瞬間を演出する自然描写は、物語を動かす実際の自然要素との遭遇と共に現れる。映画は能とは明らかに異なった媒体であるが、いずれも視覚映像が重要な役割を果たす。そのため日本の映画監督は、一つの場面や一つの連続シーンに様々な自然の要素を織り込むべく、それぞれ独自の手法を発展させていったのであろう。

1　物語の始まりで織り合わされた多様な自然要素――黒澤明『乱』

黒澤明は能に傾倒しており、彼の作品には様々な能の要素が取り入れられている。それは能『清経』のクセの段と同様に、多様な自然要素を連続的に使用する方法で時代劇『乱』（一九八五）と現代劇『八月の狂詩曲』（一九九二）に登場している。

映画『乱』は、主人公・一文字秀虎の家督を息子に譲り渡し隠居するという決断から始まる。秀虎は長男である太郎孝虎を後継者に選び、その弟である次郎正虎をその補佐役に指名する。三男であり未婚の三郎直虎は、秀虎の提案に反対し、勘当される。映画の冒頭部分は、登場人物と馬による対照的なシーンからなっている。まず馬に乗った一文字秀虎の家来たちが様々な動きで登場する。馬に乗った四人の家来たちが集まり、それぞれが四方向へ回ったり、並んだ馬に乗った二人の家来が、同じまたは反対の方向に回ったりする。この騎手と馬のイメージは、この部分の終わり（シーン10）と対照的なイメージとなっている。二人の登場人物、勘当された息子三郎と、父の家老であったが三郎の味方をしたため共に追放された平山丹後は、野原の草の上に座り、馬は近くで草を食んでいる。静と動という、この騎手と馬の対照的なイメージから物語の次の段階が始まる。

この映画の冒頭では、馬以外の重要な象徴的役割を果たす二つの動物が登場する。馬に乗っている武士が映された後、大猪が画面へと走り込み、それを追う武士たちと他の猪が続く。そこに秀虎が矢を放ち、秀虎は年老いた猪を仕留める。息子の太郎がその大猪を食べようと提案すると、秀虎はこの猪を自分自身に重ね合わせ、こう答える。

「あれは、古猪、肉はかたく、臭い、とても食えぬ。さながら、この秀虎よ。（藤巻と綾部をギョロッと見て）食えるかの？」
（「乱」『全集黒澤明　第六巻』一四九頁）[2]

続く場面では、また別の動物が話題にあがるが、それは別の登場人物に比喩される存在でもある。藤巻と綾部の二人の領主は秀虎に、秀虎の未婚の三男を自分たちの娘と結婚させてくれるように願い出る。二人の娘の内のどちらを選択するかという厳しい状況に、その場に緊張が走る。それを和らげるため、太郎は狂阿彌を呼び、皆をもてなすよう要請する［3］。狂阿彌は、中世に佞坊《ねいぼう》、同朋《どうぼう》と呼ばれた者で、ここでは道化に似た存在として描かれる。

狂阿彌はある動物を謡にして舞う。

「あンの山から、こンの山から／飛んで来たるは、なんじゃるろ／頭に二つ／ぎんとはねたもの／兎じゃ。」

これは狂言『隠狸』において太郎冠者が捕まえた大狸を後ろに隠しながら、主人に命じられて演じる［4］小舞謡「兎」［5］のバリエーションである。『乱』では狂言師の野村万作が、狂阿彌役を務めるピーターにこの謡と舞を教授した。万作は、黒澤を同席させずに、自宅でピーターを指導し、後に黒澤は、彼が求めるイメージをより的確に表現するために、万作に相談せずに多少の省略と変更を加えている［6］。小舞謡「兎」では、元の狂言と映画のどちらのバージョンにおいても、主体（観察者）と描写された客体（うさぎ）の謡の言葉が絶えず入れ替わる。動きにおいても、主体の意味のない抽象的動きに対する、客体の擬態的な動きは相関的関係にある。謡が主体である観察者の所見に関連がある際の動きは抽象的である。客体であるうさぎは、擬態的に表現される。『乱』のシナリオには、「その兎の物真似は愛嬌があって面白い。」という黒澤のコメントが記されている（「乱」一五〇頁）。

幾つかの動作は、狂言の動作と殆ど変わっていない。兎の長い耳は、最初は二本指のVサインで表し、次に曲げた両腕で表現することで視覚的イメージを拡大している（図1）。狂言では昔から、映画のクローズアップに当たる技法を用いていたのである。『乱』における狂阿彌の指とその後の手の動きも同様である（図2）。

　一方、一部の動作は映画の空間や小道具に適応させるために変更が加えられている。狂言では、舞の終わりの「兎じゃ」の言葉と共に一度飛び跳ねる。狂言師は、片手のVサインと拳を使って、兎の頭と耳を、右手に持った扇で兎の体を、実際に飛び跳ねることで兎の足を表現する。狂言師そのものが兎となるのである。映画では、狂阿彌は「兎じゃ」の言葉の前に辺りを窺って後ろを向き、帯から扇を二本取り出してVの形を作り、目の前の地面に置かれた花瓶を手に取る。そしてこの扇と花瓶を組み合わせて兎を表現し、狂言師のように体を使っては表現しない。狂言においての「兎」の謡と舞は、単なる余興として登場する。この映画においてもそれは同様であるが、映画では後にある登場人物がこの謡と舞に登場する動物のイメージを他の登場人物と特徴づける手段として活用している。

　三郎は先に秀虎が自分を猪に喩えたのと同様に、兎を藤巻信弘と綾部政治になぞらえる。三郎は狂阿彌の方を

図1　小舞謡「兎」で、後ろに折り曲げた手で兎の耳を表現する野村万作（狂言『隠狸』撮影：吉越研、1999）

図2　野村万作に指導を受けた狂阿彌役のピーターが、「兎」に対応する場面を舞う（『乱』黒澤明監督、ヘラルド・エース＝グリニッチ・フィルム・プロダクション、1985）

向いて言う。「おい、狂阿彌、その兎は一匹か二匹か？」そしてこう続ける。「二匹であろう。（藤巻と綾部をニヤリと見て）父上に喰われに、あの二ツの山の向うから飛んで来た」（同）。このように主人公である秀虎と、藤巻と綾部の二人の領主は、大きく力強い猪と、小さく弱々しい兎という二種類の動物に喩えられている。また、二つの動物による比喩表現は、実物が現れる猪とパフォーマンスで表現される偽物の兎という対照的な方法によって提示されている。

猪を仕留めるシーンから成る冒頭の後、陣幕に囲まれた三つの幕営が現れ、秀虎は紋所が描かれた幕営の真ん中にいる。シナリオに記されている一文字の紋（同、一四九頁）の代わりに映画に登場するのは、太陽の下に月が描かれた紋である。これは陰と陽という二つの対極の組み合わせを反映した大変珍しい紋であり、強力な自然のイメージを持っている。古代中国では、陰と陽は月と太陽に関連付けられていた。かつて陽は阝と日の組み合わせで「阳」のように書かれ、陰も同様に阝と月の組み合わせで「阴」のように書かれていた。秀虎が眠りに落ちた後、この陰と陽が結合した強力な自然のイメージは、徐々に日中（太陽）から夜（月）へと移り変わって行く。太陽の出現は、他のメンバーが幕営を後にした時に始まる。三郎は刀を抜き、早咲きの萩の枝を二本切り取り、空を見上げるが、その目線の先は示されていない。三郎は父に近づいて、真夏の太陽の日差しから父を守るために萩の枝を彼の側の地面に差し、日陰を作る。画面からは太陽の日差しは見えないが、三郎の行動と秀虎にかかる影により、太陽の日差しを感じ取ることが出来る。この太陽の表現は、三郎の父への心遣いを描写している。次のシーン5では雲が青い空を覆い始める（図3上）。黒澤はシナリオにこう記している。

雲の峯　むくむくと空にのびている。その片面が斜陽に映えている。　（同、一五〇頁）

秀虎は悪夢から目を覚まし、幕営から出て来る。息子と家来を呼び集め、二人の客も呼ぶように言う。黒澤は

図3　（上）シーン5、雲が青空を覆い始める。（中）シーン7、雲が上へ広がり画面の大部分を覆って行く。（下）シーン9、空のほぼ全体が暗雲に覆われている（同）

次のシーン7で、雲が上に向かって広がり、画面の大部分を覆って行く空を写している（図3中）。サウンドトラックも真夏の風物詩である蟬の声から、遠くから聞こえてくる激しい雷雨の不穏な音に切り替わる。この音はシナリオに記されている通り、雲の膨張と同時に始まる。

雲の峯　その一角が乱れて黒雲となり、遠く雷雨の気配──遠雷の音。　（同、一五二頁）

秀虎が長男の太郎を後継者に選び、その決定に反対した三郎を勘当すると、曇りがかかった空は物語の状況の比喩的表現を完成させる。シーン9では、雲が空のほぼ全体を覆っており、雲の色も暗く赤みを帯びている。シナリオには、このカットは一日の終わりと夜の闇の支配を表現していると記されている（図3下）。

雲の峯　今や全く崩れ、棚引いて落日を覆い、落日は不気味に赤い。　（同、一五五頁）

映画の冒頭に挿入された三つの曇った空のショットは、効果的に物語を先導して、主人公の決断を反映し、その結果を予言している。

三つの雲のショットの視聴覚的な効果により、シーンの印象は陽から陰へと移行しているが、それは秀虎のセリフによっても表現される。秀虎は幕屋から出て息子たちに、人が誰一人いない枯れ野にたった一人でいたという悪夢の話をする。秀虎が目を覚ましたのは、夏の涼風のせいであった。

「叫べどもおらべども誰も答えぬ……そして、この夏の涼風が野分けの様に身にしみて、目を覚ました。」

（同、一五一頁）

夢の中の幻想の地である枯れ野と、秀虎の目を覚まさせた現実の夏の涼風という二つの自然要素は、秀虎に、家督を息子に譲り渡し隠居するという決断を促している。それは後にこの作品におけるストーリー展開の要因となる。

映画の冒頭に登場する秀虎の太陽と月の紋は、陰と陽が結合した究極の組み合わせになっており、その後太郎と次郎はこの二つの要素を分割し、太郎は太陽の紋、次郎は月の紋を取り、彼らの兵の服装、兜、旗に反映される。一方三郎は、そのどちらの象徴も持っていない。黒澤はこの結合された自然要素が分割されるという象徴を通し、一文字家が破滅に至るまでの物語の過程を明確に示しているのである。

2　物語のクライマックスと結末に織り込まれる自然――黒澤明『八月の狂詩曲』

『八月の狂詩曲』では、作品のクライマックスと結末を構成するために様々な自然要素を織り込んでいる。これは、年配の女性、鉦《かね》おばあちゃん（村瀬幸子）の物語が中心となっている。鉦おばあちゃんは、一九四五年の長崎の原爆で夫を亡くしており、自らも被爆者である。鉦おばあちゃんは夏の間、四人の孫の面倒を見ることとなる。それは孫たちの両親が、鉦おばあちゃんの兄である可能性が高い男性――長い間音信不通であった――に会いにハワイに行くためであった。孫たちは鉦おばあちゃんの話から徐々に原爆について知り始める。祖母の話を聞いて精神的に成長した四人の孫は、祖母を尊敬するようになり、アメリカに対してなぜ原爆を落としたのかという疑問を抱くようになる。そうした中で、アメリカに裕福な親戚がいることが判明する。この新しい親戚は孫たちの両親に仕事を紹介し、ここから両親と子供たちの間に対立が生まれる。そんな中、鉦おばあちゃんの甥、すなわちハワイにいる兄の息子クラーク（リチャード・ギア）が、鉦おばあちゃんを訪ねて来る。この来日は原爆記念日を一緒に過ごして、親子の確執を取り除き、鉦おばあちゃんの兄・錫次郎（松本克平）が、死ぬまでに一度鉦おばあちゃんにハワイへ訪ねてもらいたがっていることを伝えるためである。最終的に、鉦おばあちゃんと孫たちはクラークと心を通わせることになる。映画をクライマックスへと導くこの極めて重要な和解は、縁台に並んで腰掛けた鉦おばあちゃんとクラークの会話から始まる。カメラは、話し始める前のやや上を向いた二人を正面から捉えている。和解後、鉦おばあちゃんは日本語でこう言う。「よかとですよ……こいでよか……」ここで黒澤は、孫の一人である信次郎（伊崎充則）と彼の父、そして伯母が後ろから鉦おばあちゃんとクラークを見守っているカットを入れている。鉦おばあちゃんが英語で「サンキュウ・ベリマッチ!!」と言った時、カメラは鉦おばあちゃんとクラークを背後から写し、次に正面から家族が二人の後ろで見守っている様子を写している。この英語の感謝の言葉により、クラークと鉦おばあちゃんの和解は成就される。クラークも英語で感謝の言葉を述べ、立ち上がり、カメラがそれを追って鉦おばあちゃんの真上に位置している月を写す。クラークは鉦おばあちゃんに、和解が出来てとても嬉しいと伝え、二人は握手する。二人のシルエットは自然の中の傑出した要素である満月と重なり、和解の視覚的なクライマックスとなる。黒澤のシナリオによると、和解のシーンの始まりに二人のシルエットと月が重なることになっていた[7]。しかし実際の映画では、二人は月を見上げて会話を始め、その後で月と二人のシルエットを写している。月と二人のシルエットを最後に持って来ることにより、和解のシーンのクライマックスをより一層強調している。二人で一緒に月を眺める行為は、和解と調和を示すものとして用いられているのである。先にも鉦おばあちゃんが、孫たちに一緒に満月を見ようと呼びかけるシーンがある。「お祖父ちゃんは、月ば見るとの好きでな……月ば見ると心の洗わるっていうて、よう庭に出て月ば眺めよった！」[8]と鉦おばあちゃんは言う。カメラは縁台に腰掛けた鉦おばあちゃんの両側に二人ずつ座った孫たちの後ろ姿を捉えている。五人は一言も言葉を発しないまま月を見上げている。それは後の鉦おばあちゃんとクラークの和解のシーンと同様である。このように月は和解を導き、また反映させている。

クラークと孫たちの和解は、花のイメージによって確立する。クラークと鉦おばあちゃんが和解した直後、信次郎が三人の孫のもとに駆けていき、いいニュースがあると言って二人の和解を伝える。すると年長の孫である縦男（吉岡秀隆）は、音楽と歌という今までとは異なる方法を通して花のイメージを展開させる。縦男は音程の狂っているオルガンの前に座り、シューベルトの「野ばら」を弾き始め、他の孫たちに一緒に歌うよう促す。

「童は見たり　野中のばら／清らに咲ける　その色愛でつ／あかず眺む／くれない匂う　野中のばら」

家族の衝突は、音程が狂っていたオルガンが調律されるのと平行して解決される。「野ばら」を奏でるオルガンは、先ほどの場面における月と同じ働きをしている。このシーンでは野ばらの歌と演奏を通して自然要素である野ばらを聴覚で捉えることとなった。その後、この要素（花）の視覚的な次元も徐々に描写されてゆく。クラークは、孫たちの歌に拍手を送り、孫たちが黒板に書いた「Welcome!!」の文字を眺める。孫たちはクラークを肘掛け椅子や長椅子を組み合わせて用意した即席の「ベッド」へ案内する。その「ベッド」の枕の近くには、ピンクの花が生けられた花瓶が置かれている。クラークはカメラに背を向けてベッドに腰掛け、花を眺め、花に手を伸ばして触れる。花の歌を歌った孫たちも、クラークの動きにつられて花を眺める（図4）。そして、信次郎が祖父の写真を取りに奥の部屋へ行く際、カメラは花の前を通り過ぎる信次郎を写し、同時に祖父の写真の横に赤

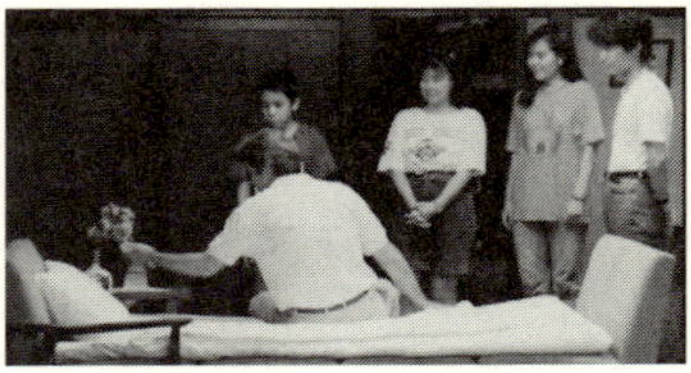
図4　クラークが花を眺め、手を伸ばして花に触れたことで孫たちも花に目をやる（『八月の狂詩曲』黒澤明監督、黒澤プロダクション＝フィーチャーフィルムエンタープライズ、1991）

図5　クラークと孫たちの和解を示す赤い薔薇のクローズアップ（同）

い花が一輪飾られた誰もいない奥の部屋を写している。信次郎は部屋に入り、写真を手に取って出ていくが、カメラは花だけが残された一角を写し続けている。そして次に、長崎の原爆投下四五周年の式典と祈りのシーンになるが、そこで黒澤は花のイメージを用いて、クラークと孫たちの和解を完結させている。ここでもまた信次郎が孫たちを代表する。追悼の祈りが聞こえる中、信次郎は地面に行列を作る蟻を眺め、クラークもそれを眺める。蟻は花の茎に上り始め、赤い薔薇に到達した瞬間、追悼の祈りは鐘の音と共に終わり、これは赤い薔薇の場面の聴覚的クライマックスとなる。クラークが信次郎の肩に手をまわし、見つめ合いながら赤い薔薇に向かって歩く様子と、再度鐘の音と共に赤い薔薇のクローズアップが映る。そしてまた、クラークが信次郎の肩を抱き、微笑み合うカットが入る。二人は微笑みながら赤い薔薇を眺める。鐘の音と共に最後の薔薇のクローズアップが、クラークと孫たちの和解を示している（図5）。それは登場人物と観客がこの和解の過程の最初で歌われた花を実際に目にすることで具体化されている。

ここで黒澤は、和解を促し物語を終結へと導く、もう一つの自然要素を登場させている。しかしこの要素は、映画の結末に訪れる危機の前兆をも同時に表している。クラークと信次郎が滝壺で遊んでいると、信次郎の父である忠雄（井川比佐志）が電報を手にやって来て、それをクラークに渡す。クラークの父であり、鉦おばあちゃんの兄である錫次郎が亡くなったのである。滝のカットは、水が滝壺へと落ちる音の異常な高まりにより、不安と精神的な動揺を表現している。そして正面から、水が激しく滝壺へと落ちる様子を背景にしたクラークを写している。周りの人々はカメラに背を向けてクラークを見守っている。クラークが電報から顔を上げると、人々は皆、顔を伏せる。滝壺が楽しい場所から、悲しみに満ちた場所へと変化することで、視覚的、聴覚的に、結末の危機へと続く次の段階へと進んでいく。

　クラークがハワイに帰国した後、鉦おばあちゃんは兄に会う機会を失ったショックで錯乱していく。亡くなったばかりの兄と勘違いして自分の息子に話しかけ、更には落雷を原爆の光だと勘違いしてしまうなど、過去の記憶と現在の出来事とを区別できなくなる。この深刻な局面は、『乱』の雲と同様に二つの雲のショットによって示されている。鉦おばあちゃんが「ピカ」から孫たちを守るために彼らに白いシーツを被せた後、波のように見える空の雲が映される（図6）。そして、その雲の形状は祖母の精神的状況を反映するかのようである。次の日、その日の雲が原爆の落とされた日の雲と同じ雲だと思い込んだ鉦おばあちゃんは、不意に姿を消してしまう。雲のせいで祖母が姿を消したと知らされた家族は、空を見上げる。そこには厚い暗雲が立ち込め、空の全体を覆っている（図7）。ここで全ての登場人物が雲と直接的に関わることになる。雲は物語展開の主要な活性剤として機能するだけでなく、苦悩に苛まれる祖母の心境を表し、映画を波乱の結末へと導いていく。

図6　動く雲が祖母の心境と共鳴していく（同）

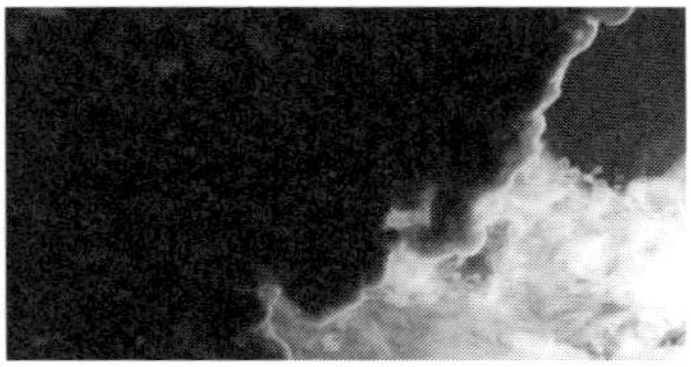

図7　厚い暗雲が立ち込め、空の全体を覆う。雲が祖母の精神的危機を引き起こし、また祖母の心境を反映している（同）

　黒澤は二つの主な自然要素である野ばらと嵐を使ってこの映画を締め括っている。孫たちは祖母の後を追い、彼女の名前を呼ぶが、返事は返ってこない。嵐の激しい音がサウンドトラックとなり、孫たちが祖母を呼ぶ声は殆ど聞こえなくなる。嵐の音が一瞬止み、孫たちの「おばあちゃーん！」という呼び声が完全な静寂の中で大きく聞こえ、それに続いてクラークと孫たちが和解した際に孫たちが歌ったシューベルトの「野ばら」が若い女性のコーラスで流れる。映画の締め括りとなるこのシーンでは、対比的な二つの構成要素、嵐の中を走る祖母の映像と、野ばらを歌う美しいコーラスの音楽が結合し、悲しみと美しさの調和を生みだしている。このエンディングは、自然の要素を用いた視覚対聴覚という対位法のアプローチによって見事に造形されているのである。

おわりに——要因と象徴

空や大地といった大きな存在から始まり、小石のような小さな存在に至るまで、日本映画と自然要素の結合の広範さは驚くべきものがある。日本の映画監督は、日本人の自然との強い結び付きを通し、自然を物語の様々なメッセージを伝達する記号表現として、また、より能動的に物語を活性化させる物語の仲介物として用いるようになったのであろう。空と大地、砂と水、火と雨、雪と海、葉の茂った木と枯れ木、石、そして動物が、物語において、登場人物の心情、または状況を表す記号表現として用いられている。

自然を用いて物語の要素を表現する基本的な方法は二つあり、一つ目の方法は、成瀬が特定の樹木を登場人物の心情、または状況に応じて組み合わせたように、記号表現と記号内容を同じ画面に背景として空間的に組み合わせる方法である。または『楢山節考』において、山の頂上に座ったおりんが白い雪に覆われ、山の斜面を転がり落ちた又やんは黒いカラスに囲まれたように、記号表現と記号内容を一体で描く方法である。登場人物がこれらの自然要素に全く関わらない場合もあるが、『八月の狂詩曲』の花と月のように登場人物がその存在に気付き、関わりを持つ場合もある。

二つ目の方法は、登場人物が含まれない独立した自然要素のインターカットによるものである。『乱』の雲と『楢山節考』のセックスシーンの動物がその例である。これらのモンタージュは、物語における一定のメッセージを発信する。もう一つのアプローチは、登場人物と物語の中の自然要素との相互作用を通して自然を物語展開の活性剤として用いるものである。火まつりを扱った二つの映画においても、登場人物の水と火との遭遇が彼らの態度と境遇を変化させている。『砂の女』においても、登場人物の砂と水との遭遇は同じ効果をもたらしている。『おくりびと』でも、小石が登場人物の感情を動かしている。これらの映画の物語の帰結は、自然要素との遭遇とその影響によるものであり、日本における人と自然の本質的な出逢いを、ものを通して具体化している。日本映画における自然の提示は、写実的、現実的な自然の描写にとどまらず、黒澤が『隠し砦の三悪人』『乱』、そして『八月の狂詩曲』で実践したように、語り、歌、そして舞を通して自然を芸術的に描写し、調和的な表現を創造する虚実の対比の中の虚の極致を具体化しているのだ。


［1］横道真理雄『謡曲集（上）』（日本古典文学大系40）表章校注、岩波書店、一九六〇年、二五五―二五六頁。

［2］黒澤明・小国英雄・井手雅人「乱」『全集黒澤明　第六巻』岩波書店、一九八八年、一四九頁。

［3］元のシナリオでは、太郎でなく秀虎が狂阿彌に皆をもてなすよう命令する（同書、一五〇頁）。

［4］野村萬斎（先代）『新撰狂言集』第二輯、わんや書店、一九二九年、三三〇頁。

［5］和泉保之『改訂小舞謡（全）』三宅籐九朗監修、わんや書店、一九七九年、五頁。

［6］野村万作と著者との個人的会話（東京：二〇一一年七月）。

［7］黒澤明「八月の狂詩曲」『全集黒澤明　最終巻』岩波書店、二〇〇二年、五九頁。

［8］同書、五三頁。

あとがき

私がこの本を執筆することができたのは、私の知識と経験のみならず多くの方々の協力と支援の賜物にほかなりません。この本は、長く、素晴らしい道程の集大成であり、その途上で出会った多くの方々に心から感謝いたします。

一九七〇年代、私はプロの俳優と演劇研究者を目指し、テルアビブ大学の演劇学科俳優養成科に入学しました。当時の私には日本への興味はまるでなく、まさか自分がその後これほど日本文化に関わることになるとは想像もできませんでした。しかしその演劇学科での必修科目として、かつて日本の文部省外国人留学生として日本で日本伝統演劇・民俗芸能を研究された、ヤコブ・ラズ教授による日本伝統演劇の授業を受けたことが、私の人生を大きく変えることになります。ラズ教授は私に日本演劇への扉を開き、その驚異の世界へと導いてくれました。ラズ教授の演出によるヘブライ語の歌舞伎『身替座禅』（狂言『花子』を題材にした松羽目物）で私は主人公・山《やま》蔭右京《かげうきよう》を演じ、その体験によって、私の日本伝統演劇への興味は掻き立てられました。その後は演劇学科の修士課程を専攻しながら、イスラエルの代表的な劇団の一つであるテルアビブ市立カメリ劇団で俳優として活動していましたが、やがて日本で本格的に研究を進めるために文部省（当時）の外国人留学生制度に応募して、日本政府の国費留学生となりました。

一九八〇年代の初めに来日してから、法政大学能楽研究所で長年所長を務めていた故表章教授の監督指導の下、私は能と狂言の研究を進めていきました。表教授には特に世阿弥の奇跡的とも言える能の作品についてご教授いただいたばかりでなく、またその後三〇年以上に渡り、計り知れないほどに深遠な知識と配慮、忍耐を以て、私の研究に助言を与えてくださいました。

さらに幸運なことに、日本伝統演劇界の優れた役者たちから、稽古をつけていただく機会にも恵まれました。狂言師野村万作師には、狂言の謡、小舞、演技の稽古をつけていただき、狂言の途方もない演劇的豊かさを体験しました。万作先生の指導を通して、ヨーロッパ演劇にとっては未知の領域と言える、演技における潜在的なニュアンスや、型の様式の中で発揮される個性的な表現を理解することができました。そういった意味で、万作先生の教えは狂言の演技の世界を遥かに超える、普遍性を備えたものでした。私は、狂言『蝸牛』の山伏、『鎌腹』の太郎、『棒縛』の太郎冠者という、それぞれの作品の主役として、万作先生と共に舞台に立ちました。

また歌舞伎の演技を故五代目中村富十郎丈に指導していただきましたが、それは稀に見る幸運でした。富十郎先生はその時まで玄人の歌舞伎役者の弟子さえも取ったことがなく、また歌舞伎の世界では玄人を目指す者でない限り、指導を受けられないという厳しい掟もあります。そのため富十郎先生がその掟を破ってまで素人の私を指導して下さったことは本当に驚くべきことでした。富十郎先生には荒事を始め、他の型や様々な男役、そして女形も少し指導していただきました。富十郎先生の素晴らしい声と表現豊かな演技を目の当たりにして、私の演劇に対する視野は完全に新しい次元へと開かれていきました。このような実体験を通じて日本の伝統演劇の本質を理解することは私の留学の最初の目的でした。一九八〇年代における富十郎先生の下での稽古のハイライトは、「車引き」(『菅原伝授手習鑑』の三段目の口)の舞台において、富十郎先生が兄の松王丸役、中村智太郎氏(現在の四代目中村鴈治郎丈)が弟の桜丸役、そして私が主役の梅王丸を演じたことです。

観世流能役者の浅見真州先生には能の謡、舞、演技の稽古をしていただき、能の精神性とそれに基づく特別な世界観を体験させていただきました。その感動的な指導により、それまでの私が知っていた演劇とは全くスタイルの異なる超絶的な演劇の感覚を体感できました。いくつかの能の演目の稽古の中でも、能の創立者である観阿弥の六〇〇周忌にあたる一九八四年五月一九日に、観阿弥作『自然居士』のシテ・自然居士として舞台に立たせていただいたことは、非常に感慨深い経験です。

この演劇の稽古と研究という無類の取り合わせと、各界の最高峰の役者たちとの濃密な稽古や舞台を通し、私は日本の伝統演劇を深く探究する機会を持つことができました。

また、来日してすぐに伝統的な中国内功武術の太極拳とも出会い、私は熱心にその稽古に取り組むようになりました。その後、故王延年《ワン・イエンニエン》宗師の生徒となり、東京と台湾で太極拳と太極扇などを学びました。その稽古を通し、体の動きにおける陰陽・虚実という対極原理の潜在的な作用を体感し、能、狂言、歌舞伎の創始者や統合者たちが、この対極の原理を演劇の最も重要な要素として考慮していたことをも知るようになりました。

能、狂言、歌舞伎の稽古と研究と並行する太極拳の稽古の経験は、日本伝統演劇における虚の内容と構造、演劇的空間、演技、動きや声の表現などの様々な様相においての陰陽・虚実の調和についての博士論文執筆のきっかけとなりました。この経験は日本映画における同じ原則について論じた本書の主な概念上の基礎となっています。

「はじめに」で述べたように、私の日本映画に対する最初の関心は一九八五年に見た黒澤明『乱』からスタートしたのですが、それは日本映画に伝統演劇の素材が直接的に活用されていることに対する関心でした。しかし関係する様々な要素をより深く理解し、これらの分野への視点がより広くなるにつれ、この関心は日本文化の多分野にまたがる美学へと広がりを見せていきました。一九九三年に私はそれらを実践的に理解するため、狂言と歌舞伎の師である野村万作先生と中村富十郎先生に狂言とその改作版である松羽目物の歌舞伎の同じ主役を同時に稽古していただけないかとお願いしました。万作先生と富十郎先生はこの提案に賛同してくださり、私たちは『茶壺』を選びました。一九九四年一一月、私は狂言『茶壺』で主役（すっぱ）を演じ、短い幕間の後、歌舞伎『茶壺』で同じ主役（熊鷹太郎）を演じました。万作先生と富十郎先生もそれぞれ狂言と歌舞伎の目代役として、その他の役者、囃子方と共に舞台に立ってくださいました。この狂言と歌舞伎の舞台は、私の日本伝統演劇の稽古のクライマックスであり、日本の舞台芸術における技法と美学の変容の研究として非常に興味深く、意義深いものでした。

同じ頃東京で開催された日本演劇学会の会議の折に、早稲田大学で映画学を教えていた岩本憲児教授にお会いしました。その時私は「日本伝統演劇と前衛演劇における共通の美学」についての講義で、この二つの異なる日本の演劇における対極の調和に関する見解を発表したのですが、岩本教授はそれを聴講してくださいました。私はそのとき同じ対極の概念が日本映画においても用いられていることに関心を持っており、演劇にも造詣が深い日本映画の学者が私の講義を聴講してくれたことに大感激しました。そのときから岩本教授は私の研究を応援してくださり、彼の招待により、早稲田大学文学部と日本大学芸術学部の大学院生に講義をさせていただきました。また岩本教授は日本映画に関する私の見解を日本の人々に知ってもらうことができるよう、この本の執筆を熱心に勧めてくださいました。岩本教授にはこの本の出版にあたり、日本映画に関する的確なコメントや提案をいただき、多大な支援をいただきました。

二〇〇九年以降、私の研究は演劇と映画へと移行したため、法政大学から早稲田大学に移り、早稲田大学の教授で同大学の演劇博物館館長も兼任していた、表章先生の下ではいわば相弟子でもあった、竹本幹夫氏の助言を得て研究を続けました。竹本教授とは一九九〇年代初めに彼が法政大学能楽研究所の研究員だった頃から面識がありましたが、二〇〇九年以降現在に至るまで、彼は私の最も重要な助言者です。この期間に、竹本教授は私の日本伝統演劇に関する原稿を読み、数多くの助言をしてくださいました。本書の出版にあたっても、日本文化と伝統、特に伝統演劇に関する竹本教授の聡明で見識のある助言と提案をいただき、また原稿の表現を詳細にチェックしていただきました。それは本書にとって、最も大きな貢献となりました。

日本大学芸術学部映画学科の宮澤誠一教授には、三〇年程前にテルアビブ大学でお会いしました。宮澤誠一教授には長年に渡り日本映画に関する様々な資料を提供していただきました。また私が伊丹十三監督にお会いし、インタビューすることができたのは、宮澤教授のお陰でした。そしてそのインタビューはこの本の非常に重要な部分となっています。

この本のために様々な資料や写真を提供していただいた日本の方々、並びに学術団体に深く感謝いたします。中でも、早稲田大学坪内博士記念演劇博物館と館長の岡室美奈子教授、野上記念法政大学能楽研究所と所長の山中玲子教授、国立能楽堂と調査資料係の前主任である門脇幸恵氏、映画監督の故伊丹十三氏、劇作家・演出家の故太田省吾氏、近代映画協会の代表新藤次郎氏、能楽写真家の吉越研氏、伊丹プロダクションには、特別に謝辞を述べさせていただきます。

最後に、出版にあたって御尽力くださった森話社の大石良則氏、五十嵐健司氏に心から感謝いたします。

［著者略歴］

ツヴィカ・セルペル（Zvika SERPER）

1952年、イスラエル生まれ。

テルアビブ大学芸術学部学部長、芸術学部演劇学科および、人文学部東アジア学科教授。博士（演劇学）。

専門は日本演劇と日本映画、および異文化間における演劇、また演出家、役者でもある。1980-85年、および1993-94年、日本文部省（当時）・法政大学交流基金・日本国際交流基金の奨学生として法政大学能楽研究所で研究する傍ら、能、狂言、歌舞伎の稽古を積み、舞台に立つ。また、日本の伝統演劇手法による西洋演劇の可能性の追求を研究テーマとし、演出したギリシャ悲劇『アガメムノン』（1993、アムステルダム国際演技学校大賞受賞）とシェイクスピアの『マクベス』（1996）、ユダヤ劇『ディブック　あるいは二つの世界の間で』（2002）には様々な日本の伝統演劇の美学と手法が取り込まれ、この作品の記録映画は、アメリカ、ヨーロッパ各地で上映された。現在は、度々来日し、早稲田大学演劇博物館と同大学大学院文学研究科、東京大学大学院人文社会系研究科で研究を続ける。日本語で発表された主な論文に「能のコトバの抑揚」（月刊『観世』檜書店、2014年1月号から9月号に連載）、「境界を超えて――ユダヤ劇『ディブック　あるいは二つの世界の間で』と日本の伝統演劇における霊の出現」（『演劇研究』早稲田大学演劇博物館紀要、2015年）など。英語で発表された主な論文に“Exploration Through a Concept: Japanese Classical Acting as a Model of Harmonic Contrasts,” *Contemporary Theatre Review*, 1994; “An Experiment in Fusion: Traditional Japanese Theatre and Modern Productions of Agamemnon and Macbeth,” *Japanese Theatre and the International Stage*, edited by Stanca Scholz-Cionca and Samuel L. Leiter. Leiden: Brill, 2000; “Japanese Noh and Kyōgen Plays: Staging Dichotomy,” *Comparative Drama*, 2005-06など。

歌舞伎『茶壺』の舞台に立つ。左：五代目中村富十郎（目代役）、中：著者（熊鷹太郎役）、
右：嵐橘三郎（麻胡六役）（東京、撮影：吉越研、1994）

霊《れい》と現身《うつしみ》——日本映画における対立の美学

発行日……………………………2016 年 10 月 18 日・初版第 1 刷発行

著者………………………………ツヴィカ・セルペル
発行者……………………………大石良則
発行所……………………………株式会社森話社
〒 101-0064 東京都千代田区猿楽町 1-2-3
Tel 03-3292-2636
Fax 03-3292-2638
振替 00130-2-149068
印刷………………………………株式会社厚徳社
製本………………………………榎本製本株式会社

ISBN 978-4-86405-100-2 C1074

忠臣蔵映画と日本人——〈雪〉と〈桜〉の美学

小松宰著　100年にもわたり日本人の心に映像を刻んできた忠臣蔵映画。そこには〈日本人とは何か〉という問いへの答えがあった。日本で最も多くつくられた映画の魅力と全貌をさぐる。四六判272頁／本体2400円＋税

映画と文学 交響する想像力

中村三春編　映画はいつの時代も文学との協働によって活性化され、文学もまた映画との交流の中で変異を遂げてきた。川端康成原作などの〈文芸映画〉を中心に、映画と文学の多様な相関をとらえ直す。
四六判336頁／本体3400円＋税

日本映画の海外進出——文化戦略の歴史

岩本憲児編　戦前の西欧に向けた輸出の試み、戦時下の満州や中国での上映の実態、『羅生門』『ゴジラ』など海外に日本映画の存在を知らせた戦後映画の登場、海外資本との合作の動向など、日本映画の海外進出の歴史をたどり、その活動を明らかにする。A5判384頁／本体4600円＋税

日本映画におけるテクスト連関——比較映画史研究

山本喜久男著／奥村賢・佐崎順昭編　戦後日本映画の黄金期を代表する小津安二郎、溝口健二、黒澤明、木下恵介、今井正の作品を、綿密なショット分析によって主に外国映画と相互比較をし、さらに他の芸術や芸能との連関にも言及しながら、テクスト間の影響関係や相互作用を明らかにする。

A5判664頁／本体9800円＋税

交差する歌舞伎と新劇

神山彰編［近代日本演劇の記憶と文化4］　歌舞伎と新劇は、明治期以来、横断的な人的交流があり、相互に影響・補完しあう関係にあった。さらに、新派や前進座、アングラなどもふくめた、近代演劇の複合的な展開を多角的に考察する。A5判352頁／本体4500円＋税